O DIREITO ADMINISTRATIVO
DA DIGNIDADE HUMANA E
DO INTERESSE GERAL

ENRIQUE RIVERO YSERN
JAIME RODRIGUEZ-ARANA

TRADUÇÃO
MARLY N. PERES

O DIREITO ADMINISTRATIVO DA DIGNIDADE HUMANA E DO INTERESSE GERAL

FUNDAMENTOS E PRINCÍPIOS

NOTA À EDIÇÃO EM LÍNGUA PORTUGUESA

Os tempos em que vivemos, 2019, são tempos de mudanças e transformações de ordem social, política, econômica e jurídica. O Direito, que é uma das principais ciências sociais, não está isento de recuperar sua vocação para a justiça e, portanto, seu compromisso com o fortalecimento da dignidade do ser humano. A realidade, no entanto, mostra-nos em todo o mundo, de um extremo ao outro, um quadro bastante pessimista: tantos anos de luta pelo Direito e pela justiça e ao nosso redor ainda existem histórias lamentáveis que, apesar de estarmos no século 21, nos confrontam gravemente.

Não é necessário olhar para o chamado Terceiro Mundo, no Primeiro Mundo ainda existem áreas de exploração, novos tipos de escravidão, adornadas com as formas mais sofisticadas de modernidade. E em momentos de crise, surgem necessidades que julgamos superadas e demandam respostas adequadas e, sobretudo humanas, ao Direito Público, tendo como foco a dignidade do ser humano.

Uma das razões pelas quais o Estado não tem sido capaz de evitar o surgimento – por vezes, o aumento – das necessidades sociais, deve-se em grande parte à insuficiente compreensão do alcance do chamado Estado Social e Democrático de Direito. Por isso os direitos sociais fundamentais, nem todos os chamados DESC (direitos econômicos, sociais e culturais), continuam sendo em muitos ordenamentos jurídicos objetivos e aspirações políticas, princípios orientadores sem eficácia legal, que somente podem ser disponibilizados de acordo com o dogma da reserva do possível, um critério interpretado a partir do economicismo e da perspectiva de que a estabilidade financeira seja privilegiada, em detrimento à dignidade humana. Por certo, a estabilidade e o equilíbrio financeiro, claramente princípios da boa administração, favorecem essa forma perversa de fornecimento de produtos e serviços, desencadeando uma dívida constante e crescente que impede o progresso social, porque, enquanto dermos prosseguimento a esse jogo, teremos de lidar com bilhões de dívidas, sofrimento e, em muitos casos, aniquilamento da dignidade humana.

Nesses casos, conforme avançamos nosso trabalho sobre estudos empíricos e conclusivos, consideramos que os ministérios sociais devem reservar em seus orçamentos recursos que permitam atender aos direitos sociais mínimos, base e fundação dos direitos sociais elementares. A partir daí, o princípio da promoção dos direitos sociais fundamentais e o impedimento de retrocesso nessa matéria, independentemente das bandeiras partidárias, permitirão o desenvolvimento livre e solidário da personalidade dos cidadãos para que deixem de ser essas quimeras em que se transformaram nos últimos anos.

Esta monografia que ora vê a luz em língua portuguesa enche seus autores de grande alegria e satisfação. Sabemos que importantes juristas, que cada vez mais contribuem para o destaque da dimensão social do Direito Público, vivem e trabalham no Brasil e por isso estamos muito honrados em ver estas reflexões publicadas justamente na prestigiosa Imprensa Oficial do Estado de São Paulo.

Corunha e Salamanca, 5 de novembro de 2018.

Professor Doutor Enrique Rivero Ysern
Catedrático de Direito Administrativo da Universidade de Salamanca

Professor Doutor Jaime Rodriguez-Arana Muñoz
Catedrático de Direito Administrativo da Universidade da Corunha

9 INTRODUÇÃO

PRIMEIRA PARTE

12 EVOLUÇÃO HISTÓRICA E PRINCÍPIOS CONSTITUCIONAIS

13 AS ORIGENS

14 A BASE CONSTITUCIONAL DO DIREITO ADMINISTRATIVO

15 A CONSTITUIÇÃO COMO CONJUNTO DE PRINCÍPIOS E VALORES

19 INTERESSE GERAL, SOBERANIA E PARTICIPAÇÃO
19 Interesse geral
21 Soberania, poderes do Estado e participação

33 O ESTADO SOCIAL, O ESTADO DE BEM-ESTAR

77 A CRISE DO ESTADO SOCIAL, A CRISE DO ESTADO DE BEM-ESTAR

91 INTERVENÇÃO PÚBLICA E LIBERDADE SOLIDÁRIA (SERVIÇO PÚBLICO E SERVIÇO DE INTERESSE GERAL)

109 O DIREITO À BOA ADMINISTRAÇÃO

143 OS DIREITOS SOCIAIS FUNDAMENTAIS
143 Exigibilidade e justiciabilidade
193 Tutela jurisdicional efetiva e direitos sociais fundamentais
205 Direito orçamentário e direitos sociais fundamentais

SEGUNDA PARTE

218 INSTITUIÇÕES ADMINISTRATIVAS CENTRAIS A SERVIÇO DO INTERESSE GERAL E DA DIGNIDADE HUMANA

219 A ORGANIZAÇÃO DA ADMINISTRAÇÃO

222 O EMPREGO PÚBLICO

226 A ATIVIDADE ADMINISTRATIVA
226 Exposição geral
228 As sujeições da administração
232 Atividade discricionária e atividade vinculada da administração
233 — Atividade vinculada
233 — Atividade discricionária
234 A formação da vontade da administração. Procedimento administrativo e ato administrativo
234 — Procedimento Administrativo
234 — Ato administrativo

235 A CONTRATAÇÃO ADMINISTRATIVA COMO POLÍTICA PÚBLICA

247 O CONTROLE ADMINISTRATIVO
247 Recurso de alçada
247 Recurso de reposição

248 O CONTROLE JURISDICIONAL DA ADMINISTRAÇÃO
248 Origens
249 Princípios fundamentais que devem compor a jurisdição
contencioso-administrativa em um Estado Social e Democrático de
Direito

250 A RESPONSABILIDADE PATRIMONIAL DA ADMINISTRAÇÃO

252 REFLEXÃO CONCLUSIVA: O DIREITO ADMINISTRATIVO
E A DIGNIDADE HUMANA

269 BIBLIOGRAFIA

INTRODUÇÃO

Em 24 de fevereiro de 1463, Giovanni Pico nasce no Castelo de Mirandola. No ano 1483 esse famoso intelectual convida eruditos de toda a Europa para um debate público em Roma, escreve a *Oratio de Hominis Dignitate* como prolegômenos das Conclusões (900 teses que integram o saber grego, hebraico, árabe e latino).

Pico, no começo de seu discurso nos diz que, tendo lido antigos escritos dos árabes, Abdalá, o sarraceno respondeu tendo-lhe perguntado qual era a seus olhos o espetáculo mais maravilhoso na cena do mundo, ele respondeu que é o homem, concordando com a afirmação de Hermes: "Grande milagre, ó Asclépio, é o homem."

Indica Pico que após meditar o compreendeu, expondo em seu *Discurso* as razões que logo desenvolveu polemicamente em suas *900 Teses*.

Posteriormente a Pico, Fernán Pérez de Oliva escreve seu *Diálogo de la dignidad del hombre*. Nesse *Diálogo* intervêm três pessoas, Antonio, Aurélio e um sábio chamado Dinarco.

Os três sentam-se junto a uma fonte. Aurélio e Antônio mantêm um diálogo sobre a solidão e a dignidade do ser humano, enquanto Dinarco se constitui juiz da contenda. Depois de tê-los ouvido, Dinarco emite rapidamente um juízo sobre a dignidade do ser humano sob o ponto de vista cristão, tendo Aurélio defendido o que os gentios pensavam do ser humano.

Ora, começando por essas breves e acertadas palavras, pretendemos fazer uma reflexão neste estudo sobre o Direito Administrativo no momento presente, momento que não se pode defender que seja estável, porque, em si, o Direito se alicerça em nossos dias em um processo de transformação acelerada, em um Estado em perpétua mudança, porque as instituições jurídicas não terminam nunca de se delinear. Com maior razão podemos aplicar à nossa disciplina essas premissas, já que os clássicos Manuel Colmeiro, Adolfo Posada, Posada Herrera e muitos outros destacaram a mutabilidade e variabilidade do Direito Administrativo, Colmeiro chegou a dizer que o Direito Administrativo é um direito de equidade.

Para nós, a dignidade do ser humano tem tal envergadura e relevo jurídico, não somente ético ou filosófico, que se ergue e se erige onipotente e soberanamente, sobrepondo-se sempre a qualquer embate ou agressão do poder, seja de qual natureza for. Por isso, as instituições, conceitos e categorias de todas os ramos do Direito, também os do Direito Administrativo, devem ser repensados e reconsiderados à luz desse princípio capital. Disso se trata neste pequeno livro, escrito para chamar a atenção sobre a pertinência, sobre a urgência da mudança de rumo de que precisamos.

PRIMEIRA PARTE

EVOLUÇÃO HISTÓRICA E
PRINCÍPIOS CONSTITUCIONAIS

AS ORIGENS

O que é a dignidade humana? A dignidade humana é um intervalo, uma categoria, uma qualidade inerente à pessoa que a distingue e singulariza radicalmente. Avançando, diremos que todos os poderes do Estado são obrigados a respeitá-la e protegê-la, porque a dignidade da pessoa é, além de uma premissa do Estado, um dos bens constitucionalmente protegidos. O ponto de inflexão se produz, em nossa opinião, na Constituição Federal dos Estados Unidos, de 1787, na Declaração dos Direitos do Homem e do Cidadão, de 3 de setembro de 1791, e na Constituição francesa, de 4 de novembro de 1848.

Os mais importantes professores franceses de Direito Público, entre eles Jéze, Berthelemy, Hauriou e Duguit, destacaram a obrigação dos governantes de organizar os serviços para satisfazer o interesse geral e, também, o fato de essa indiscutível obrigação ter sido incluída nos textos constitucionais.

Assim, a Constituição Federal dos Estados Unidos, em seu preâmbulo, se expressa nos seguintes termos:

"Nós, o povo dos Estados Unidos, a fim de formar uma união mais perfeita, estabelecer a justiça, assegurar a tranquilidade interna, promover a defesa e o bem-estar geral e garantir para nós e para nossos descendentes os benefícios da liberdade, promulgamos e estabelecemos a presente Constituição para os Estados Unidos da América."

Na França, a Declaração dos Direitos do Homem e do Cidadão, de 3 de setembro de 1793, extremamente atual em nossos dias, defende que: "os representantes do povo francês, constituídos em Assembleia Nacional, considerando que a ignorância, o esquecimento ou o desprezo dos direitos do Homem são a única causa dos males públicos e da corrupção dos governantes, resolveram expor, em uma declaração solene, os direitos naturais, inalienáveis e sagrados do Homem, a fim de que essa declaração, constantemente presente em todos os membros do corpo social, lhes recorde sem cessar seus direitos e deveres, a fim de que os atos do poder Legislativo e do poder Executivo possam ser em qualquer momento confrontados com a finalidade de toda instituição política e sejam mais respeitados; para que as reclamações dos cidadãos, fundamentadas de agora em diante em princípios simples e incontestáveis, voltem-se sempre para a manutenção da Constituição e da felicidade geral".

O artigo 3º dessa transcendente Declaração afirma que o fim de toda associação política é a conservação dos direitos naturais e imprescritíveis do Homem. Esses direitos são a liberdade, a propriedade, a segurança e a resistência à opressão. O artigo 15 assevera que a sociedade tem o direito de pedir contas a todo agente de poder público de sua administração.

Mais tarde, a Constituição francesa de 4 de novembro de 1848 declara que estabelecendo-se a República na França, propôs-se como fim continuar mais livremente nas vias do progresso e da civilização, a fim de conseguir um maior grau de moralidade, ilustração e bem-estar. Os ingleses também estabeleceram tais ideias gerais nos fundamentos dos poderes dos governantes e dos funcionários públicos, embora tivessem se abstido desse tipo de declaração, como os franceses e os americanos. Assim, na Magna Carta de 1214, na *Petition of Rights* de 1628 ou no *Bill of Rights* de 1689, as ideias dominantes da organização política inglesa são as mesmas que na França ou nos Estados Unidos.

Houve juristas que declararam que os princípios proclamados na Declaração dos Direitos do Homem não eram mais do que preceitos filosóficos ou de moral política, sem significação jurídica. Não é assim: o *Conseil d'Etat* na França tem aplicado a litígios princípios proclamados pela Declaração dos Direitos do Homem. Assim, em 9 de maio de 1913 Rousseau (Rec. p. 52) analisou a questão de saber se um regulamento *"ne fait pas échec au principe d'égalité de tous les citoyens devant les règlements administratifs"*[1]. Nesse sentido, pensamos que a dignidade do ser humano dispõe de tal envergadura e relevo jurídico que se erige onipotente, todo-poderosa e soberana, diante de qualquer tentativa de embate do poder político ou financeiro para derrubá-la ou aniquilá-la.

A BASE CONSTITUCIONAL DO DIREITO ADMINISTRATIVO

O Direito Administrativo não é igual, não se parece em nada com nenhum outro Direito; poderíamos pensar que mais do que um Direito jurídico, permitam-nos a expressão, é um Direito político.

I N. E.: Não fere o princípio da igualdade de todos os cidadãos perante os Regulamentos Administrativos.

O Direito Administrativo está inserido nas Constituições como uma parte do poder Executivo, governo e administração.

O governo dirige a política interna, exercendo a função executiva e normativa, através do poder regulatório; a administração atende com objetividade aos interesses gerais.

A administração, em nossa opinião, aparece como um poder do Estado na Constituição, entendendo-se como poder um complexo organizacional ao qual uma fração da autoridade é atribuída no sistema jurídico. O Direito Administrativo aparece como o Direito da função pública do Estado, como o Direito do serviço objetivo ao interesse geral.

Tudo o que precede e sobre o que voltaremos a falar nos remete ao fundamento constitucional do Direito Administrativo: a Constituição, que é a norma que estabelece os objetivos do Estado.

O Direito Administrativo encontrou no Direito Constitucional, com o que se confunde há muito tempo, *les têtes des chapitres* e seu *préface obligée* (Berthelemy), ou, parafraseando Forstoff, a administração é a Constituição em ação porque, afinal, o Direito Administrativo é o Direito Constitucional concretizado (Werner).

A CONSTITUIÇÃO COMO CONJUNTO DE PRINCÍPIOS E VALORES

O Direito Administrativo da dignidade humana encontra seu fundamento em um conjunto de valores e princípios que devem ser incluídos em todas as Constituições que estabelecem um Estado Social e Democrático de Direito.

Embora esses valores e princípios sejam conhecidos, não faria mal recordá-los aqui.

Todas as Constituições democráticas que consagram o Estado Social e Democrático de Direito devem proclamar como princípio fundamental a soberania nacional. A soberania nacional reside no povo e dele emanam todos os poderes do Estado – Legislativo, Executivo e Judiciário.

Recordemos brevemente que a soberania é um poder superior. Jean Bodin, em sua obra *De la République* (1577), traduzida posteriormente para o latim por ele mesmo, definiu a soberania como o "poder absoluto e perpétuo de uma República".

Segundo Bodin, a soberania, com todas as suas características próprias, pode pertencer mesmo a um monarca, mesmo ao povo ou mesmo a um corpo de nobres. Hoje, porém, em tempos de mudanças e transformações sem precedentes, pensamos que, acima de outras considerações, a soberania reside e é insidiosa relativamente à dignidade do ser humano, único sujeito a que se deve proteção, respeito e defesa permanente.

Francisco Suarez entendeu que Deus não concedia o poder diretamente ao monarca, mas sim à comunidade, ao povo que, se assim o quisesse, o transmitia ao monarca.

Francisco de Vitoria, a seu turno, outro membro da Escola de Salamanca, em seu *Reletio de postate civil*, manteve o princípio da soberania popular, argumentando que se o Homem é livre para decidir, a comunidade, composta de homens livres, também deve ser. Se ninguém pode escravizar o Homem, também não pode fazê-lo a comunidade sob um império de poder que não seja o da mesma comunidade. Francisco de Vitoria antecipou Rousseau em suas teses sobre a soberania.

Dito isso, o povo, em virtude da soberania, é quem proclama na Constituição seu desejo de estabelecer uma sociedade democrática, a Constituição de um Estado Social e Democrático de Direito, e, como pedra angular da Constituição, a dignidade humana e os direitos invioláveis que são inerentes à liberdade e à solidariedade, porque a dignidade da pessoa é um direito fundamental da mesma. As liberdades sociais, não as liberdades individuais, porque as liberdades são abertas e ordenadas à solidariedade, e a solidariedade, por sua vez, é aberta e ordenada à liberdade.

Como indicamos no início, a dignidade é um intervalo, uma categoria, uma qualidade inerente à pessoa. É de tal amplitude e intensidade que todos os poderes do Estado são obrigados a protegê-la, porque a dignidade da pessoa é o mais importante dos bens constitucionalmente protegidos.

As Constituições, no mundo desenvolvido, referem-se a valores e princípios que têm caráter normativo, como qualquer outro preceito constitucional. Quando um valor como a dignidade humana é consagrado em uma Constituição como fundamento de toda a ordem jurídica, torna-se um princípio jurídico.

O funcionamento dos tribunais Constitucionais garante as primícias da Constituição, entendida como a expressão dos valores materiais de todo o ordenamento, tornando o que era "um Estado puramente legal em um Estado ordenado pelos princípios básicos constitucionais" (Garcia de Enterria).

A dignidade da pessoa, por conseguinte, aglutina, define e justifica todos os direitos invioláveis que lhe são inerentes.

Os poderes públicos, Legislativo, Executivo e Judiciário, estão ligados em sua atuação pela dignidade humana, sob pena de violação do que consideramos o princípio fundamental da Constituição que inclui e reclama a justiça, a liberdade, o progresso, a qualidade de vida digna, a convivência democrática e as leis, de acordo com uma ordem econômica e social justa.

Assim, a dignidade exige os direitos fundamentais de liberdade e solidariedade. O marco do Direito Administrativo não pode ser outro que não a Constituição, seus valores e princípios, a dignidade humana e o interesse geral. O chamado Direito Administrativo Constitucional aparece vinculado à dignidade humana e ao interesse geral, encontrado na promoção dos direitos fundamentais (Garcia de Enterria).

O Direito Administrativo, há muito tempo comprometido com os direitos individuais clássicos de liberdade, deve ser em nossos dias um Direito Administrativo comprometido com os direitos sociais fundamentais, porque a dignidade da pessoa também se refere a sua dimensão social. Além disso, a dimensão social da dignidade humana é consubstancial à condição pessoal e está no cerne das liberdades e direitos próprios do ser humano.

O Direito Administrativo da dignidade humana, sua base e estrutura, não pode ser outro que não a Constituição, de modo que as instituições, categorias e conceitos que compõem nossa disciplina encontrem nela seus pilares e fundamentos.

É por isso que pensamos em um Direito Administrativo como um Direito do poder público para a liberdade solidária.

Superando o formalismo jurídico, o positivismo, o Direito Administrativo deve estar alinhado com a realidade social e histórica. Um Direito Administrativo da dignidade humana que exige, ademais, a aplicação da equidade.

Desde suas origens, o Direito Administrativo, como já destacamos, tem como finalidade a satisfação do interesse geral, das questões supraindividuais que afetam a todos, por serem comuns à condição humana e exigir uma gestão e administração equitativa que satisfaça as necessidades coletivas em um marco de racionalidade, justiça e equidade.

Se todo o novo Direito se funda na igualdade e dignidade das pessoas, a equidade somente pode ser entendida na interpretação desse princípio (Meyer–Bisch).

Afirmamos o reconhecimento de igual dignidade para todos os seres humanos e, não, mera igualdade jurídica perante a lei. Como já foi dito: "a equidade permite que o Direito Administrativo negocie suas transformações atuais e enfrente as exigências do novo século, podendo ser um fator de transformações salutáveis no momento em que muitos anunciam o fim do Direito Público e o desaparecimento do Direito Administrativo" (Ribot).

É essencial destacar, ao contrário do que se poderia pensar, que a equidade não põe em jogo nem tampouco questiona o princípio da legalidade. Ao contrário, a equidade é configurada como uma técnica de medição do ato em termos de seus resultados. Uma forma de medida que a destina indelevelmente a melhorar a dignidade humana. Medida da ação administrativa que se direciona, na obtenção dos resultados, a promover, defender e proteger os direitos fundamentais da pessoa, dos individuais e também os sociais e, com eles, a questão metodológica exige que conciliemos as exigências presentes e o tradicional princípio de legalidade (Rivero e Fernando Pablo).

É obvio que a equidade, presente nos sistemas administrativos do momento, não implica negar as virtudes de segurança jurídica que proporciona o método tradicional (a subsunção), como forma de transferir as exigências do direito para a realidade. Inadmissível é a "equidade cerebrina", uma vez que tem se manifestado na jurisdição contencioso-administrativa em diferentes países. Foi assim que a Corte Constituzionale Italiana declarou (Sentença 206/de 6 de julho 2004).

A equidade não se contrapõe ao sistema, mas exige que, uma vez obtido o resultado habitual, ao que ele mesmo induz (com a técnica de subsunção), seja reapreciado o resultado quando esse seja especialmente "duro" com os princípios que incorpora o primeiro, a norma aplicada. Em segundo lugar, sugere que o setor do sistema jurídico no que se situa – suas finalidades constitucionais – e, em terceiro lugar, que os grandes valores constitucionais sejam também levados em conta. Nessa tarefa complexa, o juiz "corrige" o meio, mas, é claro, não consegue substituí-lo.

E a administração? Atualmente, sua rígida adesão à subsunção dos fatos e aplicação de consequências, seu modo habitual de exercer os poderes discricionários somente podem levá-la a apreciar as circunstâncias relativamente.

Não é uma magistratura de equidade, exceto nos campos que o legislador assim o considere. Assim deve ser na satisfação dos direitos sociais fundamentais.

Na atualidade, um Direito Administrativo da dignidade humana, dos direitos sociais fundamentais, deve proporcionar equilíbrio às demandas dos cidadãos, proporcionar uma tutela equilibrada às novas pretensões baseadas nos direitos fundamentais sociais subjetivos.

A Administração Pública e o Direito Administrativo, em um Estado Social e Democrático de Direito, nos levam a pensar em uma nova administração e Direito Administrativo comprometidos com os direitos fundamentais sociais, uma administração e Direito Administrativo Constitucional.

O Direito Administrativo deste tempo, que é o nosso dever repensar e impregnar suas instituições de valores e princípios estabelecidos pela Constituição e que estejam a serviço do interesse geral e da dignidade humana.

INTERESSE GERAL, SOBERANIA E PARTICIPAÇÃO

INTERESSE GERAL

No passado, o interesse público e sua satisfação de forma objetiva eram tidos como conceito-chave em Direito Administrativo.

Já no marco do Estado Social e Democrático de Direito, o interesse ao qual a Administração Pública deve se submeter é o da comunidade, o da sociedade, o do conjunto, não da própria instituição Administração Pública, mas de todos os cidadãos.

O interesse geral é de importância crucial para o Direito Administrativo e, acima de tudo, para a revitalização dos postulados do Estado Social e Democrático de Direito, porque está em jogo nada mais e nada menos do que o retorno ao Estado Absoluto ao autoritarismo, à consideração unilateral do interesse geral, independentemente da Razão humana.

Na delimitação conceitual do interesse geral existe um núcleo irredutível que tem nos direitos fundamentais da pessoa sua substância permanente (Meilán Gil).

Nossa época é de mudanças e transformações de ordem social, política, econômica e jurídica. O Direito não está isento de recuperar sua vocação para a justiça e, dessa forma, para o fortalecimento da dignidade do ser humano.

Infelizmente, a realidade nos mostra em toda parte um quadro pessimista: tantos anos de luta pelo Direito e pela Justiça, e em torno de nós ainda existem lamentáveis relatos que, apesar de estarmos no século 21, nos interpelam gravemente.

A dimensão ética do Direito Público é uma característica intransponível e indissoluvelmente ligada à sua raiz e às suas principais expressões. Não poderia ser de outro modo, porque trata de maneira especial o serviço objetivo dos interesses gerais que, no Estado Social e Democrático de Direito, estão inelutavelmente vinculados aos direitos fundamentais, individuais e sociais da pessoa.

A dignidade do ser humano, da pessoa, é o centro e a raiz do Estado. O ser humano e seus direitos fundamentais tornam-se reais em cada pessoa e são a chave do marco do Estado Social e Democrático de Direito.

O respeito que se deve à dignidade humana e as exigências de desenvolvimento que implica são a pedra angular de toda construção civil e política e, ainda, referência segura e iniludível de todos os esforços de progresso humano e social como o que parte desse modelo de Estado.

Se a dignidade do ser humano e o livre e solidário desenvolvimento da personalidade são o cânone fundamental para medir a temperatura e a intensidade do Estado Social e Democrático de Direito, é necessário que as instituições e técnicas do Direito Administrativo sejam formuladas de um modo diferente, que permita que os valores e princípios constitucionais sejam uma realidade na vida quotidiana. Sim, o Direito Administrativo é o Direito Constitucional concreto, não há outro caminho.

SOBERANIA, PODERES DO ESTADO E PARTICIPAÇÃO

A soberania da nação implica a liberdade dos indivíduos que são titulares da soberania e, como seus titulares, devem participar de seu exercício através dos poderes do Estado.

A soberania popular está ligada à participação que a integra. Está ligada à tutela dos direitos de participação na tomada das decisões políticas da comunidade, através da qual se produz a autodeterminação política dos indivíduos e, de modo inelutável, do povo governante. A garantia da participação dos cidadãos em determinadas áreas políticas da organização estatal torna possível a expressão do pluralismo existente na sociedade e a intervenção no exercício efetivo do poder soberano. Sem o reconhecimento e tutela da participação não existe democracia, porque esse é seu fundamento; a participação e a conformação do *status* político representam as garantias constitutivas da ordem democrática. Como se disse acertadamente, a exigência não é tanto que as decisões sejam adotadas por todos (democracia plebiscitaria), mas sim que todos possam participar (democracia deliberativa) (Castella Andreu).

Sinteticamente, a soberania é um poder superior e a soberania popular atribui poder ao povo.

Jean Bodin em sua obra *De la République*, em seis livros (1577) posteriormente traduzida por ele mesmo ao latim, define a soberania como o "poder absoluto e perpétuo de uma república". A soberania, com todas as suas características, segundo Bodin, pode pertencer até mesmo a um monarca, mesmo ao povo, ou a um corpo de nobres.

Francisco Suàrez entendeu que Deus não depositava o poder diretamente no monarca, senão na comunidade, no povo que, se assim o quisesse, o transmitia ao monarca.

Francisco de Vitoria, em seu *Reletio de postate civil*, manteve o princípio da soberania popular, argumentando que se o ser humano é livre para escolher, a comunidade, composta pelos homens livres, também deve ser. Se ninguém pode escravizar o Homem, tampouco pode fazê-lo a comunidade, sob um império de poder que não seja o dessa mesma comunidade.

Tal assertiva é a que encontramos posteriormente em Rousseau: como garantir que nem a sociedade nem o indivíduo sejam escravizados? Se a soberania reside no povo, cada um obedecendo a todos, todos obedecem a si mesmos. Não necessita se submeter à vontade de nenhum indivíduo, mas sim à da comunidade que ele mesmo criou junto aos demais.

A soberania diminuiu muito. A soberania, como atributo distintivo da vontade geral, absoluta, única, é inalienável; não pode se separar do povo; indivisível, como a vontade geral, que ou é geral ou não é a vontade do povo sujeito à vontade geral, nem é soberania: a soberania desapareceu.

Nós cidadãos temos o direito a participar das decisões que nos afetam. Tal é a consequência lógica do fato de que todo poder do Estado emana do povo. Somente o real e efetivo exercício diário da soberania popular, através da participação voluntaria da tomada de decisões, legitima o poder político e não simplesmente o mandato representativo.

Somente assim pode haver autêntica democracia. A democracia é "o poder em público"; é a forma de governo que é exercida com plena e total transparência. Assim os cidadãos poderão saber como, quando, onde e por que se toma cada decisão política (Bobbio).

O secretismo favorece a arbitrariedade e a corrupção, acrescentamos. É imprescindível um clima de colaboração entre administração e sociedade, um fortalecimento das instituições políticas e sociais (Castella Andreu).

Falar da soberania é falar de um poder jurídico que se concretiza basicamente no poder de legiferar.

A dignidade humana é pedra angular da Constituição, dignidade que pode ser vista como atributo, qualidade inerente ao ser humano e sob nenhum conceito pode ser afetada, cujo conteúdo básico são os direitos sociais fundamentais, além de outros, a dignidade humana encontra seu apoio, seu sustento na soberania popular.

A Constituição deveria ser entendida como expressão dos valores materiais de todo o ordenamento jurídico, transformando o que era um Estado puramente legal em um Estado ordenado pelos princípios básicos constitucionais (Garcia de Enterria).

A dignidade humana não pode existir à custa dos poderes do Estado nem por eles ser afetada, ainda menos como objeto de quem detém o poder político.

Se todo o poder emana do povo, o que legitima os políticos, o poder público não é simplesmente o voto plurianual, porque então o cidadão, a soberania popular, translada-se à classe política e aos grupos de pressão. É essa a origem da falta de transparência, da objetividade, do esquecimento do interesse geral e da corrupção.

A incorporação explícita dos valores morais, princípios de justiça e direitos fundamentais na Constituição alterou o funcionamento do Direito, entre outras coisas, porque a obrigação da aplicação desses elementos normativos exige a realização de operações distintas das que se realizam quando as leis são aplicadas. Operações que põem em risco, por exemplo, a ideia de estrita submissão dos juízes à lei ou o dogma positivista da separação entre o Direito e a moral, já que os juízes não podiam aplicar valores e princípios.

Os valores superiores são princípios que podem prevalecer ao que se deve dizer que, como são princípios constitucionais, participam da força derrogatória da Constituição e, no caso da contradição com uma lei ordinária, podem derrogá-la. Esses valores não têm um caráter meramente interpretativo.

A situação no momento presente é particularmente preocupante. O poder Legislativo, manifestação da soberania, tem deixado de exercer suas funções normativas aprovando leis com uma grande generalidade sem concretizar basicamente a matéria e às normas, deixando de fato ao poder Executivo a função normativa que corresponderia ao Legislativo.

Esse mecanismo perverso leva a que os poderes factuais, burocracia, sindicatos e grupos de pressão de toda índole condicionem a elaboração das leis, o que se constitui em um furto à soberania popular, que põe nas mãos do Legislativo o poder de legiferar.

Essa abordagem perversa, paradoxalmente, abre as portas para que a soberania popular, os cidadãos, participe de forma fundamental na elaboração não somente das normas regulamentadoras, mas também das leis e em sua execução.

Expliquemos. Como ponto de partida, é preciso assinalar que todas as normas são ditadas para a tutela do interesse geral pensando que são e devem ser as mais vantajosas para a coletividade. Assinalando as Constituições sua vontade de consolidar um Estado de Direito que garanta o império da lei, como expressão da vontade geral, os cidadãos têm como imperativo constitucional o direito de intervir tanto no processo de elaboração das leis quanto no processo de execução das mesmas e, não, como algo excepcional.

No que diz respeito à execução das leis através do poder normativo regulamentar, observamos as gravíssimas violações que "de fato" afetam a soberania popular.

É muito grave o desconhecimento dos tribunais, especialmente os contencioso-administrativos, da submissão do poder regulamentar em seu exercício ao objetivo serviço dos interesses gerais.

É preciso realizar uma profunda revisão dos processos de elaboração e execução das normas, de forma a tornar realidade a soberania.

O que não é admissível é que o poder regulamentar se torne uma instituição em benefício e serviço do partido governante, da burocracia, dos sindicatos e outros grupos de pressão, fazendo *tabula rasa* dos objetivos fixados pelo legislador e solapando-os. Os cidadãos são esquecidos nessas questões e devem participar do estabelecimento de normas por via regulatória.

Não se pode admitir que o povo titular da soberania não possa participar da definição dos interesses gerais. A administração serve com objetividade aos interesses gerais, mas isso não implica, exclusivamente, que seja ela quem defina os interesses gerais e que o povo não intervenha nessa definição, deixando tal operação nas mãos de grupos que dificultam a satisfação dos interesses gerais.

O interesse geral é um conceito necessariamente evolutivo, e o é porque os fins do Estado e a participação da sociedade na consecução desses fins têm variado e vêm variando continuamente; mas não resta dúvida que esse caráter evolutivo do interesse, como sustenta o *Conseil d'Etat,* garante a permanência e vitalidade dos grandes princípios do Direito Administrativo que se deduzem dos valores constitucionais, dos valores inerentes ao interesse geral.

O interesse geral deve prevalecer sobre o interesse particular e, em função dele, o ordenamento jurídico dota à administração do poder público (*puissance*) para que sirva objetivamente aos interesses gerais.

Os tribunais controlam não somente a legalidade da ação administrativa, mas também a submissão dessa aos fins que a justificam. Não apenas se proscreve o desvio de poder, a arbitrariedade, mas também a submissão aos fins que justificam a intervenção da ação administrativa: a realização do interesse geral.

A proteção do interesse geral na França se faz evidente como consequência das decisões do *Conseil* constitucional de 22 de julho de 1980 e de 23 de janeiro de 1987, onde se estabelece a garantia constitucional do dualismo jurisdicional, reconhecendo a jurisdição administrativa como uma reserva de competência.

O *Rapport du Conseil d'Etat* de 1999 evidencia o papel fundamental do juiz administrativo como garantidor do interesse geral.

Os interesses gerais devem ser definidos através de uma ação combinada com as instituições sociais e levando-se em conta os legítimos direitos e interesses dos cidadãos, de acordo com o princípio constitucional da participação, como a concebemos.

A Administração, através das suas diferentes modalidades de atuação, deve entender que o serviço aos cidadãos é o princípio que justifica sua existência que deve presidir toda sua atividade, tendo sempre em mente que, sob a direção do governo e com plena submissão à lei e ao Direito, serve aos interesses gerais com objetividade, desenvolvendo funções executivas de caráter administrativo.

Os interesses gerais que servem objetivamente à Administração Pública, essa a concreção das aspirações da Nação consagrada em sua Constituição.

Para o *Conseil d´Etat,* o interesse geral é a finalidade última da ação pública (*Rapport public* 1999 *L'intérêt* général).

Ele deve manter um critério, um conceito de interesse geral no qual podem integrar os diferentes interesses em jogo, sob o critério supremo do bem geral do cidadão.

Queremos dizer pura e simplesmente que o controle do exercício da soberania que o povo deposita nos poderes do Estado deve ser exercido de forma permanente pelos cidadãos. Os cidadãos, por sua vez, devem exercer a soberania por meio da participação. Nesse sentido, a participação não se pode regular com decretos tampouco com regulamentos. Somente existe real participação – insistimos – se houver participação livre. Da mesma forma que a solidariedade não pode ser imposta. Essa relação de semelhança entre participação e solidariedade não é casual, visto que um modo efetivo de solidariedade, talvez um dos mais efetivos, embora não seja o mais espetacular, seja a participação, entendida como a preocupação eficaz pelos assuntos públicos, que são de todos e vão além de nossos interesses individuais exclusivos.

Nesse caso, para considerar a participação como livre, queremos dizer não somente que ela é opcional, mas também que, nos infinitos aspectos e modos em que a participação é possível, é cada um quem livremente regula a intensidade, a duração, o campo e a extensão de sua participação. Nesse sentido, a participação – a exemplo da solidariedade – é resultado de uma escolha, de um compromisso de clara dimensão ética, uma vez que implica tomar a suposição de que o bem de todos os demais é parte substantiva do bem próprio. Entretanto, estamos no território dos princípios, ao qual ninguém pode ser impelido nem obrigado.

Desse modo, fechamos o círculo ao mesmo tempo que a atenção se volta para a pessoa concreta, enfrentada sua atividade política em toda a sua dimensão social. Nisso parece consistir a concepção que se preconiza desde a reforma dinâmica do Estado de bem-estar: são os homens e mulheres singulares e concretos que exigem nossa atenção, é deles o protagonismo que invocamos. Por isso a livre participação na vida da sociedade, em suas diversas dimensões – econômica, social, cultural, política – pode se construir com o objetivo político final, já que uma participação plenamente realizada significa a plenitude da democracia.

A dupla consideração da participação, como objetivo e como método, podemos considerá-la como outro traço que define as novas políticas que se derivam da formulação dinâmica do Estado de bem-estar de que precisam especialmente as democracias europeias.

Se consideramos que um dos objetivos essenciais das novas políticas públicas é a participação, devemos chamar a atenção agora para o fato de a participação ser constituída também como método para a realização dessas políticas.

De fato, assumir que a participação é um objetivo que somente se pode atingir após um processo de transformação política é cair em um dos erros fundamentais do dogmatismo político implícito nas ideologias fechadas. O socialismo, com a coletivização dos meios de produção; o fascismo, com a nacionalização da vida social, econômica, cultural e política; o liberalismo doutrinário – aqui alguns matizes seriam necessários –, com a liberdade absoluta de mercado, pretendem atingir uma liberdade autêntica que dissipe os sucedâneos presentes da liberdade, que não são mais do que ilusões, enganações ou grilhões que nos prendem.

A partir das novas políticas públicas iluminadas da posição dinâmica do Estado do bem-estar, a percepção é bem diferente. A liberdade e a participação que se apresentam como objetivos não são de natureza diferente da liberdade e participação de cada cidadão. Se a liberdade e a participação das quais gozamos hoje nas sociedades democráticas não fossem reais e autênticas, pouco importaria prescindir delas – como dessas certas posições ideológicas se pode afirmar –, mas não é assim. A raiz da liberdade está nos homens e mulheres reais, singulares, não na vida e no ser nacional, tampouco na liberação de uma classe social a que se reduziria toda a sociedade.

Precisamente por isso, porque não é necessário liberar uma classe nem uma nação para que exista em algum grau a liberdade autêntica, é que podemos afirmar a autenticidade da liberdade – melhorável, mas autêntica – que de diferente forma e medida todos temos atingido. Propor a participação como objetivo significa simplesmente caminhar do estágio atual de liberdade e participação em direção a cotas e formas de maior alcance e profundidade do que as atuais, mas contando com o que temos e sem propor de modo frívolo.

Pretender percorrer esse caminho sem contar com as pessoas para quem o protagonismo participativo é reivindicado seria contraditório, seria de uma incoerência inaceitável. O rigor e a coerência são valores de primeira ordem, cuja perda traz consigo também a perda dos valores fundamentais de equilíbrio e moderação. Trata-se, então, de colocar em jogo todas as potenciais formas de participação que nesse momento enriquecem os tecidos de nossa sociedade, como condição metodológica para atingir não somente os graus de participação mais altos, mas também novos modos de participação.

Tal pretensão passa necessariamente pela permeabilidade das transformações políticas dos partidos. Permeabilidade dos partidos equivale a dizer que os partidos devem se desenvolver como formações abertas e sensíveis aos interesses reais da sociedade, que são os interesses legítimos de seus integrantes, tomados seja individualmente ou em suas inúmeras e variadas dimensões associativas, seja em diversas agrupações produto do dinamismo social.

É perfeitamente compreensível – a experiência da nossa vida democrática ratifica – que tal pretensão já seja um desafio político de primeira ordem, por quanto à conjugação da necessária coesão – disciplina? – interna dos partidos, com a flexibilidade da qual nos referimos, constitui por si só um exercício de equilíbrio político imprescindível, de cujo sucesso, acredito, depende a localização na moderação e no posicionamento reformista.

Efetivamente, flexibilizar, permeabilizar é ao mesmo tempo uma aspiração e um desafio. Um partido aberto é um partido capaz de sintonia com os grupos, setores, segmentos sociais e capaz também de exercer com eficácia e reconhecimento sua representação, mas é ainda um partido que aparentemente aumenta sua vulnerabilidade ante as agressões derivadas das ambições pessoais ou dos interesses particulares de todo tipo.

Efetivamente, em uma formação partidária fechada, ideologizada, se é que podemos chamar assim, não tem nada a aprender de ninguém. A vida social e cultural não tem nada a oferecer para enriquecê-la, pois a ideologia já proporciona as chaves completas de interpretação universal, de interpretação de toda a realidade, em seu conjunto ou em suas partes. Do ponto de vista da ideologia, qualquer interpretação ou apreciação que se afaste da ortodoxia ideológica é alienação, dissidência e revisionismo – para simplificar –, e a evolução do pensamento ideológico parece finalmente se tornar uma escolástica.

Por outro lado, a mentalidade aberta que caracteriza as novas políticas públicas, seu caráter não dogmático, facilita como um traço constitutivo a necessidade do diálogo, do intercâmbio, o imperativo de perceber o sentido dos interesses e aspirações sociais, que constitutivamente estão sujeitos a permanentes mudanças. É verdade que nas formações que denominamos ideológicas ocorrem adaptações às transformações sociais, mas até onde sabemos essas somente podem ter dois sentidos: o da moderação dos conteúdos ideológicos, que pode assumir – e tem revestido historicamente – formas diversas, o que nos deixaria diante de uma autêntica, mesmo que distante, aproximação do centro. O outro tipo possível de adaptação é o de meras acomodações táticas, ou seja, mudanças de procedimentos na estratégia de conquista que toda ideologia implica.

Enquanto os projetos ideológicos representam – como repetimos em outras ocasiões – visões completas, fechadas e definitivas da realidade social – mesmo na dimensão histórica dessa realidade –, as políticas públicas participativas, ao ser elaboradas em um contexto de convicções mais restringidas sobre a sociedade, proporcionam maior consenso social e não hipotecam nem deixam suspensa a liberdade pessoal de quem se junta ao projeto.

Por fim, seria possível – não queremos estender-nos mais – afirmar que a partir da participação se propõe uma ação pública construída sob a consulta ou a prospecção permanente do sentir social, mas não em absoluto. A política pública assim concebida não deixa de responder a uma concepção tecnocrática, a uma redução da política à exclusiva atividade gestora. Esse fantasma é diluído se voltamos à primeira consideração de que o objetivo da participação consiste em propiciar o protagonismo do cidadão na vida e as ações públicas. A implicação imediata é que não existe lugar para um novo despotismo ilustrado que conceba a política como uma satisfação dos interesses dos cidadãos sem contar com eles em sua consecução.

A participação política do cidadão deve ser entendida como um propósito e também como um método. As crises que atravessam hoje em dia as democracias – ou, de modo geral, nossas sociedades, nas que se fala em uma insatisfação inclusive profunda face ao distanciamento que se produz entre a chamada vida oficial e a vida real, que transparece em diferentes sintomas – exigem uma regeneração permanente da vida democrática. Entretanto, a vida democrática significa antes de tudo ação e protagonismo dos cidadãos, participação.

No entanto, diante do que alguns acreditam, considerando a participação unicamente como participação direta e efetiva nos mecanismos políticos de decisão, a abdicação deve ser entendida, de modo geral, como protagonismo civil dos cidadãos, como participação ativa.

Esse terreno dos erros deve ser evitado pelo dirigente público. Primeiro, invadir com sua ação as margens dilatadas da vida civil, da sociedade, sujeitando as multiformes manifestações da livre iniciativa dos cidadãos aos seus ditames. Segundo, e tão nefasto quanto o ponto anterior, é pretender que todos os cidadãos entrem no jogo da política do mesmo modo que ele, adaptando então a Constituição social mediante a imposição de um estilo de participação que não é para todos e nem todos estão dispostos a assumir.

Nessa última afirmação não se aplaude aqueles que decidem inibir sua responsabilidade política de cidadão no âmbito público. Insistimos, trata-se de respeitar a multidão de fórmulas em que os cidadãos decidem se integrar, participar nos assuntos públicos, cujas dimensões não se reduzem às margens – que serão sempre estreitas – do que nós chamamos habitualmente vida política. Tratamos, fundamentalmente, da participação cívica, ou seja, qualquer uma das suas manifestações: na vida associativa, no entorno vicinal, no laboral e empresarial etc. É assim que se inclui, no grau que cada cidadão considere oportuno, sua participação política.

Ao dirigente público corresponde, então, um protagonismo público, mas a vida política não esgota as múltiplas dimensões da vida cívica, e o responsável público não deve cair na tentação de se estabelecer como único referente da vida social. A empresa, a ciência, a cultura, o trabalho, a educação, a vida doméstica etc. têm seus próprios atores, que o dirigente político não pode deslocar e comprometer sem incorrer em atitudes sectárias absolutamente repudiáveis.

Falar de participação é, para finalizar, falar também de cooperação. A participação é sempre "participação com". Por isso o protagonismo de cada indivíduo na realidade é coprotagonismo, que se traduz necessariamente na conjugação de dois conceitos fundamentais para a articulação de políticas públicas participativas: *autonomia* e *integração*, os dois sustentáculos aos quais se aplica o princípio de subsidiariedade. Em nenhum âmbito da vida política deve ser absorvido por instâncias superiores o que as inferiores podem realizar com eficácia e justiça.

Esses dois conceitos, por outra parte, estão em correspondência com a dupla dimensão da pessoa, a individual e a social, a de sua intimidade e a de sua exterioridade. Insistimos tratar-se da dupla dimensão de um mesmo indivíduo, não de duas realidades diferenciadas e distantes, que podem ter uma atenção diversa, ou melhor, uma nunca atua, tampouco se entende adequadamente, sem a outra.

Se a liberdade – no plano moral – é em última instância uma consecução, um logro pessoal; se a participação, o protagonismo na vida pública – seja pelo procedimento seja no âmbito da ação – somente pode ser consequência de uma opção pessoalmente realizada; a solidariedade é constitutivamente uma ação livre, que se pode compreender como um ato de livre participação.

A diversificação de interesses, impulsionada por um clima cada vez maior de participação e compromisso com os diversos assuntos públicos, sobretudo – embora não exclusivamente – por parte dos jovens, culminou no estabelecimento de um denso tecido associativo, com interesses, sensibilidades e, inclusive, com abordagens políticas diversas. Nesse tecido se devem procurar – sem exclusões preestabelecidas – os interlocutores: associações e colégios profissionais, associações de pais de alunos, associações de donas de casas, de mulheres, grupos de jovens, entidades esportivas e culturais, organizações não governamentais, grupos, entidades e associações de igreja, grupos e associações ecologistas, setores industriais e empresariais, consumidores, associações e movimentos de vizinhança, entidades educativas, órgãos de administração particularmente dirigidos ao atendimento ao público; comissões de festa, meios de comunicação, sociedades gastronômicas, instituições de lazer e tempo livre, sociedades de pesca e caça; etc. etc. etc. A capacidade para estabelecer um diálogo com o maior número de representantes sociais será um indicativo de sua abertura real à sociedade.

Nesse diálogo não deve ser esquecido o objetivo principal a cumprir. Não se trata de convencer, nem de transmitir, nem de comunicar algo, mas acima de tudo e sobretudo ouvir. Deve-se lembrar que no diálogo ouvir não comporta uma disposição passiva, ao contrário, é uma disposição ativa, indagatória, que procura o alcance das palavras do interlocutor, compreender a forma de perceber a realidade, a conformação das suas preocupações e da projeção das ilusões e objetivos. Por isso o ponto de partida é a correta disposição de abertura. Sem ela o diálogo será aparente, somente ouviremos o que quisermos ouvir e interpretaremos de modo tendencioso o que nos é dito. A pretensão de nos centramos nos interesses da cidadania será então ilusória.

Esse diálogo também deve se caracterizar por sua flexibilidade. Isto é, não se trata de um intercâmbio rígido e formalista; não é uma pesquisa, é aberto e coloca em jogo os fatores pessoais e ambientais necessários para torná-lo mais confiante e frutífero. Nesse sentido, a atitude pessoal do interlocutor deve ser levada em consideração e contar também com ele mesmo, para que a condição dos interlocutores não seja um elemento de distorção na comunicação. O diálogo deve ser conduzido sem limitações nos temas. Também é importante conhecer, quando for o caso, o descontentamento que produzimos para quem e por quê? Em meio às muitas propostas de solução, cumpre ressaltar que é importante considerar todas elas, mas de modo especial as que tenham como caraterística o equilíbrio próprio do centro, ou seja, as que consideram todos os setores afetados pelo problema ou meta em questão e, não, somente o princípio.

Não há melhor maneira de transmitir às pessoas a importância e a necessidade de sua participação nos assuntos públicos do que efetivamente praticá-la. Foi Tocqueville quem deu forma a essa fantástica expressão que tão bem descreve a sintomatologia das democracias doentes: o despotismo suave. Sim, quando o efeito da ação pública – oficial – consegue anular a capacidade da iniciativa dos cidadãos e quando a cidadania fica confinada no mais íntimo de sua consciência e se retrai da vida pública, então, algo de grave está acontecendo.

Sabemos que um fruto desse Estado de mal-estar que inundou a Europa nesses anos prévios à crise é o progressivo afastamento do povo das coisas comuns. Pouco a pouco, os intérpretes oficiais da realidade pintaram, com grande eficácia e abundantes subsídios, a paisagem mais propensa àqueles que anseiam a perpetuação no poder. As preocupações dos cidadãos foram anestesiadas por meio de uma antiquada política de promessas e mais promessas, entoada por uma cúpula que ameaça, que assinala e que rotula. Quem quiser alçar a voz em uma sinfonia que não seja a da nomenclatura está condenado à marginalização. Quem se atrever a pôr o dedo na ferida corre o sério risco de perder inclusive seu emprego. Existe quem saiba que vive em um mundo fictício, mas não tem a coragem necessária para erguer a cortina. É o medo da liberdade, é o pânico de ouvir os problemas reais da cidadania, é o conforto de não complicar a vida, é o risco de perder sua posição. Resumindo, é a "melhor" forma de controlar uma sociedade que vive amordaçada.

Uns dos pensadores mais intensos do momento, Charles Taylor, nos adverte contra um dos perigos que gravita sobre a cultura saudável da participação, seja na estrutura política ou comunitária, ao assinalar: "[...] quando diminui a participação, quando as associações básicas que operam como veículos se extinguem, o cidadão individual fica só diante do vasto Estado burocrático e se sente, com razão, impotente. Com isso, desmotiva sem mais e se fecha o círculo do despotismo suave".

O ESTADO SOCIAL, O ESTADO DE BEM-ESTAR

Em termos gerais, pode-se dizer que após a Segunda Guerra Mundial, especialmente no chamado mundo ocidental, vivemos em um modelo de Estado que se define como Social e Democrático de Direito. Um modelo, que, como se sabe, representa um estágio a mais na evolução da instituição estatal desde a sua primeira dimensão constitucional em forma de Estado liberal de direito. Como tem sido amplamente estudada, essa transformação oferece uma relevante projeção sobre o sentido e funcionalidade dos direitos fundamentais da pessoa, que passam de barreiras imunes à ação dos poderes públicos a constituir elementos estruturais básicos e diretrizes centrais da medula da ação do Estado.

Na realidade, as Declarações Internacionais de direitos, começando pela das Nações Unidas em 1984 e continuando pelas que se seguiram, começaram a chamar de direitos humanos, que são os direitos inatos à pessoa, os direitos que tem o ser humano enquanto tal, que pertencem a ele, direitos que vão além da lógica individual e se inserem em direitos que reclamam, por estarem indissoluvelmente unidos à dignidade humana, determinadas obrigações de fazer ou prestações que a sociedade e o Estado devem realizar, as quais estudamos neste trabalho. Estudo no qual manteremos uma posição bem clara: os direitos fundamentais da pessoa são aqueles inerentes ao ser humano, sejam eles de ordem individual em sua versão clássica ou, em sua versão mais completa, objeto de determinadas prestações do Estado ou da sociedade, voltadas à garantia das condições de dignidade que tornem possível o livre e solidário desenvolvimento de cada pessoa.

A irrupção do Estado Social responde à importância da chamada questão social. De fato, a questão social, como bem sabemos, supõe a conscientização da necessidade de que o Estado assuma um papel protetor no que se refere às demandas do tipo social que têm surgido por toda a Europa.

Pode-se dizer que a presença do Estado Social na vida dos povos é tão antiga quanto o compromisso social do Estado. Porém, prestes a procurar uma data em que tal realidade tenha se manifestado com alguma concreção, poderemos nos situar, como de costume, na primeira metade do século 19, no marco da Revolução Industrial. Naquela época, como se sabe, é promulgado um conjunto de leis destinadas à maior proteção do trabalhador no marco do contrato laboral. São, por exemplo, as leis inglesas dos anos 1802 até 1878 sobre restrições à liberdade contratual, dirigidas a melhorar as condições laborais em matéria de horários ou descanso semanal, entre outras matérias (Carmona Cuenca). Em 1905 são revistas as leis de ordem laboral, sobressaindo a *Royal Commision on Poor Laws and Relief of Distress,* que propõe, então, a criação de um sistema de segurança social e serve de base para a *National Insurance Act* de 1911, na qual Beveridge teve uma participação muito destacada (Girvetz).

As revoluções de 1848 se inscrevem em profundas reformas políticas, mas também sociais. Na França, a igualdade está ao mesmo nível que a liberdade. A Comuna de Paris de 1871 significou, nesse sentido, a organização do crédito e a garantia ao trabalhador do valor total de seu trabalho, reconhecendo-se os direitos a uma instrução gratuita e laica, ao direito de reunião, de associação e de liberdade de imprensa (Carmona Cuenca).

A Alemanha, entre 1883 e 1889, adotou uma importante legislação de caráter social, provavelmente por causa da necessidade de dispor de um Estado forte capaz de acometer uma operação política da envergadura da reunificação, que procurou o apoio popular através da prestação de serviços de caráter social (Carmona Cuenca). Além disso, a entrada em cena do chanceler Bismarck, que tem seu lugar na história, apesar de sua forma de governo, por um paternalismo proverbial, marcou um passo importante na ação social do Estado. Isso sem esquecer a existência de um socialismo moderado em que brilharia com luz própria Lassalle, precursor da reforma social, que teria uma destacada participação em algumas das inegáveis conquistas sociais então conseguidas, entre as quais podemos citar as que se referem à segurança dos trabalhadores ante os acidentes do trabalho e a criação de um sistema de seguro-saúde ou a aposentadoria dos trabalhadores por idade ou invalidez.

Em 1883, a lei do seguro-saúde; em 1884, a lei de acidentes de trabalho; e em 1889 o primeiro sistema de aposentadoria a partir das contribuições pagas em partes iguais pelos empresários e trabalhadores mais uma participação do próprio Estado. Em 1891, se estabelece por lei a jornada laboral máxima, a proibição do trabalho noturno para mulheres e crianças e o descanso dominical obrigatório. Também nesse ano foi introduzido o primeiro imposto progressivo sobre a renda. Finalmente, em 1895 se fixa a intervenção do Estado na educação primária e secundária (Carmona Cuenca).

Na Espanha, como em tantas outras esferas, tivemos de esperar até 1873 pela lei trabalhista para menores; em 1878 a que dizia respeito a trabalhos perigosos para crianças; em 1900 sobre o trabalho de mulheres e crianças; em 1904 acerca do contrato de trabalho; e 1919, estabelecendo a jornada de 8 horas.

A Primeira Guerra Mundial e a crise econômica de 1929 propiciaram a necessidade de fornecer maior conteúdo social ao Estado. Por uma parte o setor privado não estava minimamente em condições de ser a locomotiva do desenvolvimento econômico e, por outra, as tímidas, mas claras, iniciativas normativas em diferentes países da Europa de convicções sociais iam produzindo seus frutos, com luzes e sombras.

Nesse contexto, se começa a falar do Estado-providência, de *Walfare State*, e de Estado de bem-estar social, que é um termo que surge do Estado Social e supõe uma fase de sua evolução. A essa altura Keynes dirá que o mercado já não é capaz de garantir um determinado nível de atividade que permita a plena utilização dos recursos produtivos. Isso significa, segundo Keynes e seus seguidores, que a autorregulação do sistema econômico é uma falácia, assim como é a ideia do Estado como personificação mecânica da ética e a justiça. Fica evidente, então, a intervenção do Estado para corrigir as falhas e disfunções do sistema econômico e, certamente, para atenuar os efeitos nocivos que a crise causou aos mais vulneráveis. Colocam-se em funcionamento políticas sociais dirigidas às melhorias de salário e segurança social, junto a políticas econômicas orientadas a impulsionar a produção e sistemas impositivos progressivos em um contexto de pleno emprego.

Nesse sentido, a experiência alemã de Weimar, a legislação sueca dos anos 1930 e o denominado *New deal* de Roosevelt nos Estados Unidos se apresentam como paradigmas de um Estado Social que hoje em dia está, em sua versão estática, em decadência no mundo todo. O caso sueco nos ensinou a importância dos acordos com os sindicatos (Acordos de Saltsjöbaden) para articular políticas coerentes, razoáveis e humanas, assim como valorizou as abordagens keynesianas e, fundamentalmente, o sistema impositivo como instrumento para a política de redistribuição de rendas.

Referente à metodologia do entendimento como estratégia para buscar as melhores soluções para as necessidades sociais dos cidadãos, os Acordos de Saltsjöbaden são um exemplo de manual, em boa parte devido à moderação de sindicatos que em todo momento pensaram mais nos trabalhadores do que em seus próprios interesses corporativos ou na tecnoestrutura. Fruto desses acordos, um conjunto de leis relevantes. Em 1913 cria-se um conjunto de leis para a aposentadoria por idade, em 1916 se estabelece a obrigatoriedade dos seguros por acidentes de trabalho, em 1918 se determina a jornada de trabalho de 8 horas, em 1928 se regulam as convenções coletivas, entre 1935 e 1937 se reforma o regime de aposentadorias e em 1938 se reconhece o direito a duas semanas de férias anuais pagas pela empresa (Carmona Cuenca).

A constituição italiana de 1947, que não define formalmente ao Estado como social, funda, contudo, a República no trabalho e estabelece os direitos do Homem não somente em sua dimensão individual, mas também como ser social, ressaltando o dever de solidariedade política, econômica e social. Encontram-se nessa Constituição referências muito significativas à ação positiva do Estado para eliminar todo obstáculo a uma verdadeira liberdade e igualdade, a ponto de ser um lugar-comum na doutrina italiana conceber o principal dever jurídico e político do Estado em prol de uma igualdade econômica que torne possível desfrutar dos direitos fundamentais que contribuem para o pleno desenvolvimento da personalidade (Pizorruso). Nesse sentido, é interessante destacar, como assinala a professora González Moreno, que os fundamentos normativos gerais dos direitos sociais são o princípio do respeito à dignidade humana e ao princípio de igualdade (González Moreno).

A Constituição francesa de 1946 proclama que a França é uma República indivisível, laica, democrática e social (artigo 1º). A Declaração, no que refere à definição social, bate com o tradicional entendimento individual da revolução de 1789, que certamente essa Constituição assume *in toto*, alimentando o princípio democrático e a tendência a uma igualdade social material em suas disposições, além de uma formal igualdade perante a lei (González Moreno).

No caso sueco, protótipo da socialdemocracia, do socialismo moderado, pode-se dizer, preconiza-se a intervenção do Estado na economia, mas sem nacionalizações nem processos radicais de tomadas de ações privadas por parte do poder público. Obviamente, durante o primado socialdemocrata no país nórdico os gastos públicos cresceram, pois se pensava que de alguma maneira a solução estava na regulação e no crescimento da função pública, caindo, em minha opinião, no que se denominou visão estática do Estado de bem-estar que algum tempo depois provocaria o colapso do sistema. De fato, a dimensão estática do Estado de bem-estar provocaria, mais adiante, uma grande corrupção em forma de fraudes, impossível de se enfrentar dada a ausência de uma função inspetora e supervisora à altura do grande componente de gastos públicos consumidos pelas políticas públicas de intervenção em quase todos os redutos da vida social. Cumpre, porém, reconhecer que na Suécia de antes da Segunda Guerra Mundial estabeleceram-se adequadamente as bases de um sistema de seguridade social que seria replicado e imitado em muitas partes do mundo, dada a sua grande dose de justiça e humanismo.

Nos Estados Unidos, após a hecatombe de 1929 e a grande depressão econômica iniciada no mesmo ano, o Estado passou a ser foco de atenção e Roosevelt decidiu aplicar um programa de intervenção social conhecido popularmente como o *New Deal*. Desde o crédito até a agricultura e a indústria, passando pela segurança social, a saúde, a moradia, o transporte e as comunicações, o Estado, através de uma decisiva atuação, se preocupou em manter os preços e aumentar o poder de compra da população. Nesse sentido, foram determinantes o *Tennesse Valley Authority Act*, o *Agricultural Adjustment Act* e o *National Industry Recovery*, de 1933, assim como as ações públicas para remediar as situações de indigência e desemprego (*Federal Relief Administration*). A partir de 1935, a intervenção pública em matéria social foi mais intensa e o social *Security Act* reconheceu as aposentadorias por idade e desemprego. Por sua vez, uma das normas emblemáticas nesse período, o *National Labour Reletions Act*, também de 1935, reconheceu os direitos sindicais e a negociação coletiva. O salário mínimo se estabeleceu em 1938 na *Fair Labour Standard,* na qual também se determinou a jornada de trabalho em 44 horas semanais (Carmona Cuenca).

O mais interessante, certamente, é a formulação, na Constituição de Bonn de 1949, do Estado Social e Democrático de Direito, enquanto antecedente da Constituição espanhola de 1978. Concretamente, a lei fundamental de Bonn dispõe em seu artigo 20.1 que a República Federal de Alemanha é um Estado federal, democrático e social" e no 28.1 que "a ordem constitucional dos Länder deve responder aos princípios do Estado de Direito republicano, democrático, no sentido dessa Constituição".

Provavelmente o que chama a atenção do leitor espanhol é que na Constituição alemã de 1949 primeiro aparece a cláusula democrática e em seguida a social, já que o artigo 1.1 da Constituição espanhola se refere ao Estado Social e Democrático de Direito. Isso não me parece sem importância. Pelo contrário, se reflete na questão: até que ponto quem redigiu nossa Constituição pretendia enfatizar a cláusula social, até antepô-la à cláusula democrática, o que traria maiores consequências jurídicas?

Assim como aconteceria mais tarde no caso espanhol, a Constituição de Bonn faz referência somente aos direitos fundamentais tradicionais, aos que dota de eficácia imediata, enquanto os direitos fundamentais sociais não são concebidos como direitos fundamentais clássicos, pois, segundo uma parte muito relevante da doutrina teutônica, dependem do legislador para seu desenvolvimento e, como também acontece na Espanha, das previsões orçamentárias estabelecidas ao efeito.

Nesse ponto, mesmo a Lei Fundamental de Bonn retrocede relativamente à Constituição de Weimar de 1919, na qual havia uma completa e exaustiva regulação de caráter social que, todavia, em razão da jurisprudência, não passou de princípios pragmáticos, com meras declarações sem força de obrigação. Hoje em dia, apesar do tempo transcorrido e da evidente força jurídica dos direitos fundamentais sociais, a Constituição de Bonn ainda não dispõe de um catálogo de direitos dessa natureza.

A doutrina alemã, no entanto, indica em geral que a cláusula do Estado Social é, em si mesma, um princípio orientador vinculativo para os poderes públicos, e a jurisprudência alemã, embora reconheça que a cláusula é muito relevante na interpretação da Lei Fundamental, indica que corresponde ao legislador a realização concreta do Estado Social. Em outras palavras, a cláusula social, sob essa perspectiva, nada mais é do que um princípio orientador vinculante para os poderes públicos, na medida em que é desenvolvida pelo legislador e, ainda, se houver orçamento disponível para sua realização concreta. Como acontece na Espanha atualmente.

Então, em 2016, durante a crise geral na Europa, em um momento em que muitos de nossos países encontram figuras que mostram múltiplas necessidades sociais elementares, vale a pena refletir, a partir do Direito Administrativo, sobre a necessidade de repensar o conceito dos direitos fundamentais sociais e, essencialmente, sobre a projeção de significado e funcionalidade que implica a cláusula do Estado Social e Democrático de Direito para o conjunto do Direito Administrativo. Como pode o Direito Administrativo olhar para o outro lado, enquanto há milhares e milhares de cidadãos que não têm as condições vitais mínimas para o desenvolvimento livre e solidário de sua personalidade? Não é hora de o Estado recuperar seu propósito original e, com base nesse fundamento, agir de acordo com a centralidade da dignidade humana? Essas e outras questões devem ser abordadas e respondidas com as categorias jurídicas, que existem para que os propósitos da Constituição possam ser realizados.

Aparentemente, o primeiro cientista a usar a expressão Estado Social foi Herman Heller em 1929, ligada à expressão Estado de Direito. Em sua obra *Estado de Direito ou ditadura*, ele procurou criticar a ditadura fascista a partir do Estado de Direito que, obviamente, se faz acompanhar de compromisso com a igualdade incompatível com as profundas desigualdades que historicamente têm dado origem às ditaduras. Heller, que distingue entre a concepção formalista e material do Estado de Direito, explica que o Estado de Direito, em sua versão material, deve chegar à social--democracia, expressão usada nessa obra para chamar a atenção sobre a virtualidade da necessidade de que a social democracia, em oposição à democracia liberal, seja baseada no conjunto do povo em sua totalidade socialmente solidária.

Para Heller, o Estado material de direito, que em nossa opinião carrega em si o germe da dimensão social, é aquele em que todos os cidadãos têm o direito "acima de tudo à igualdade perante a lei, ou, o que é mesmo, para que os objetivos existenciais de todos sejam assistidos sem exceção de circunstâncias pessoais e para uma aplicação objetiva da norma geral sem consideração de posição, condição etc. do indivíduo". É um modelo de Estado que com o passar do tempo foi, no entanto, esvaziado, reconhece o professor alemão. Desse ponto de vista, pode-se até afirmar que a dimensão social do Estado, na medida em que aborda o próprio conteúdo da ação do Estado, seus valores e, principalmente, a centralidade da dignidade do ser humano, permite um retorno a noção material ou substancial do Estado de Direito, hoje também francamente desnaturada diante de tantos danos, também do mesmo Estado, dos direitos fundamentais sociais que acompanham a existência de qualquer ser humano.

O fato de o Estado estar envolvido na realização de reformas sociais, como aponta Carmona Cuenca, é, no entanto, uma ideia anterior que pode ser vista na Europa em meados do século 19 como uma forma de tentar resolver a chamada questão social na Alemanha. Questão que até então foi levantada através da revolução marxista ou através do reformismo patrocinado por pensadores do socialismo moderado como Lassalle, ou do signo social-conservador como Von Stein ou Wegener. Como nos lembra Carmona Cuenca, essa tendência reformista será o prelúdio do atual conceito de Estado Social.

Efetivamente, essa tendência reformista, embora a partir de diferentes perspectivas, sugere que o Estado deve se empenhar ativamente em libertar o Homem da miséria, da ignorância e da impotência em que vivem tantos milhões de seres humanos. Para Lassalle, o Estado, a partir do dogma hegeliano, é a personificação do ideal ético e, portanto, o instrumento apropriado para a transformação social. Para Von Stein, a chave é que todos os habitantes tenham propriedade de maneira que o Estado deve estimular que todo cidadão tenha acesso ao direito de propriedade, no qual o Estado finalmente corrija as extremas desigualdades que impedem aos mais necessitados o desenvolvimento com dignidade.

De certo modo, pode-se afirmar que a definição mais conhecida de Estado Social parte justamente dessa ideia de reforma social realizada a partir do Estado, que se traduz em um conjunto de medidas, leis e atividades que tendem a possibilitar que todos adquiram meios econômicos através do trabalho (Von Stein).

Nesse tema revela-se muito interessante a questão, levantada desde o início das relações entre Estado e sociedade. Se o Estado absorve a sociedade, como parece derivar da interpretação hegeliana, então estamos diante do paraíso socialista que afirma que é o Estado que mecânica e automaticamente fornecerá a todos classes de benefícios e bem-estar para os cidadãos. Se não for esse o caso, o que o Estado deve fazer é criar as condições para que todos os cidadãos possam exercer livre e solidariamente os seus direitos fundamentais.

De fato, a partir dos postulados do pensamento aberto, plural, dinâmico e complementar, as relações entre Estado e sociedade não são conflituosas nem identificadas pela absorção. São realidades distintas que operam em diferentes planos e complementam o serviço objetivo do interesse geral, ou, o que é o mesmo, a serviço dos direitos fundamentais da pessoa.

Convém destacar nesse ponto que não é coincidência que Heller tenha levantado pela primeira vez a dimensão social do Estado que trata do Estado de Direito e da ditadura fascista. Além disso, se o Estado de Direito se sustenta, como um trípode, no princípio da separação de poderes, no princípio da juridicidade e no princípio capital dos direitos fundamentais da pessoa, é lógico, até exigível, que na mesma definição do Estado de Direito encontre-se a caracterização social. Por uma razão que talvez hoje, no século 21, seja mais evidente. Os direitos da pessoa, aqueles direitos que são inerentes à condição humana, devem permitir que cada cidadão, pelo simples fato de sê-lo, se realize livre e solidariamente. Isso não seria possível, de forma alguma, se não houvesse uma série de direitos humanos que assumissem na mesma configuração uma série de prestações do Estado para torná-los efetivos. Pode um ser humano viver em condições de dignidade sem comida, sem roupas, sem moradia ou, por exemplo, sem acesso à educação básica?

Desse modo, as relações entre o Estado de Direito e o Estado Social do Direito, ao menos até o momento, controversas e problemáticas no passado, são mais artificiais do que reais. Por exemplo, a crítica formulada por Forsthoff sobre a profunda incompatibilidade entre as duas cláusulas não se sustenta atualmente. Como se sabe, o professor alemão chegaria a afirmar categoricamente que o Estado Social e o Estado de Direito são conceitos antagônicos. Ele parte de uma posição demasiado teórica, da ideia de que o Estado de Direito se baseia na ideia da abstração e generalidade da lei, enquanto os direitos sociais não podem ser estabelecidos em uma norma geral abstrata, passível de aplicação, porque eles estão por definição em constante mudança e transformação e não podem ser objeto de uma regra geral carente de aplicação (Forsthoff). É verdade que a determinação do conteúdo de prestações que são intrínsecos aos direitos sociais fundamentais pode mudar continuamente, dependendo do grau de bem-estar social que exista, mas isso não impede em absoluto o rompimento da harmonia essencial que existe entre o Estado de Direito e o Estado Social, ao menos a partir da compreensão do conteúdo básico do Estado de Direito acima exposto.

Forsthoff entende, não sem razão, que o Estado de Direito, em sua configuração tradicional, assume que há direitos que o Estado deve respeitar, espaços indisponíveis para o Estado. Nesse modelo, a nota característica seria a da limitação, a da passividade. No entanto, no Estado Social o Estado atua, realiza prestações em favor das pessoas com certas necessidades sociais. Assim, o mundo do Estado Social é um mundo de leis concretas e ação administrativa contra o reino do geral e do abstrato que domina o Estado de Direito. Como a Constituição é, em essência, uma norma geral e abstrata, não pode entrar em regulações concretas e específicas, deixadas no terreno da concretude, pelo que, segundo o professor alemão, os direitos sociais não são passíveis de ser aplicados diretamente (Forsthoff). Essa razão, que está na base da discussão da época, faz hoje pouco sentido, uma vez que os direitos sociais fundamentais são também direitos fundamentais da pessoa e, portanto, suscetíveis de aplicação imediata e direta. Outra coisa, são certas políticas públicas de ordem social, não em essência direitos fundamentais sociais.

O tema planteia, por outro lado, a própria essência do Direito Administrativo como Direito de concretude ou materialização da Constituição. O mesmo Forsthoff dirá que a Administração Pública é a Constituição em ação. É verdade que o Direito Administrativo é, desse ponto de vista, Direito Administrativo concretizado, especificado, materializado. Por isso é que um dos signos de identidade do Direito Administrativo, não implica, longe disso, que não existam, como procuramos explicar neste trabalho, direitos fundamentais de ordem social com as mesmas características, exigibilidade e justiciabilidade que os chamados direitos fundamentais clássicos ou de liberdade, ou será que o direito à alimentação de um ser humano não reclama, com igual ou maior fundamento, a aplicação imediata e direta que dispõe o direito à liberdade de expressão ou ao direito à liberdade de associação? Os direitos fundamentais são uma categoria única, formam um todo legal no qual existem direitos de ordem individual e direitos sociais, ou seja, os direitos fundamentais são multifuncionais, direitos plurifuncionais, visto que assumem funções de defesa, proteção e provisão de acordo com os casos e situações, mas no marco do mesmo regime jurídico.

Essa questão também levantou problemas sobre sua atribuição ideológica, porque sabemos que o socialismo moderado e o conservadorismo social tentaram se apresentar como um sinal de identidade deste ou daquele pensamento político. A cláusula do Estado Social, é patrimônio do socialismo moderado, do conservadorismo social, do centro-direitismo ou do centro-esquerdismo em termos de geografia política, em sociedades maduras e desenvolvidas é um conceito que ambos usam indistintamente porque já é uma herança comum de ação política em qualquer abordagem ideológica que defenda a democracia.

Na época em que Heller escrevia, algumas de suas afirmações, catalogadas na época como socialistas, hoje nos parecem típicas do sentimento geral existente em torno do que um Estado Social e Democrático de Direito deve ser, igualmente exigível de um governo liberal-conservador que um Executivo socialista. Para Heller, um Estado de democracia social, que é a expressão usada por ele, deve converter em jurídico público a ordem jurídica privada do trabalho e a propriedade, já que, como ele assume, há um óbvio interesse geral na regulamentação do trabalho e da propriedade. O direito ao trabalho e todas as considerações sobre as condições em que ele deve ser realizado respondem também ao interesse geral e à função social do direito de propriedade.

A referência constitucional ao Estado Social atende à necessidade de se garantir condições vitais de dignidade para as pessoas. Para isso, o Estado deve estabelecer as condições para que a liberdade e a liberdade da pessoa e dos grupos em que está integrada sejam reais e efetivas, eliminando os obstáculos que impedem seu cumprimento e facilitando a participação de todos os cidadãos na vida política, cultural e social. O Estado Social tem então como objetivo e propósito remediar a desigualdade material dos cidadãos de maneira efetiva, eliminando os obstáculos que a impedem, ou seja, as condições associadas a um mínimo de liberdade e igualdade para os cidadãos se desenvolverem livre e solidariamente no exercício de suas liberdades e direitos fundamentais devem ser reais e efetivas. Em outras palavras, a efetividade é uma nota constitucional imbricada na definição de um Estado Social que deve promover os direitos fundamentais, todos eles, também os sociais inerentes à pessoa.

Nesse ponto, é importante distinguir conceitos porque, de fato, o conteúdo do Estado Social é variado e oferece uma tipologia de possibilidades tão ampla quanto uma gama de problemas sociais que afetam a vida digna das pessoas. Basta ler na Constituição espanhola de 1978 o capítulo que tem como título: *Os princípios orientadores da política social e econômica,* para perceber que, legalmente, o direito à moradia não pode ter a mesma consideração que a proteção dirigida ao patrimônio histórico-artístico. Efetivamente, não é o mesmo o direito ao trabalho, o direito à igualdade no acesso às condições de acesso ao trabalho, autêntico direito humano, que algumas reivindicações concretas relacionadas à melhoria das condições de trabalho.

O direito à igualdade de condições no acesso ao trabalho, o direito à alimentação, o direito de se vestir, o direito à moradia, o direito ao meio ambiente são direitos inerentes à pessoa, porque são básicos e essenciais para seu desenvolvimento livre e solidário. Quer dizer, os direitos fundamentais que implicam prestações concretas para sua realização devem ser objeto – porque são direitos fundamentais da pessoa – do mesmo tratamento jurídico relativo à proteção jurisdicional e, é claro, para o que se refere à sua aplicação imediata, exigibilidade e justiciabilidade.

Nesses casos, os orçamentos dos ministérios da ordem social, enquanto as desigualdades materiais subsistam nos diferentes países, devem imperativamente contemplar a disponibilidade orçamentária razoável após uma quantificação científica e sistemática. O contrário disso significa não apenas a violação da cláusula do Estado Social, mas o fracasso do próprio Estado, que, em vez de defensor e promotor da dignidade humana, se tornaria um dos seus principais inimigos. O argumento sobre a natureza contingente e variável dos programas sociais não é um problema, como aponta Wolin – a qualquer momento eles podem ser expandidos, modificados ou revogados, até cancelados, se necessário, porque as causas que os motivaram desapareceram.

A fórmula Estado Social e Democrático de Direito, ou Estado Social de Direito, polêmica para alguns autores alemães, como Schmitt e Forsthoff, por imprecisas, vagas e abstratas, hoje é de total relevância. Com todo o respeito, as formulações desses renomados professores para derrubar as normas da Constituição de Weimar, primeiro, e as da Constituição de Bonn, depois, esquecem que é uma cláusula ligada à eficácia, especialmente no que diz respeito à realização de direitos sociais fundamentais que afetam o mesmo conteúdo essencial da dignidade do ser humano. Se o Estado surge para garantir condições mínimas de desenvolvimento livre e solidário para as pessoas, é lógico que o Direito e as políticas públicas sejam orientadas para esse fim.

Que tais direitos sociais fundamentais requeiram prestações concretas do Estado, quando a sociedade falha, não significa, nem mais nem menos, que o Estado deve quantificar em seus orçamentos sociais os recursos necessários para alcançar um objetivo social tão relevante: garantir um mínimo de dignidade essencial para todos os cidadãos, com especial atenção para os mais necessitados ou desvalidos. Além disso, o fato de essas prestações concretas não poderem ser previstas em normas gerais e abstratas próprias de uma Constituição não significa que elas devem ficar "extraconstituição", uma vez que, eu insisto, o Estado de Direito entendido em sua formulação material e substancial incorpora, sem dúvida, conteúdos sociais que implicam ações específicas e precisas do Estado.

Posicionar o Estado de Direito na Constituição em uma bolha, em uma torre de vidro, sem influências provenientes da ação administrativa, certamente não se compadece nem com as relações tradicionais entre o Direito Constitucional e Administrativo, nem com as exigências mais elementares de realização dos direitos sociais fundamentais, ou, o que é o mesmo, pretender nesse ponto que a característica essencial do Estado de Direito seja precisamente o formalismo jurídico e a neutralidade ante os valores mostrados por suas instituições não fazem qualquer sentido a partir da própria formulação da eficácia do Estado Social.

O Direito Administrativo precisa olhar para a Constituição e a Constituição precisa do Direito Administrativo para ser efetiva, de forma que atinja a sociedade como um todo, para que seus valores e princípios permeiem a ação do complexo governo-Administração Pública. Assim, seguindo uma alegoria que ajuda a entender as relações entre esses dois ramos do Direito Público e a Filosofia do Direito, pode-se afirmar que, assim como os fundamentos e pilares da construção do edifício jurídico são de responsabilidade dos filósofos do Direito, a arquitetura e o *design* geral são responsabilidade dos constitucionalistas, enquanto nós administrativistas temos a honra de dar vida ao edifício, torná-lo habitável, para que aqueles que nele moram possam fazê-lo nas melhores condições possíveis.

Na realidade, as doutrinas de Schmitt e Forsthoff negam a existência do conceito de direito fundamental da pessoa que requer prestações específicas do Estado, ou, o que dá no mesmo, eles negam a noção de direito fundamental social. Para chegar a essa conclusão, Forsthoff destacará que as pessoas que requerem prestações sociais do Estado têm, em qualquer caso, direitos ou interesses subjetivos derivados da regulamentação legal de determinados assuntos, que devem ter previsão em lei. Hoje, além disso, existem técnicas jurídicas para controlar a inatividade material da administração e evitar os efeitos perniciosos da omissão do dever de legislar nesses assuntos.

Em uma posição substancialmente diferente, como discutiremos mais adiante, encontra-se outro ilustre professor alemão, Abendroth, para quem o Estado Social faz pleno sentido quando mostra que uma democracia somente pode funcionar se ela se estender à sociedade como um todo e oferecer a todas as classes sociais as mesmas oportunidades no processo econômico. Abendroth propõe, de forma mais comprometida e radical, uma transformação absoluta da atual ordem econômico-social, em que o Estado deve intervir nos processos econômicos, planejando a produção e procedendo a uma distribuição de recursos no interesse de todas as classes sociais. Esse autor argumenta que o Estado Social somente é possível se o Estado assumir um papel essencial na economia a partir de um princípio democrático entendido além da representação parlamentar, que atinge a cogestão e permeia todas as áreas da sociedade.

No entanto, tal reivindicação fracassou historicamente e supõe um processo de absorção da sociedade pelo Estado que, para esse autor alemão, é o único ator legítimo a dar conteúdo concreto ao Estado Social. Em outras palavras, a ordem econômica e social, de acordo com seu pensamento, deve ser submetida aos órgãos estatais em que a vontade autodeterminante do povo é representada (Abendroth). Uma abordagem desenvolvida como consequência de um preconceito que parte de certa interpretação do princípio democrático, que elimina a perspectiva individual ou pessoal e enfatiza exclusivamente a determinação democrática da ordem estrutural da economia através da gestão da empresa e da sociedade (González Moreno).

Outro ponto de vista, um *tertium genus*, uma terceira via entre as duas formulações anteriores, começa com a compreensão do princípio democrático baseando-se em uma ideia razoável e aberta da participação como um elemento que ajuda a entender melhor a harmonia existente entre o Estado de Direito e o Estado Social. Como adiantamos anteriormente, na medida em que instalamos uma visão material, não formal, do Estado de Direito, tanto a cláusula do Estado Social e suas exigências quanto a cláusula do Estado de Direito são entendidas como complementares. De tal forma que se poderia afirmar que o Estado material do Direito não é entendido sem a cláusula do Estado Social e sem a cláusula do Estado Democrático. Em outras palavras, o Estado Social e o Estado Democrático são componentes básicos do Estado de Direito materialmente entendido.

Provavelmente, quem melhor explicou essa posição foi o professor Kriele, também famoso por sua teoria da indisponibilidade dos direitos fundamentais da pessoa. Para esse professor alemão, o Estado Constitucional Democrático, com suas instituições que garantem os direitos humanos cívicos e políticos, não é apenas uma condição indispensável para uma vida com dignidade humana. É também a base de qualquer processo de luta democrática por uma ordem jurídica e econômica que leve em conta os direitos humanos econômicos, sociais e culturais (Kriele).

Assim, o Estado Social e Democrático de Direito é uma fórmula que, como muitas outras do Direito Público, deve ser entendida a partir dos postulados do pensamento aberto, plural, dinâmico e complementar. É possível explicá-lo a partir de diferentes coordenadas, de diferentes posições, porque é uma fórmula em constante evolução e, acima de tudo, é uma fórmula que permite uma compreensão profunda hoje, em um novo século, da força jurídica renovada ao Estado de Direito em sentido material.

Em nossos dias já não é possível manter uma posição formalista do Estado de Direito que se perfila ante a existência de direitos fundamentais da pessoa que reclamam prestações específicas da sociedade ou do Estado. Hoje, não é possível manter posições provenientes de prejuízos ideológicos ou preconceitos que buscam projetar a realidade unilateral e totalitária sobre um determinado modelo político ou social. É preciso buscar categorias e conceitos que permitam, eis a chave, um desenvolvimento mais livre e solidário das pessoas, especialmente de cada uma de suas liberdades, de todos e de cada um de seus direitos fundamentais.

Heller estava certo quando advertiu que a chave está na realização da dimensão material e substancial da cláusula do Estado de Direito, porque a ideia do compromisso social do Estado surge da extensão do pensamento do Estado de Direito material à ordem do trabalho e dos bens. A partir desse entendimento, fica claro que o direito ao trabalho, à igualdade de acesso ao mercado de trabalho e o direito à alimentação, à moradia, à educação ou, entre outros, à saúde, são direitos humanos no sentido estrito, direitos fundamentais da pessoa, uma vez que eles constituem a mesma dignidade humana e sem seu apoio não se pode falar corretamente de condições reais, às vezes até mínimas, para uma existência conforme a natureza do ser humano.

A criação das condições que possibilitam a liberdade e a igualdade das pessoas e dos grupos em que se integram não é o único requisito da cláusula do Estado Social. Também, em seu lado negativo, essa cláusula exige do Estado a remoção de obstáculos que impedem a liberdade e a igualdade dos cidadãos e dos grupos em que estão integrados. Ainda mais, o artigo 9.2 da Constituição espanhola exige que o Estado fomente a participação de todos os cidadãos na vida política, econômica e social, ou seja, a cláusula do Estado Social e Democrático de Direito trata de ações positivas, ações para remover impedimentos e ações para promover a participação. Três formas de presença do Estado que, em minha opinião, na medida do possível, podem ser realizadas harmoniosamente.

O Estado Social, chamado do ponto de vista sociológico Estado de bem-estar, constitui uma reação ante os fracassos do Estado liberal, entendido em sentido formal, sem correções, deixado somente às forças de autorregulação do mercado. Os direitos fundamentais no sentido clássico eram entendidos como espaços para a livre determinação do indivíduo sem a possibilidade de ação estatal, pois eram áreas proibidas ao próprio Estado, que deve ser um mero observador, reduzindo sua ação à mera abstenção, sem interferência. Nesse contexto, chegamos à convicção de que a autorrealização em si mesma e por si mesma não ocorre em todos os casos e para todos os cidadãos, mas sim é um quadro de liberdade solidária.

A questão social, a revolução industrial, a ausência das condições mínimas para uma vida digna explica que, na época, em finais do século 19, e especialmente no século 20, se comece a tomar consciência desses problemas. Problemas que supõem um golpe na essência e na existência do Estado, que deixa de ser visto como uma ameaça ou um poder que deve ser restringido por definição. Percebe-se que o exercício da liberdade não é possível se o seu estabelecimento e suas garantias formais não se fizerem acompanhar de condições existenciais mínimas (García Pelayo).

Precisamente, como assinala Benda, a liberação de necessidades básicas, assegurando os recursos materiais mínimos, está vinculada, como é lógico, à garantia da dignidade humana, o que significa, clara e simplesmente, que o Estado deve assumir um papel fundamental para preservar esse mínimo vital indispensável para uma vida digna, visto que uma vida indigna é o fracasso do Estado. Assim, no marco da cláusula do Estado Social, o Estado assume a função de distribuir bens jurídicos de conteúdo material através de um sistema de prestações de natureza diversa (Gonzalez Moreno).

O Estado Social, em sua formulação clássica, garante que as pessoas disponham das prestações e serviços básicos essenciais para uma existência digna e adequada à sua condição, de modo que corresponde ao Estado, em virtude dessa cláusula, facilitar a procura existencial a todas as pessoas. Um conceito que, embora possa parecer paradoxal, foi elaborado por Forsthoff, em 1938, em referência a todas as atividades que correspondem à administração na era da industrialização, destinadas a garantir a existência de todos os cidadãos. Agora, a administração, dirá Forsthoff, não deveria mais se dedicar a garantir passivamente a liberdade, ela é uma provedora de prestações e sua base está na participação.

Se a concepção da procura existencial tivesse sido mais intimamente ligada a uma existência digna, é provável que a ausência de consequências jurídicas fosse superada, porque se existe um conceito que tem força jurídica no Estado Social e Democrático é o da dignidade da pessoa. Além disso, é um conceito que em si constitui a essência do direito, pelo que hoje resulta realmente incompreensível que tais prestações, aquelas ligadas à dignidade do ser humano, não tenham sido dotadas de força jurídica. Em defesa dessa teoria, é possível assinalar que talvez o Estado e a evolução de um modelo de Estado, que está em permanente transformação, e que, portanto, em 1938 não permitiram os desenvolvimentos atuais.

Para Forsthoff, o desenvolvimento técnico e industrial dos séculos 19 e 20 reduziu o que ele chamou de espaço vital dominado enquanto crescia o espaço vital efetivo, causando uma situação de privação social para todos os cidadãos, pois, redundantemente, é primordial procurar bens necessários para manter-se. No caso de pessoas com meios de vida mais do que suficientes, a afirmação do professor alemão é controversa, mas, em qualquer caso, a maioria das pessoas que veem o seu próprio espaço abandonado por causa do êxodo para as grandes cidades verifica diariamente, também na crise atual, que as garantias substanciais para uma existência digna vêm diminuindo.

Nesse contexto, a pessoa, que vem perdendo seu espaço vital dominado, está desprotegida contra uma época de desenvolvimentismo e economicismo, abandonada à assistência em suas mais diversas formas (Carmona Cuenca). Assim, a maioria dos cidadãos depende de um trabalho para conseguir, eles e suas famílias, uma existência digna. O trabalho é o meio para obter um mínimo vital que lhe permita, em condições de dignidade, realizar-se livre e solidariamente como ser humano.

O Estado, também no final do século 19, diante da situação, chamamos hoje de indignidade o que demasiadas pessoas viviam, teve que assumir a obrigação de facilitar a subsistência, introduzindo no processo econômico uma relação adequada entre salários e preços que permitisse um poder aquisitivo dos salários razoável para se viver com dignidade. Hoje, com os matizes que se quiser, voltamos aos velhos caminhos, justamente no marco de um Estado Social que pensávamos maduro e desenvolvido e que, no entanto, pela falsidade dos seus próprios fins, por sua natureza estaticidade está reduzindo e recortando prestações sociais, muitas delas ligadas diretamente a uma vida digna.

Para Forsthoff, o Estado Social é um Estado que garante a subsistência e, portanto, é um estado de prestações e redistribuição de riqueza que deve se concentrar em três objetivos fundamentais. Em primeiro lugar, garantir uma relação adequada entre salários e preços. Segundo, a regulação da demanda, de produção e consumo. Terceiro, aportar prestações quando delas dependa peremptoriamente a vida humana. Esse problema de maior importância reside no fato de que, no entanto, pelas razões expostas acima, o cidadão não tem um direito exigível à administração para realizar essas prestações. O mérito da teoria de Forsthoff foi ter projetado um conjunto de técnicas jurídicas no âmbito do Direito Administrativo para conseguir que a administração contribua para a melhoria das condições de vida da população.

Agora, no entanto, ao menos no que diz respeito aos direitos fundamentais da pessoa que requerem prestações concretas para sua realização, chegou a hora, dado o tempo decorrido desde a formulação e assunção do modelo do Estado Social e Democrático de Direito, de sua aplicabilidade e justiciabilidade. É, portanto, o momento de passar das metas políticas, dos princípios que regem os direitos fundamentais. Da conveniência ou relevância na efetividade dos direitos sociais fundamentais, sua exigibilidade perante os Juízes e tribunais. A questão está em construir uma doutrina de direitos fundamentais a partir dos postulados do pensamento aberto, plural, dinâmico e complementar, baseado na realidade, que avança a partir da racionalidade e tem seu centro na dignidade humana entendida em sentido integral e aberto.

O conceito de procura existencial inclui, para Garcia Pelayo, o desenvolvimento de sistemas e seu controle, sem os quais não é possível a vida humana na civilização atual. Nesse sentido, a segurança está incluída nos diferentes aspectos vitais da sociedade nacional, que inclui não apenas a defesa exterior, mas também a segurança interna ante o delito e a subversão; a prevenção de situações de caráter global; a degradação do meio ambiente; o esgotamento dos recursos naturais, situações de conflito e tensões sociais. Também se enquadram na procura existencial para Garcia Pelayo a garantia de prestações sociais para além de seu mero reconhecimento: o estabelecimento de um salário mínimo, o acesso a um emprego no âmbito do pleno emprego; atenção aos grupos mais frágeis: pessoas com deficiência, idosos, crianças, desempregados etc., bem como o crescimento das possibilidades vitais da população por meio de uma justa distribuição de renda, conforme as possibilidades da situação econômica geral; por meio do acesso progressivo a bens culturais, com especial atenção, inovação e posse de conhecimento tecnológico; e para a expansão e melhoria dos serviços sociais e sistemas de previdência social.

O conteúdo do Estado Social é amplo. Neste estudo, vamos nos concentrar nos chamados direitos fundamentais sociais, que são os direitos fundamentais da pessoa que exigem prestações específicas do Estado para que os cidadãos possam desfrutar uma vida digna da condição humana.

Nesses casos, por se tratar dos direitos fundamentais em sentido estrito, dos direitos fundamentais no Estado Social e Democrático de Direito, a proteção jurídica dispensada deveria ser a própria e específica dos direitos fundamentais.

O conteúdo do Estado Social, na medida em que estamos no marco de um conceito dinâmico, é difícil de descrever com pretensão definitiva. No entanto, o que é inerente ao conceito, o que está na medula da própria essência do Direito Administrativo, que é o interesse geral, é sua ligação substancial com a realização objetiva dos direitos fundamentais da pessoa. Isso é, como veremos mais adiante, a chave hermenêutica para entender o caráter capital do interesse geral como uma pedra angular do Direito Administrativo do Estado Social e Democrático de Direito, ou, se se quiser, para entender o que com toda intenção chamo, de Direito social administrativo, usando uma fórmula tautológica, que hoje em dia me parece sublinhada em termos dos cursos que tomaram algumas questões vitais para a existência humana.

É verdade, como estudaremos logo adiante, que a crise do Estado de bem-estar foi causada por tudo confiar ao Estado, por tudo esperar do Estado, em vez de perceber que o mesmo princípio de participação, embutido na cláusula do Estado Democrático, convida a um maior diálogo entre o Estado e a sociedade, de maneira e habilmente integrada por meio de alianças estratégicas, pode ir além de um Estado que lida com tudo, do berço até a sepultura.

Nesse contexto, como é lógico, os orçamentos públicos expansivos acabaram e, o que é mais grave, se resulta que tal redução da disponibilidade orçamentária também foi causada por uma corrupção colossal instalada no sistema, então acontece que chegamos à situação em que estamos. Situação para a qual levamos uma perspectiva estática do Estado Social, do Estado de bem-estar. Agora, porém, é necessário recuperar a dimensão dinâmica e sublinhar a necessidade de dotar aos direitos sociais fundamentais, não todo o conteúdo dos Estados Social, com a categoria de direitos fundamentais para todos os fins.

Nesse sentido, como aponta Gonzalez Moreno, é necessário saber o que entendemos por mínimos quando se fala de condições existenciais. Em minha opinião, esses mínimos referem-se a prestações imprescindíveis para uma existência digna, ou seja, a cobertura do direito à alimentação digna, o direito à vestimenta digna, o direito à moradia digna ou, entre outros, o direito à igualdade no acesso ao trabalho em condições dignas. No fundo dessa doutrina reside a ideia de que o direito fundamental da pessoa não é apenas um espaço de livre determinação vedado à ação dos poderes públicos. Além disso, e isso é uma consequência do Estado Social, como veremos ao tratar dos direitos fundamentais no Estado Social, estes, os direitos fundamentais da pessoa, são direitos que podem exigir em certos casos ações positivas do Estado para facilitar sua realização.

Se partirmos, como se faz neste estudo, de que o direito fundamental de ordem social mais importante, porque é veicular, uma condição essencial, é o direito a uma boa Administração Pública, então entenderemos melhor que a cláusula do Estado Democrático, através da diretriz constitucional de participação, leva a rejeitar o conceito de Direito Público subjetivo como paradigma do direito fundamental da pessoa, bem como a compreender, em seus termos justos, que os direitos fundamentais, além de limites à ação estatal, são fins da ação do Estado através da garantia da participação dos cidadãos na vida social, política, cultural e econômica.

Seguramente, nem todos os direitos sociais são direitos fundamentais da pessoa, mas existe uma categoria de direitos inerentes à pessoa que depende em grande medida, conforme as situações, latitudes e contextos, da ação do Estado. Aqui não propomos uma abertura completa do conceito de direito fundamental a todos os direitos sociais, econômicos e culturais. Não, neste estudo propomos que seja reconhecido dentro do conceito de direito fundamental, a fim de garantir sua exigibilidade e justiciabilidade, aos que são chamados de direitos fundamentais sociais, porque em caso contrário seria uma quimera, algo irracional, sem sentido algum em um mundo no qual o limite é, evidentemente, um fator constitutivo da realidade. Esse limite, insisto, deve incluir a efetividade dos chamados direitos fundamentais sociais.

Em essência, existem duas posições em relação à eficácia da cláusula do Estado Social. Aquela patrocinada pela Forsthoff, que, já explicamos: essa cláusula não tem dimensão jurídica. Por outro lado, a tese dos que estão convencidos de que as normas sociais da Constituição têm o mesmo valor normativo que outros assuntos da Constituição, embora sua eficácia esteja condicionada pela própria Constituição. Neste estudo propomos a necessidade de reformar a Constituição, a fim de dar entrada formalmente na mesma, no elenco dos direitos fundamentais da pessoa, aqueles que, tendo essa mesma características por ser inerente à pessoa, requerem ações positivas do Estado, já que me parece que hoje o grau de evolução do direito fundamental da pessoa como limite e fim do Estado é plenamente justificado. Além disso, como observou Gonzalez Moreno, o conceito de Estado de Direito que tem sido aperfeiçoado ao longo do tempo e não apresenta hoje os mesmos perfis que apresentava nas origens do Estado constitucional.

Depois que a lei foi concebida como uma forma de limitação de poder, e assumindo-se que a Constituição e seus valores são projetados para a Administração Pública, o que se evidencia é o conceito de Estado Social. Precisamente quando se percebe que o poder é da soberania popular e que a participação dos cidadãos em questões de interesse geral é capital, então, pouco a pouco, os direitos sociais fundamentais, como veremos mais adiante, adquirem sua própria dimensão. Aqui nos parece que se deve localizar o direito fundamental à boa administração, que é o direito básico que permite, devido à sua dimensão veicular, que todas as ações positivas do Estado sejam realizadas em ordem à realização dos direitos fundamentais da pessoa.

Obviamente, as garantias jurídico-sociais exigem participação, de modo que no conteúdo do Estado Social e Democrático de Direito a participação será essencial. Especialmente porque o mesmo conceito de interesse geral no Estado Social e Democrático de Direito, como veremos quando tratemos sobre essa questão, exige participação. Um interesse geral definido unilateralmente não é o interesse geral próprio de um Estado Social e Democrático de Direito.

A partir dessa compreensão dinâmica do sentido material do Estado de Direito, que inclui como aspectos essenciais a dimensão social e democrática do Estado, a cláusula democrática, que apela para a legitimidade democrática, exige indubitavelmente a conquista de novos espaços mais autênticos e genuínos de participação, porque em tantas latitudes observamos uma preocupante ausência de presença cidadã nas principais tarefas do Estado. Além disso, neste momento de evolução social registramos um retrocesso paradoxal motivado em grande parte pelo fracasso da versão estática do Estado Social da qual tem se aproveitado habilmente os terminais socioeconômicos e políticos dominantes.

A cultura jurídica ocidental assumiu com normalidade a consagração das cláusulas do Estado Social e do Estado Democrático como exigências da consideração substancial do Estado de Direito. A ponto, como defende acertadamente Gonzalez Moreno, de que uma Constituição que não as inclui formalmente não seria uma Constituição completa. Assim, desde a essencial força normativa por excelência da Constituição, os chamados direitos fundamentais sociais e, especialmente, o direito de participação, direito componente do direito fundamental à boa administração, devem poder ser exigidos pelos cidadãos. Pensamos que tal operação, que poderia ser feita de diferentes formas e em níveis distintos, pode ter virtualidade operacional também a partir da categorização como direito fundamental de boa Administração Pública, ainda pendente em inúmeros sistemas jurídicos, entre eles o nosso.

Porém, na realidade acredita-se que ainda há um longo caminho a percorrer para que de fato o Estado Social e Democrático do Direito penetre nas estruturas e fundamentos de um Direito Administrativo que está profundamente ancorado em um conceito de Direito subjetivo de outra época. Concretamente, a ligação entre a doutrina da supremacia constitucional e a legalidade administrativa está longe de ser totalmente compreendida e é por isso que assistimos a contradições e aporias que basicamente partem de não se ter realmente entendido o alcance e significado do Estado Social e Democrático de Direito para todo o sistema do Direito Administrativo. A situação dos direitos sociais fundamentais é uma boa prova disso.

A cláusula do Estado Social, uma vez reconhecida formalmente na Constituição, torna-se um princípio orientador obrigatório (Benda). Um princípio que obriga o Estado a realizar as tarefas necessárias para sua eficácia, ou, o que é o mesmo, um princípio que manda ao Estado que a liberdade e a igualdade das pessoas e dos grupos nos quais elas estão integradas sejam reais e efetivas. Princípio da realidade e eficácia da cláusula do Estado Social que, por muito distintas e variadas expressões que contenha, reclama do Estado, sobretudo, que contribua positiva e concretamente para que cada cidadão possa realizar os direitos fundamentais sociais que lhe são próprios. Sem essa consideração, o Estado Social não seria um Estado Social.

Na Alemanha, o Tribunal Constitucional entendeu rapidamente, a partir da tese da habilitação das normas constitucionais, que confiam ao Estado tarefas de configuração social orientadas para a consecução de uma ordem social justa. A questão é que essas normas constitucionais, entre as quais está, é claro, a cláusula do Estado Social, requerem ordinariamente da ação do legislador, o que não é um problema de menor importância, já que não em poucos casos estamos diante da omissão desse poder do Estado. Nesse ponto, devemos precisar que se deveriam ter ao menos os direitos fundamentais sociais, como direitos fundamentais da pessoa que são, eficácia imediata e direta, bem como a proteção judicial própria e específica desses direitos.

O legislador dispõe, portanto, de ampla discricionariedade na hora de tornar efetivas as exigências do Estado Social para configurar uma ordem social orientada ao estabelecimento e garantia da justiça social e, consequentemente, à eliminação de situações de precariedade social (Carmona Cuenca). Para Benda, apenas excepcionalmente é possível inferir dessa obrigação do poder Legislativo uma expectativa jurídica diretamente invocada perante a jurisdição ordinária ou perante a jurisdição constitucional. Em nossa opinião, o caso dos direitos fundamentais sociais se enquadra não como uma expectativa, mas como um direito exigível a partir de uma razoável dotação nos orçamentos dos ministérios sociais sob o título de direitos fundamentais sociais ou outro título que aluda à necessidade de contemplar no orçamento, após sérios estudos econômicos e sociológicos, tais necessidades de cidadãos em diferentes países e nações.

Na verdade, a chave para toda essa questão se encontra na dignidade do ser humano, que é o cânone supremo e geral a partir do qual coloca a questão. Para o Direito em geral e, claro, especialmente para o Direito Público, a dignidade do ser humano é o principal pilar e fundamento de todas as suas categorias e instituições. Tanto é assim que o próprio Estado de Direito, entendido material e substancialmente, significa essencialmente que a dignidade de todo ser humano se levanta onipotente e todo-poderosa ante a qualquer tentativa do poder público de danificá-la, prejudicá-la ou eliminá-la.

A dignidade do ser humano, sua centralidade e caráter capital, que molda indelevelmente aquele espaço de indisponibilidade do qual desfrutam os direitos fundamentais da pessoa, também os sociais, justifica, como compreendeu precocemente a jurisprudência constitucional alemã, que o direito de todo cidadão a alguns recursos materiais mínimos surge da garantia da dignidade humana contida no artigo 1.1 da Lei Fundamental de Bonn.

Tratando sobre o conteúdo do Estado Social, devemos fazer uma precisão em relação à natureza de alguns direitos sociais. A realidade e a evolução social, especialmente em nossa época, acreditam que o problema da justiça social não deve ser considerado apenas, do ponto de vista de sua exigibilidade e justiciabilidade, a partir da legislação ordinária ou da administração.

É verdade que a primeira interpretação da Lei Fundamental de Bonn foi a que conhecemos bem. Porém, hoje em dia, a partir de uma consideração dinâmica do Estado Social enraizada na centralidade do ser humano, ou bem está inscrita na Constituição, no capítulo dedicado aos direitos fundamentais da pessoa, aos direitos sociais inerentes à condição humana, ou se procede, se for possível e coerente, a uma interpretação constitucional que faça derivar da garantia da dignidade do ser humano as consequências em cada caso necessárias.

A passagem do Estado liberal de direito para o Estado Social e Democrático de Direito deveria ter tido maior incidência em relação à questão dos chamados direitos fundamentais sociais. Na realidade, o modelo do Estado foi transformado, mas o conceito do direito fundamental da pessoa se manteve ancorado em concepções do passado que devem ser ajustadas às mudanças operadas na definição do modelo de Estado. Não para ser entendido de maneira radicalmente diferente, mas para se adaptar ao novo modelo de Estado. Assim, os direitos sociais são hoje limites à ação do Estado e, também, fins da ação pública por meio de prestações que realmente supõem a efetivação de condições mínimas para garantir a dignidade do ser humano.

Ridder expõe três dimensões do Estado Social. A primeira refere-se à consideração social dos direitos fundamentais, em virtude da qual, a partir das relações de poder, é necessário ler a questão das relações de poder, dando proteção aos mais fracos e diminuindo proteção aos mais fortes. Na verdade, o Estado Social exige igualdade material e, acima de tudo, o estabelecimento de justiça, na medida em que é um corolário necessário do Estado material de direito, ou seja, o Estado deve proteger a todos, especialmente aos mais fracos e, é claro, por meio do poder Judiciário, anular e invalidar toda arbitrariedade ou uso irracional do poder, assim como seu exercício a serviço de interesses particulares ou parciais.

A segunda dimensão do Estado Social atende à vinculação social do Estado que se projeta especialmente através da ajuda que o Estado deve proporcionar às pessoas em situação de necessidade e, também, através da exigência de responsabilidade do Estado pela cobertura e para o funcionamento do Estado como um todo.

A terceira dimensão é formulada por Ridder como a obrigação do Estado de articular a sociedade sobre bases democráticas que, fundamentalmente, supera a cláusula do Estado Social e se refere à cláusula do Estado Democrático.

O conteúdo da cláusula do Estado Social, entendido dinamicamente, é amplo e pode a cada momento apresentar diferentes perfis, embora, na minha opinião, reclame a existência de direitos fundamentais sociais como exigência elementar. Esses direitos devem estar na Constituição e não ser deixados, em sua definição, ao legislador ordinário, menos ainda à Administração. Na expressão de Benda, a missão do Estado Social se direciona, acima de tudo, a garantir um mínimo existencial para cada pessoa, o que não seria possível sem a exigibilidade e justiciabilidade dos direitos fundamentais sociais.

Como assinala Gonzalez Moreno, a eficácia da cláusula do Estado Social se desdobra em uma triple vertente: como fixação teleológica do Estado; como valor interpretativo do resto da Ordem; e como parâmetro de constitucionalidade.

Como uma fixação teleológica do Estado, nos deparamos com uma vinculação direta para todos os poderes do Estado, o que implica que esses poderes devem, em suas ações cotidianas, configurar a sociedade com um conteúdo social. Nas palavras do

Tribunal Constitucional espanhol, sentença 18/1984: "a sujeição dos poderes públicos à Constituição se traduz em um dever positivo de efetivar tais direitos em termos de sua validade na vida social, um dever que afeta o legislador, o Executivo e os juízes e tribunais, no âmbito das respectivas funções".

Referente à vinculação do Legislador, o artigo 53.3 da Constituição espanhola impõe o reconhecimento, o respeito e a proteção dos princípios orientadores da política social e econômica, que deverão informar a legislação positiva. Esses princípios devem ser reconhecidos em uma lei que os desenvolva e preveja sua exigibilidade perante os tribunais. Se não for esse o caso, estamos diante das consequências da omissão do legislador nessa matéria e suas consequências jurídicas. Um problema que poderia ser resolvido com o conceito de direitos fundamentais, por pertencerem à mesma categoria, àqueles que, sendo inerentes à pessoa, requerem certas ações positivas do Estado: os direitos fundamentais sociais. Seja através de uma reforma constitucional seja através de uma virada copernicana na doutrina do Tribunal Constitucional, recorrendo à argumentação racional, assim como outras Cortes da mesma natureza.

A paralização dos direitos prestacionais, especialmente aqueles direcionados à garantia da dignidade do ser humano, atenta à mesma essência do Estado Social pelo que é urgente procurar uma solução como as mencionadas. A questão da omissão do legislador sobre os direitos fundamentais sociais será discutida mais adiante. Agora, notamos que as discussões sobre a soberania do Parlamento e da hierarquia da doutrina do Tribunal Constitucional não podem de modo algum condenar situações de indignidade, lesões da garantia de dignidade do ser humano, ou reforma da Constituição nos termos indicados, ou doutrina do Tribunal Constitucional nesse sentido.

A Administração Pública é a instituição para a qual corresponde em maior medida a realização do conteúdo do Estado Social. Conteúdo que está ligado às dotações orçamentais que o Parlamento deve estabelecer. Isto é, se não houver dotações orçamentárias, adeus ao Estado Social. Para evitar que isso aconteça, e dada a experiência mais recente, a Constituição deve incluir algumas disposições sobre as questões sociais que obrigasse à legislação orçamental, em termos gerais e enquanto for necessário, no sentido evidente de estabelecer dotações mínimas destinadas a garantir a dignidade dos cidadãos que não estão, por razões alheias à sua vontade, em condições de exercer com dignidade seus direitos fundamentais sociais.

Também é importante a questão da forma de realização do Estado Social. Deve ser o Estado o único configurador de bem-estar? Deve a sociedade, a comunidade, participar de tal tarefa? A experiência da exclusividade do estado de tal missão é conhecida. A autorregulação social também sabemos para onde conduz. Nesse, como em muitos outros temas, os princípios de o pensamento aberto, plural, dinâmico e complementar, lançar algumas luzes. É verdade que a responsabilidade para a realização do Estado é pública, mas a forma como as políticas públicas sociais são aplicados deve levar em conta a realidade social e, acima de tudo, a existência de instituições sociais especializadas em lidar com excluídos, em desvantagem ou necessitados. Assim, a aplicação concreta de tais ações deve ter presente o princípio da solidariedade e o princípio da subsidiariedade, pensando em inteligentes parcerias público-privadas que permitam oferecer para aqueles que necessitam um atendimento social humano.

A chave para essa questão, acredito que está em garantir a dignidade dos seres humanos, não importando a forma, obviamente, no âmbito da juridicidade, em que tal finalidade seja alcançada. No entanto, tal possibilidade, como matiza Gonzalez Moreno, somente caberia no âmbito da questão da inconstitucionalidade ou da declaração de constitucionalidade, não como um exercício de uma reclamação para exigir uma ação positiva do estado de conteúdo social, a menos que tal pretensão derive da participação do princípio social do Estado como um verdadeiro direito subjetivo.

No que diz respeito à irreversibilidade das medidas sociais mais favoráveis, é necessário distinguir aquelas que afetam as condições do mínimo vital digno das que são complementares ou acessórias a esse verdadeiro padrão ou cânone de ação social. O mínimo vital digno, o direito fundamental social ao mínimo vital, deve ser preservado e protegido, porque é a essência do mesmo Estado Social, tal e como exporemos posteriormente em matéria dos direitos sociais fundamentais. Sobretudo porque é, o mínimo vital de dignidade, além de conteúdo básico do direito fundamental a uma boa administração, um direito fundamental da pessoa que pode até ser qualificado como o segundo direito fundamental da pessoa mais relevante, após o primeiro: o direito à vida, da qual obviamente deriva como seu capital corolário mais básico.

O modelo do Estado Social, como assinalamos, se generaliza quase a partir da Segunda Guerra Mundial, até o ponto de que hoje em dia é muito difícil encontrar qualquer Constituição no planeta que não defina o modelo do Estado sobre o que atua como social e democrático. É, como sentenciou Lucas Verdú, a estrutura de convivência política ocidental tanto no continente quanto nas ilhas, tanto os países que seguem a matriz romano germânico quanto os que se alinham com a regra de *"rule of law"*, esse modelo de Estado Social e Democrático de Direito é um elemento comum de suas ordenanças constitucionais.

No mundo anglo-saxão, a expressão usada para denominar esse modelo de Estado é Estado de bem-estar , *Welfare State*, Estado providência, significando acima de tudo o compromisso do Estado na esfera do bem-estar social. Realmente, a expressão Estado de bem-estar, com essa modulação, é semelhante à de Estado Social, embora a denominação Estado Social inclua aspectos não somente caraterísticos de bem-estar social, mas sim, como assinala García Pelayo, aspectos totais de uma configuração estatal típica de nossa época.

Na verdade, depois da Segunda Guerra Mundial, os Estados que precisaram ser reconstruídos já se formaram como Estados de bem-estar e se fundam em uma aliança entre diferentes ideologias ou pensamentos políticos que buscam de alguma maneira, após a hecatombe que selou tantos milhões de mortes no âmbito europeu, combinar harmoniosamente liberdade, igualdade e segurança. O que se busca é estabelecer um regime político no qual seja compatível o gozo da liberdade no quadro de uma igualdade progressiva entre os cidadãos. Algo, no entanto, que na etiologia da crise em que estamos instalados há alguns anos voou pelos ares por causa, como explicaremos, de uma visão estática do Estado Social, ou, se se preferir, do Estado de bem-estar.

De fato, poucos conceitos foram tão pouco discutidos até há pouco tempo como o chamado "Estado de bem-estar". Hoje, em meio a uma crise geral, nosso olhar se volta precisamente para as causas da crise de um modelo que parecia imbatível, que rendeu excelente ganhos à causa da igualdade material, mas acabou, por sua deriva estática, traindo sua própria essência e sendo objeto de apropriação por parte de alguns dirigentes que esqueceram o propósito do Estado enquanto buscavam a todo custo como tirar partido do Estado Social, o Estado de bem-estar, para se perpetuarem no poder.

Surpreende que as primeiras críticas feitas ao Estado Social reproduzissem os argumentos dirigidos por aqueles que se escandalizaram com a adoção de medidas para mitigar as penas do ritmo frenético de produção da Revolução Industrial. Os desempregados foram descritos como sendo vagabundos e trapaceiros, os pobres eram considerados como pouco previdentes e a pobreza, em si mesma, constituía uma punição para a preguiça e a incompetência. Interferir no mercado concedendo proteção aos trabalhadores em caso de doença, velhice ou desemprego, constituiu um ataque inadmissível e sem precedentes ao sistema aplicado naquela época. O deus mercado tinha que reinar com poder absoluto e eliminar qualquer obstáculo que estivesse em seu caminho.

Definitivamente, foi recompensada a improdutividade à custa daqueles que levantaram a bandeira da produção como base do progresso e do bem-estar. Essas ideias anacrônicas são hoje lamentável e dramaticamente atuais, especialmente diante do entrar em cena de um capitalismo selvagem, novamente em moda, que campeia sem limites ou limitações. Tal forma de capitalismo, junto a falhas na regulação, que é uma função do Estado, explica muito bem, uma vez que conhecemos a conta da crise, o que vem acontecendo desde 2007.

O passar do tempo iluminou ideologias que rejeitavam de fato o domínio do capitalismo selvagem fruto da era da industrialização, iluminando uma forte e intensa sensibilidade social a partir da instância estatal, reflexo, em sentido negativo, dos excessos de um sistema econômico entendido sem modulações que levou a contínuas injustiças sociais. Em um sentido positivo, já nessa época surgem a convicção de que o Estado tem a responsabilidade de assegurar o bem-estar básico de todos os seus componentes, especialmente das pessoas com menos recursos, das pessoas excluídas do sistema.

A expansão dos serviços públicos, sistemas tributários progressivos, a legislação trabalhista, a de consumo, a normativa sobre o salário mínimo, a ajuda para os deficientes e os desempregados, por exemplo, quadraram como uma manifestação de certa consciência social que assume sem problemas o coletivo e perdura ao longo do tempo, hoje também fica claro. São conquistas sociais relevantes que hoje parecem integradas à cultura ocidental, mas devemos reconhecer que o advento da crise econômica jogou ao ridículo, lamentavelmente, algumas políticas sociais que pareciam incorporadas ao acervo da prática política comum, governe quem governe.

Atualmente, o estudo da crise do Estado de bem-estar é, naturalmente, uma questão atual, um assunto em que há relativa unanimidade. Sua análise levanta questões muito interessantes para um professor de Direito Público, como é a do propósito fundamental do Estado, a funcionalidade da intervenção pública nos dias de hoje, os traços característicos do chamado "Estado de bem-estar", bem como a etiologia de sua crise. Uma crise que, nesse momento, aconselha revisar os próprios fundamentos da ordem política, social e econômica para instalá-los de forma clara e inequívoca na dignidade dos seres humanos, já que esses anos de preparação da crise nos mostraram até que ponto a fraude, o engano, o excesso, também nos gastos públicos, pode agitar um modelo que parecia predestinado ao sucesso e, no entanto, se transformou em um dos principais inimigos da vida digna os cidadãos, por sua incapacidade de mudar.

De fato, hoje em dia é evidente a força que recuperou o princípio da subsidiariedade e já não se questiona o crescente compromisso do Estado na promoção dos direitos humanos. Os novos ventos, como consequência lógica de um caminho obsoleto, buscam novos horizontes, novas soluções. Nas linhas que se seguem não se destinam a fazer qualquer descoberta, porque nessa matéria, uma vez mais, deve ficar claro que temos de continuar a lutar para construir um modelo de Estado a serviço do ser humano e não o contrário, como infelizmente tem aconteci-do em datas recentes.

O Estado, como se sabe, é a comunidade de um povo estabelecido sobre um determinado território dotado do mais alto poder de domínio para a completa fundação de seu bem-estar geral (Messner). Essa definição é uma das melhores que podem ser encontradas no âmbito do Direito Público, inclui expressamente o termo "bem-estar". Por que será? Porque uma das funções essenciais do Estado é a instauração de instituições que possibilitem a obtenção responsável de seus próprios fins no âmbito do bem comum, do bem-estar geral ou do interesse geral, segundo nos localizemos na Filosofia, na Sociologia ou em Direito Público.

O bem comum é precisamente a finalidade geral do Estado. Além disso, o poder estatal é o meio disponível à autoridade política para alcançar o bem comum, para alcançar precisamente o bem-estar da sociedade como um todo. O bem comum é realmente sobre tornar possível aos cidadãos a realização como pessoa na liberdade solidária. Em palavras mais claras: o Estado deve garantir a estrutura e as condições necessárias para que os cidadãos possam desenvolver plenamente sua personalidade na liberdade solidária.

O poder estatal tem um sentido evidente de serviço ao bem comum e é o poder supremo entre os poderes sociais primários porque, como diz Messner, o cumprimento das tarefas particulares de todas as pequenas comunidades depende se o Estado cumprir suas tarefas sociais mais básicas. Sabemos que os seres humanos pertencem imediatamente a pequenas comunidades (família, prefeitura, corporação profissional) e que o primeiro dever do Estado é criar orçamentos para cumprir as tarefas que essas comunidades impõem à natureza, à realidade.

Nesse sentido, o Estado seria uma vinculação de comunidades de maneira que nas relações bilaterais do Estado com relação à pequena e à grande comunidade, deve respeitar e promover os direitos originários comunitários (Messner).

Nesse contexto, o poder estatal é o poder supremo dos poderes sociais, porque o cumprimento das tarefas das pequenas comunidades depende de o Estado cumprir suas tarefas sociais básicas. O próprio fim do poder estatal, na medida em que é orientado para o cumprimento das funções sociais básicas de proteger a ordem jurídica e garantir o bem-estar, implica limitações óbvias. Primeiro: a dignidade e os direitos fundamentais que dela derivam, os direitos das comunidades, minorias, outros Estados, outras instituições sociais etc. Segundo: os meios imprescindíveis para garantir uma situação de bem-estar. Aqui, em matéria de meios, aparecem as prestações que o Estado ou a sociedade, ou ambos em aliança, são obrigados a pôr à disposição das pessoas que deles necessitam para uma vida digna da condição humana.

Como assinala Messner, esses limites são flexíveis, uma vez que as exigências do bem comum são variadas e diversas de acordo com as diferentes soluções. Como regra geral, pode-se dizer que a presunção jurídica é contra a extensão do poder estatal. Por quê? Precisamente porque o poder estatal é justificado na constituição da ordem coletiva das funções sociais fundamentais. O ideal seria, claro, que a vitalidade e a força da sociedade pudessem assumir essas responsabilidades, mas a realidade atual prova o que todos vemos todos os dias.

Como sabemos, a responsabilidade ou a competência pessoal precede à global, ou seja, o que os indivíduos e as pequenas comunidades sejam capazes e estão dispostos a fazer devem fazê-lo, sem interferência do Estado. O princípio da subsidiariedade é um princípio fundamental de toda autoridade social e também, como falaremos mais adiante, é aplicável em termos de direitos sociais fundamentais.

Na realidade, bem comum, subsidiariedade e bem-estar são conceitos que estão mais ligados do que parecem. Assim, no estudo do chamado Estado de bem-estar e sua crise, esses conceitos devem ser desenvolvidos de modo conveniente. O bem comum é a chave, pois envolve uma ajuda, mas como diz Messner, ajuda para que os indivíduos possam alcançar os fins essenciais da vida e, não, uma ajuda destinada a captar a vontade política dos ajudados, dos subsidiados, como temos comprovado que aconteceram os fatos nesses anos da crise.

O princípio da subsidiariedade, logicamente, limita consideravelmente o funcionamento do poder estatal e responsabiliza as pessoas pelo cumprimento de seus fins vitais e sociais. Como um princípio filosófico-social superior, tem três importantes corolários. Primeiro: um sistema social é muito mais perfeito na medida em que facilita as pessoas a alcançar seus próprios interesses em um contexto de liberdade solidária. Segundo: um sistema social é tanto mais valioso quanto mais se utiliza a técnica de descentralização do poder e a autonomia das comunidades menores. Terceiro, e muito importante, um sistema social será mais efetivo quanto menos acuda às leis e mais para a ação de promoção e os estímulos para alcançar o bem comum.

O livre e solidário desenvolvimento da pessoa em um contexto de bem comum é um dado capital. Por isso, o princípio da subsidiariedade implica maior liberdade solidária quanto possível e tanta intervenção estatal quanto imprescindível. Na crise do Estado de bem-estar, provamos até que ponto a máxima de tanto poder quanto possível e tanta liberdade quanto inevitável conseguiu consolidar um mundo de dependência jamais conhecido.

De fato, como sabemos, o ideal da ordem social é orientado para a maior liberdade de solidariedade possível em um quadro de regulação estatal mínima. Os povos que tiveram mais leis não foram os mais felizes, lembra-nos Messner. No entanto, atualmente existe uma forte convicção de que o progresso social depende da intervenção estatal. De um lado, porque o sistema econômico liberal mostrou-se insuficiente e necessitado de intervenção pública para garantir a racionalidade e a objetividade.

A questão é reduzir a intervenção a essa estrutura de ajuda inerente na ideia do bem comum, porque não se pode esquecer que o grande paradoxo e o tremendo fracasso do Estado de bem-estar têm sido pensar que a intervenção direta produzia automaticamente maior bem-estar geral. A fórmula é, antes, aquela que parte na subsidiariedade: quanto mais apoio à pessoa e às comunidades nas quais se integra, se fomentará a competição e a responsabilidade e o conjunto terá maior autonomia, porque não podemos esquecer que o princípio da subsidiariedade protege os direitos dos indivíduos e das pequenas comunidades diante de um Estado que, historicamente, cedeu, às vezes mais do que outros, à sutil tentação de aumentar consideravelmente seu poder. Entretanto, a coisa mais importante, independentemente da força evidente desse princípio básico da ética política, é que o bem comum é mais facilmente alcançado se os próprios indivíduos e as pequenas comunidades viverem em um contexto de responsabilidade e ilusão no sentido de alcançar seus objetivos existenciais.

Uma dessas pequenas comunidades – esquecidas no contexto do Estado de bem-estar – é a família. A redescoberta de seu papel como área de solidariedade e agente de revitalização social é fundamental para a eliminação de muitas das patologias sofridas pelo Estado providência. A família, sabemos bem, não é apenas a célula básica da sociedade. É acima de tudo o espaço por excelência para o exercício das liberdades solidárias e, portanto, para o crescimento das virtudes cívicas dos cidadãos.

É evidente que o modelo do Estado de bem-estar, tal e como é atualmente concebido, se esgotou. Suas estruturas estão sobrecarregadas, porque ele tem pretendido fazer tudo sozinho, sem a ajuda da sociedade. Por outro lado, sua rigidez burocrática o fez perder contato com as fontes que proporcionariam vitalidade, incluindo a família (Llano Cifuentes). O modelo falhou porque estagnou e tem sido usado por certas estruturas políticas, econômicas e financeiras para obter grandes benefícios de natureza diferente.

Por exemplo, as políticas sociais do Estado de bem-estar, que originalmente elegeram a família como objeto preferencial de suas prestações, acabaram esvaziando quase todo o conteúdo relevante para a instituição familiar. Assim, observa-se que as atuais políticas de proteção familiar tendem a auxiliar indivíduos com independência de seus laços familiares, os quais são, assim, banalizados. Essa situação causou um grande vazio, o qual a assistência pública nunca poderá ocupar.

Para superar essa situação, uma solução poderia passar pela barreira do Estado de bem-estar em direção ao que chamaríamos de sociedade do bem-estar. Isso supõe não apenas colocar a ênfase no vital (“sociedade”) ante o estrutural (“Estado”), mas evoca também uma nova noção de bem-estar: em vez de uma recepção passiva de prestações, uma intervenção ativa em uma tarefa comum (Llano Cifuentes).

Para detectar as causas culturais do enfraquecimento da sociedade civil, devemos trazer o diagnóstico do sociólogo Sorokin, para quem a contradição básica da nossa cultura é a simultânea glorificação e degradação do homem; manifestação da qual é o atual utilitarismo, que produziu um homem totalmente mecanicista, materialista e extremamente individualista, que foi habilmente manipulado pelos terminais de mídia das tecnoestruturas dominantes. Esse modelo de ser humano, consumidor compulsivo obcecado por dinheiro, o poder e o prazer, acaba sendo um boneco de quem habilmente e sutilmente, utilizando os potentes terminais que tem à sua disposição, irá movê-lo à vontade.

Tocqueville observou que a força dos Estados Unidos foi a tendência de se juntar a associações voluntárias, enquanto a principal preocupação de longo prazo seria o egoísmo que leva todos os cidadãos a viverem separados – estranho ao destino do restante. Ele temia que essa forma de individualismo, combinada com o nascimento da sociedade de massas, produzisse o onipresente Estado burocrático a serviço de certas minorias fora de qualquer compromisso social e independentemente da eficácia da cláusula do Estado Social e Democrático de Direito (Tocqueville).

Nossas políticas públicas atuais reforçam essa maneira de conceber a sociedade. Isto é, uma sociedade de indivíduos livres sem limitação, mimados com promessas, armados com muitos direitos legais, muitos deles extramuros dos direitos de dignidade, inundados de possibilidades de consumo e, apesar de tudo, mais súbditos do que cidadãos. Essa "extensão" peculiar de direitos foi, às vezes, feita fora das margens da garantia dos mínimos vitais necessários para uma vida minimamente humana. Mesmo esses anos de crise ainda estão "dando" em nome da "extensão" dos direitos civis, posições jurídicas reclamadas por certos grupos, enquanto ainda há direitos sociais fundamentais mínimos sem cobertura.

Para recuperar a democracia social, a cláusula do Estado Social, o Estado de bem-estar dinâmico, é necessário nutrir as disposições democráticas e os hábitos de sensibilidade social. Entretanto, podemos nos perguntar: de onde vem o autocontrole e a solidariedade necessários para viver em democracia? A primeira semente da sociedade civil e das qualidades solidárias é a família.

Na verdade, a redescoberta e o redimensionamento dessas pequenas comunidades permitirão evitar o que hoje inevitavelmente se apresenta: a falta de reação social, a fraca motivação dos cidadãos, a atitude submissa geral perante o poder e, por sua vez, conseguir que o princípio de subsidiariedade volte mais uma vez a se colocar no primeiro plano da ética política. O professor Cassagne, grande defensor do princípio da subsidiariedade, disse que aqueles que pensam que essa abordagem gera Estados fracos ou mínimos não estão cientes de que a realidade é a favor de reafirmar a autoridade do Estado em suas funções soberanas e a eficiência das atividades extras que leve a cabo. Ao contrário do que se pode pensar, o Estado não emergirá mais fraco desse processo senão mais forte, já que sua grandeza repousa mais na realização de seu propósito essencial do que em seu tamanho ou dimensão.

São muitos os que pensam que o crescimento contínuo e excessivo do Estado na economia é o traço mais característico da evolução da economia, da sociedade e da política do chamado Estado Social. O impacto da crise econômica de 1929 fez com que muitos refletissem sobre a consistência da mensagem neoclássica. Ao desencanto com o sistema capitalista se fez seguir da ascensão do socialismo, a ação das autoridades econômicas para aliviar os efeitos da guerra e o advento do paradigma keynesiano que de alguma forma explica o aumento da intervenção do Estado na economia.

A função de bem-estar, como sabemos, constitui a segunda função social básica do Estado, após a manutenção da paz e da ordem interna e externa (Messner). Na realidade, a função de bem--estar se refere à vida econômica e social e seus principais campos de aplicação são as bases ordenadoras da economia nacional.

A função de bem-estar, que não apenas etimologicamente tem muito a ver com o bem comum, pode ser alcançada através da intervenção direta do Estado na vida econômica e social ou através da aplicação do princípio da subsidiariedade. Nesse sentido, é conveniente distinguir entre Estado–Providência e Estado Social de bem-estar.

O Estado providência (*Welfare State*) é aquele que se ocupa imediatamente com todas as necessidades e situações dos indivíduos "do berço até a sepultura". É um modelo de Estado de intervenção direta, onipresente, que exige altos impostos e, o que o que é mais grave, enfraquece gradualmente o mais importante, a responsabilidade das pessoas, tornando-as sujeitos dependentes por definição da fonte de financiamento. Traz consigo uma burocracia poderosa e onipotente que cresce e cresce sem parar. Finalmente, esse modelo de Estado do bem-estar fracassou completamente na Europa, recentemente, por não confiar no princípio da subsidiariedade como elemento de regulação de tarefa estatal do bem-estar e, portanto, por não seguir um princípio do bem comum a partir da promoção das condições básicas para o cidadão se desenvolva em liberdade e responsabilidade.

Na realidade, o Estado Social de bem-estar, como Messner o chama, não implica que a regra deva ser aquela com maior intervenção do Estado na vida econômica e social; nem que deveria haver uma não intervenção dos poderes públicos na sociedade. O Estado, é preciso lembrar, tem um papel organizador na vida econômica e social, tem um papel fundamental: definir a ordem em que se consiga a maior medida possível de bem-estar geral é promover o livre e solidário desenvolvimento da pessoa em benefício da generalidade. Assim, como bem apontou Messner, o objetivo da política econômica, que tem sempre um claro sentido instrumental, é a criação de meios adequados para que a economia atinja sua finalidade social: maior produtividade socioeconômica e maior qualidade de vida para todos os cidadãos.

O aumento da produtividade socioeconômica implica que todas as instituições econômicas devem se orientar em sua atuação em direção a esse objetivo. Para atingir o mais alto nível de vida possível é necessária uma distribuição justa do produto social, de forma que, também a serviço desse objetivo, deve orientar-se a política monetária, a política de crédito, a política de preços de salários ou tributária, a política laboral e de pleno emprego, a política agrícola, a sindical ... (Messner). Além disso, a política fiscal deve ser analisada neste contexto: deve voltar-se para o bem-estar econômico e social.

O Estado Social de Direito, que parte do princípio da subsidiariedade, assume que o próprio Estado não deve exercer sua própria atividade econômica, a menos que o setor privado seja insuficiente para satisfazer as necessidades sociais ou que o bem comum exija sua presença na vida econômica. Assim, deve-se lembrar que a atividade econômica estatal somente se justifica, como é lógico, no caso de bens e serviços de necessidade pública.

Em relação à empresa privada, depois do escrito, entende-se perfeitamente que o Estado deve estar presente para garantir o cumprimento do bem comum, como também pode ser necessária a intervenção em determinados setores, isso somente em função do bem comum. Nesse contexto, é possível, por que não, pensar na possibilidade de produzir, em um marco de Estado Social de bem-estar, excepcionalmente, operações nacionalizadoras ou socializadoras quando a situação assim o requeira. Agora, insisto, a transferência dos meios de produção para o Estado em certos setores ou ramos econômicos sempre será algo fora do comum.

Nesse sentido, entende-se perfeitamente que é no seno social onde os direitos sociais fundamentais devem ser realizados com a colaboração, quando for necessária, de instituições e organizações de base primária. Em caso de impossibilidade, hoje o mais normal por causa da hegemonia estatal em tantas latitudes, então o Estado teria de possibilitar o exercício desses direitos fundamentais sociais.

Para Messner é possível pensar em socializações em vários casos. Primeiro, é possível nacionalizar a produção de energia atômica, devido às extraordinárias possibilidades de uso nocivo para a comunidade. Em segundo lugar, pela mesma razão, podemos pensar na socialização de indústrias-chave quando, por exemplo, uma situação de monopólio ameaça o bem comum ou se não existe capital privado para desenvolvê-las. Em qualquer caso, o próprio Messner aponta que pode haver outros meios que excluam a socialização nesses casos, como acabar com o monopólio ou incentivar o investimento privado. Terceiro: a nacionalização dos bens de consumo somente se justifica se for a única medida para cobrir as necessidades gerais de imediata importância vital. Em quarto lugar, a socialização dos recursos do subsolo pode ser justificada para evitar a exploração exaustiva ou para alcançar a produtividade exigida pelo bem comum, desde que o capital privado não esteja disposto ou não seja capaz de fazer o investimento necessário. Quinto, por razões óbvias, não há justificativa para socializar a propriedade agrária, nem o setor bancário, uma vez que o Estado pode adquirir demasiada força desequilibrando esse sistema, nem empresas culturais como imprensa, editoras, produção cinematográfica ou instituições de caridade (Messner).

A verdade é que o Estado de bem-estar atual, emperrado e preso em suas contradições, tem pouco a ver com o modelo do Estado Social de bem-estar, porque a intervenção tem sido cada vez maior e mais ampla, até chegar a uma situação perigosa, pois a capacidade de reação dos indivíduos tem sido aniquilada e se acostumou a esperar tudo do Estado, de modo que a responsabilidade pessoal é uma quimera. Agora, com a conscientização da crise em que estamos imersos e com a ajuda de alguns movimentos sociais, muitos cidadãos começam a se dar conta da realidade e a reclamar a emergência do modelo estático do Estado de bem-estar, esquecido nesses anos em que determinadas tecnoestruturas têm provido em benefício próprio o que deveria ter sido destinado a proporcionar maiores cotas de bem-estar a tantas e tantas pessoas indefesas, carentes e necessitadas de um mínimo vital para subsistir com dignidade.

A seguir estudaremos brevemente, para então comprovar o que aconteceu, qual é a posição do Estado Social de bem-estar em termos de política social. Em primeiro lugar, convém definir o que devemos entender por política social. A política social, segundo Messner, consiste nas medidas e instituições do Estado para proteger os grupos sociais que dependem do trabalho contra qualquer prejuízo na participação do bem comum. Entre as medidas da política social, cada vez mais necessárias, estão, entre outras, uma proteção digna e humana à saúde, uma proteção salarial através da segurança social geral e uma proteção das convenções coletivas para que as condições de trabalho permitam a realização do Homem em sua plenitude. Também nesses casos, a ação do Estado está vinculada ao princípio da subsidiariedade, de modo que, em muitos casos, a integração social é possível, deixando aos indivíduos e grupos que os representam a iniciativa nessa matéria. É conveniente lembrar que a ação social do Estado deve se estender à proteção da saúde, salários e contrato.

O Estado deve garantir o cumprimento dos direitos humanos no marco do bem comum. Assim, o modelo de Estado Social implica que a ação pública no marco da subsidiariedade se oriente para a dignidade da pessoa, fonte e garantia do bem comum, de maneira que a intervenção, quando necessária, tenha sempre essa conotação de serviço para o ser humano que vive em comunidade. De onde ser incompatível com o modelo do Estado Social de bem-estar a crença de que o mercado a tudo regula, por si mesmo. Sabemos que o liberalismo econômico extremo implica falhas quanto aos direitos humanos; por isso, a intervenção pública deve legitimar uma ordem econômica a serviço do ser humano. Talvez, nesse sentido, possa ser entendida a doutrina da chamada economia social de mercado, o que me parece estar no cerne do que deve ser entendido pelo Estado Social do bem-estar (Hirschman).

O protagonismo do Estado ou do mercado foi o grande tema do debate econômico do século 20. Muito precocemente, como nos lembra o professor Velarde Fuertes, encontramos o célebre trabalho de Enrico Barone publicado no *Giornale degli Economisti* (1908): "O ministro da produção em um estado coletivista", a partir do qual tem início ampla série de estudos dos teóricos da economia sobre a racionalidade econômica de uma organização socialista como Wiesser, Pareto e seus discípulos. A crise econômica após a Primeira Guerra Mundial põe em causa o pensamento capitalista e alimenta formas intervencionistas que o economista Mandilesco seria responsável por configurar economicamente.

Da mesma forma, tanto o *New Deal* de Roosevelt quanto a encíclica *"Quadragesimo anno"* mostra-se crítica ao capitalismo. Em 1917, a amarga experiência comunista começou na Rússia e nos países "convertidos" à paradoxal e até então nunca alcançada sociedade sem classes. Em 1989, depois de um longo e épico sofrimento coletivo, desmorona uma das grandes farsas da história: o comunismo. O desmantelamento do credo comunista trouxe consigo, comentaremos mais detidamente, a crise da abordagem socialista. É lógico, se se considerar que estamos em um daqueles momentos da história em que é muito difícil, em vista do que aconteceu, apostar por modelos de corte intervencionistas.

Na verdade, a época da prosperidade de 1945 a 1973 teve muito a ver com uma política de intervenção do Estado na vida econômica. Talvez porque então a situação econômica desgastada que gerou a conflagração não permitia, porque as condições inexistiam, outra política econômica diferente. Entretanto, é em torno do chamado círculo de Freiburg, como se sabe, que surge um grupo de pensadores críticos diante dos fundamentos teóricos do Estado de bem-estar. Entre eles destacam-se Walter Eucken, Ludwig Erhard e Friedrich Von Hayek. Efetivamente, a importância do pensamento desses economistas, conhecidos como representantes da economia social de mercado, é muito grande e sua atualidade inegável. Eucken, por exemplo, levantou a questão da atividade estatal em situações econômicas. Sua abordagem é irrefutável: o problema é de ordem qualitativa e, não, quantitativa. O Estado deve ter influência no quadro institucional e na ordem em que a atividade econômica ocorre. O Estado, segundo Eucken, e a doutrina da economia social de mercado devem determinar as condições em que se desenvolve uma ordem econômica capaz de funcionar e digna do Homem, mas não deve dirigir o processo econômico. Em resumo: o Estado deve atuar para criar a ordem da concorrência, mas não deve atuar para impedir o processo econômico de competição. Como se sabe, o "milagre" alemão deve muito a essa interessante doutrina da economia social.

Ludwig Erhard compreendeu claramente o papel do Estado, quando escreveu em sua famosa obra *Bem-estar para todos* que "o ideal que eu sonho é que cada qual possa decidir se quer se afiançar por sua própria força, correr o risco de uma vida, ser responsável por seu próprio destino. Garante tu, Estado, que eu tenha para tanto as condições".

O Estado de bem-estar que foi plenamente válido na Europa do período de entre guerras é um conceito político que, na realidade, se constituiu em uma resposta à crise de 1929 e às manifestações mais agudas da recessão. No entanto, como bem sabemos, em sua evolução histórica adquiriu as características próprias do Estado fortemente controlador em prejuízo das liberdades do Homem até chegar hoje a uma situação insustentável em que há unanimidade geral e que tem sido chamada de crise do Estado de bem-estar. O principal motivo é que o Estado se excedeu em seu afã interventor e, além disso, nem sempre maior ônus fiscal tem sido sinônimo de serviços públicos melhores e mais eficazes.

Embora o Estado de bem-estar seja criticado, é justo reiterar que ele surge de uma convicção moral, como diz Karl Popper, extremamente humanitária e admirável. O que aconteceu é que o princípio da subsidiariedade foi esquecido, o que provavelmente leva a melhores resultados, com menores custos e maior participação social. Deve-se afirmar novamente que o princípio orientador que justifica a interferência do Estado na esfera econômica e social é o da subsidiariedade (Popper). Não é que a subsidiariedade seja sinônimo, como já assinalamos, de um Estado fraco. Pelo contrário, porque a força ou a fraqueza de um Estado, penso, não devem ser medidas pelo tamanho do setor público, mas pela sensibilidade diante do bem comum dos cidadãos. Para alcançá-las, o Estado deve transferir a eles, racionalmente e no âmbito do bem comum, as competências próprias. Por quê? Porque, entre outras razões, depois de anos de filmagem do sistema, ninguém duvida que a titularidade estatal seja apenas uma das maneiras pelas quais políticos e burocratas de plantão mantêm ou disfarçam sua hegemonia sobre a sociedade e uma das causas mais comuns dos abusos e arbitrariedades causados pela intervenção do Estado (Cassagne).

O Estado providência está em crise. Como diz Yuste, à cobertura dos riscos de doença, acidente, desemprego e velhice, foram se adicionando prestações em matéria de moradia, educação, transporte, férias, meio ambiente... que levaram ao esgotamento financeiro do sistema. Além disso, por meio de ofertas eleitorais sugestivas, o *"Welfare State"* endossou aos poderes públicos a satisfação de inúmeros apetites e serviços, de modo que o hedonismo e o materialismo predominantes, causados em parte pelo aparato público, criaram novas expectativas nos cidadãos (Yuste), cuja satisfação se exige de um Estado que aniquilou toda referência à iniciativa e à espontaneidade social, para se tornar em uma espécie de tutor social.

A CRISE DO ESTADO SOCIAL, A CRISE DO ESTADO DE BEM-ESTAR

A crise do modelo estático do bem-estar, por suposto não de sua versão dinâmica, é clara, está fora de dúvida. Não apenas do ponto de vista econômico, mas também, e isso é mais importante, como um modelo de Estado em um sentido amplo. Nesta seção, além de analisar algumas das causas da crise, convém ressaltar que uma nova forma de entender o público está sendo recuperada, não como um espaço próprio e exclusivo do Estado, mas como uma área em que se espera participação do cidadão, da sociedade articulada.

De fato, o monopólio está sendo quebrado, o domínio absoluto que até agora se pensava que o Estado tinha diante dos interesses gerais. Além disso, ressurge a ideia de que o Estado se justifica na medida em que fomente, promova e facilite que cada ser humano possa se desenvolver como tal através do pleno, livre e solidário exercício de todos e cada um dos direitos humanos.

Assim, o ser humano, a pessoa, é o centro do sistema. O Estado está a seu serviço e também as políticas públicas, portanto. Nesse contexto, nos encontramos com o princípio da subsidiariedade e é plenamente assente que o Estado atue quando o bem comum, o interesse geral, assim o preconize. Além disso, o Estado deve promover, sem se tornar um ator importante, menos ainda um ator único, uma sociedade mais forte, mais livre, mais capaz de gerar iniciativas e mais responsáveis. É verdade, no entanto, que tal declaração deve ser modulada de acordo com as coordenadas de tempo e espaço e deve ser entendida como um ponto de chegada, o porto de destino da viagem.

O Estado deve facilitar que cada cidadão se desenvolva livre e solidariamente e possa se integrar em condições dignas na sociedade. A morte do "*Welfare State*", a partir de sua versão estática, não é a morte de um modo mais social de olhar a vida, mas é o fim de um sistema de intervenção crescente e estática que acabou sufocando e anestesiando o cidadão e esvaziou de conteúdo e função dessa mesma sociedade. Além disso, para que fique claro, as propostas que aqui se esboçaram participam da necessidade de continuar trabalhando em um modelo de Estado de bem-estar dinâmico.

O Estado de bem-estar, como tem se manifestado na Europa nos últimos anos, assumiu *in integrum* os custos da saúde, as aposentadorias, o sistema educacional, os subsídios de desemprego, bem como o financiamento ilimitado de todo um conjunto de organizações e organismos, alguns fora do interesse geral. Entretanto, tal operação de intervenção e presença na vida social tem sido, em muitos casos, uma tarefa própria e exclusiva do Estado, sem se abrir à sociedade, com o que o Estado acabou por arcar com todas as despesas, até se esgotar o financiamento. Isso foi o que aconteceu um dia, não há muito tempo, na Suécia, o berço do Estado Social, e é isso que está acontecendo em muitos países, na Espanha, entre eles. Parece incrível, mas esse era um sistema que mais cedo ou mais tarde estava condenado ao fracasso, pois a crise econômica que tem produzido tais gastos públicos acabaria aparecendo e provocando outras formas de atender objetivamente aos interesses gerais mais humanos e mais adequados à finalidade do próprio Estado, que acabou se entretendo em funções e atividades mais de controle do que na verdadeira solidariedade social.

Entre os argumentos que podem ser encontrados para explicar o colapso de um sistema que parecia imbatível, encontramos razões para todos os gostos. De fato, tem sido dito que se o colapso dos tipos de alterações, se o crescimento da inflação, ou se o aumento dos preços do petróleo, ou sua baixa, ou, então, se o declínio na demanda de produção foram as causas da crise (Rodriguez–Arana). Provavelmente, como também tem sido o crescimento irracional do setor público, ou a corrupção galopante, em alguns casos, inerente a qualquer sistema de intervenção administrativa.

Certamente, mas o mais interessante é manifestar que o sistema fracassou em sua própria dinâmica: apesar do aumento da pressão fiscal e, é claro, do crescimento da despesa pública, resulta que os serviços públicos não eram fornecidos ao gasto. Por quê? Simplesmente porque nós temos vivido em um contexto em que a administração do cidadão foi e ainda é, em certa medida, a justificativa para crescer e crescer, e não tem permeado nos políticos a ética própria de um Estado que procura estabelecer um ambiente de melhoria contínua e permanente das condições de vida dos cidadãos.

Não podemos esquecer que mesmo em tempos de prosperidade se tem incentivado a poupança. Além disso, também veio do Estado, porque era "conveniente", a difusão da ideia de uma forma de vida em que cada vez se tornava necessário consumir mais e mais; até o ponto de que tem sido o Estado de bem-estar, com seus líderes à frente, um dos principais responsáveis pelo consumismo que prevaleceu até não muito tempo atrás. Mas também é que, nos bons tempos, o investimento não foi incentivado apesar do crescimento constante dos salários.

No caso espanhol, o pior foi o aumento alarmante do desemprego. Além disso, essa mentalidade assistencialista teve uma penetração gradual, chegando à improdutividade econômica. Nesse contexto, a taxa de natalidade diminuiu de modo preocupante; a expectativa de vida aumentou e com ela o número de pessoas a receber pensão por aposentadoria ou desemprego, enquanto diminuiu o número de pessoas que cotizam.

O que aconteceu então? Ora, o cidadão se acostumou a esperar tudo do Estado e até os empresários se habituaram a não fazer nada que não recebesse o devido subsídio. De fato, generalizou-se uma perigosa cultura de subsídios que colou os cidadãos e seus grupos à poderosa máquina do Estado. Diz o ditado que manda quem paga a conta – e é assim; de modo que a tentação da extensão do poder foi amplamente satisfeita até chegar à menor das associações de bairro, porque não se quer deixar nada para a improvisação. Entretanto, nós cidadãos perdemos sensibilidade social e capacidade de reação.

O Estado Social, o Estado de bem-estar, em perspectiva estática especialmente, alimentou a ideia de que o Estado poderia apoiar todas as necessidades sociais, das básicas às mais sofisticadas. As demandas apresentadas foram ilimitadas e, como o orçamento público é limitado, começaram os problemas. A questão está, em minha opinião, em que uma coisa são os direitos fundamentais sociais, de realização obrigatória, o direito a um mínimo vital, de provisão imperativa para um Estado que é considerado social, e outra coisa é o conjunto infinito de pedidos e solicitações de base social que podemos dirigir ao Estado, alguns dos quais podem até ser classificados como caprichos a aspirações, quando sonhos ou quimeras de cidadãos.

Quando a situação econômica não permite, como é lógico, o aumento quantitativo do produto social, o Estado não pode continuar a manter o nível de prestações (Carmona Cuenca), o que não significa, nem muito menos nega, a preservação a dignidade dos seres humanos, porque esse é o fim e princípio de sua existência.

Até certo ponto, é impossível que o Estado forneça diretamente tudo e a todos. É necessário forjar alianças estratégicas com a sociedade para prover determinados serviços de responsabilidade pública para aquelas instituições que são mais capazes de fazê-lo, que nem sempre, muito pelo contrário, são instituições públicas.

Edgar Morin escreveu no final do século passado uma excelente matéria sobre "A solidariedade e as solidariedades" (1993), na qual sinalava com clareza que, embora as despesas sociais tenham crescido sob o controle do todo-poderoso Estado de bem-estar, ainda assim a qualidade do atendimento ao ser humano marginalizado concreto ainda é um sonho. Se cabe, o paradoxo é evidente, aumenta a solidariedade administrativa, mas isso é insuficiente, impessoal, burocrática e não respondem às necessidades específicas, imediatas e individuais (Morin).

A razão é muito clara e Morin o admite. O problema da solidariedade concreta e individualizada é irresolúvel no quadro tradicional de uma política que é praticada por decreto ou programa. A solução, como reconheceu o professor Morin, vem uma vez mais de uma política que acorde e estimule. Em outras palavras, os poderes públicos devem encorajar e ajudar tantas pessoas que trabalham pela solidariedade a realizar seus projetos. Mais uma vez está provado que os poderes públicos, em tantas e tantas ocasiões, devem ter inteligência para promover iniciativas sociais que, não esqueçamos, são as que dão a temperatura da vida democrática de um país.

Então, por que, se os recursos são aumentados para solidariedade, os resultados são tão escassos, tão magros? Não por razões econômicas. A crise aguda do *Welfare State*, em sua versão estática, não é apenas de diagnóstico econômico. A razão é muito mais profunda e tem a ver com a atitude do Estado em relação ao Homem. Nesses casos, deve-se reconhecer que em uma sociedade livre não é uma função legítima do Estado obrigar, impor a ajuda aos necessitados. É mais saudável, e mais apropriado para um Estado que busca uma sociedade forte, potencializar os grupos – que existem e em alguns casos são bem-preparados – que agem voluntariamente e gostam de ajudar aos outros. A redução das prestações sociais tem sido a marca da crise do Estado de bem-estar.

No século passado, as décadas de 80 e 90 passarão à história das ideias como aquelas em que o todo-poderoso Estado de bem-estar, o chamado Estado providência, encalhou, começou a entrar em crise. O setor público faliu como a única fórmula para o progresso generalizado. A social-democracia mais refinada, como o modelo sueco, fracassou. A poderosa presença do Estado trouxe consigo, paradoxalmente, reduções severas de prestações, o que, logicamente, não é senão a constatação, uma vez mais, do fracasso de qualquer sistema que confia tudo aos poderes públicos e tenta identificar Estado e sociedade.

Como afirma Karl Popper, tratando da ideia de igualdade de oportunidades no acesso ao ensino superior, resulta que para o estudante sem recursos de já há alguns anos, a luta pelo conhecimento era uma aventura que exigia privações e sacrifícios. No entanto, hoje esse direito é dado como certo e pouco é valorizado o que é recebido como direito adquirido, sem sacrifício. Essa é uma consequência óbvia da ação do Estado de bem-estar sobre a sociedade: eliminar a responsabilidade, liquidar a capacidade crítica dos cidadãos e condená-los a uma atitude de resignação passiva e pessimista para a autoridade estatal que decide e encoraja cidadãos para os fins marcados antecipadamente pelas modernas tecnoestruturas. Assim, a capacidade de ilusão e sacrifício atravessa hoje um mau momento. Assim, a nova versão do Estado que se procura deve ser mais sensível à dignidade pessoal e deve procurar o clima de bem comum que tanto se precisa para que a eficácia no cumprimento dos direitos humanos seja uma realidade.

Nesse contexto, em um ambiente de forte crise do Estado de bem-estar, especialmente em sua versão estática, tem havido um evidente aumento nas exigências das massas que, como mencionamos anteriormente, gerou um materialismo perigoso de natureza individualista que trouxe consigo uma tremenda ambição e um desejo desenfreado de sucesso, especialmente econômico, no curto prazo e independentemente da qualidade dos meios a serem usados para esse fim (Popper).

Uma das quimeras do Estado Social de bem-estar que justificou a expansão descontrolada dos gastos públicos foi a necessidade de distribuir a renda de maneira equitativa, mas também nesse ponto o *"Welfare State"* em sua dimensão estática fracassou, porque é sabido que após décadas de atividades redistributivas, o nível de desigualdade não diminuiu. Não somente não foi redistribuído dos mais ricos para os mais pobres, mas, na maioria dos casos, desses para os mais pobres (Popper). A questão que surge é evidente: onde vão parar, então aqueles recursos que nos são subtraídos, se eles não são destinados a tarefas redistributivas? Bem, simplesmente, para alimentar um aparato burocrático, e corrupção inerente a ele, que, apesar de tudo, cresceu e cresceu sem parar e os atuais dirigentes políticos não se atrevem a racionalizar.

A burocracia, é um fato evidente, cresceu desproporcionalmente nesses anos. Por quê? Porque, como diz Luhmann, o Estado de bem-estar somente consegue cumprir seus deveres recorrendo à burocracia. Não há dúvida que os burocratas buscam aumentar seu poder na Administração Pública e, para isso, precisam expandir suas atividades. A burocracia continuará a crescer, apesar de tudo? Até que haja uma conversão efetiva da burocracia, como organização, para a ideia de serviço e enquanto não estiver claro, teoricamente e praticamente, que a função pública é resolver as necessidades públicas, realmente pouco, muito pouco podemos fazer.

Também é conveniente chamar a atenção para outro fenômeno que tem se acentuado, e muito, durante esse período de crise do Estado de bem-estar: a corrupção (Rodriguez–Arana). Por quê? Simplesmente porque um Estado que intervém em todos os aspectos da vida social encoraja necessariamente a criação de grupos de interesse que querem obter benefícios diretos dos poderes públicos. Quando a discrição é a regra geral e os sistemas de contratação públicas permitem adjudicações sem controles excessivos ao aumentar progressivamente os fundos públicos, a proliferação de grupos de pressão é imparável. Em um Estado com orçamentos menores, esses grupos de pressão carecem de estímulos porque o Estado não pode lhes proporcionar uma vantagem particular.

Por isso, é necessário recuperar uma nova dimensão da ética política, na qual novamente se enfatize, porque não é uma ideia nova, que o Estado se justifica na medida em que, através do poder, torne o bem comum presente, o serviço objetivo ao interesse geral, para que sejam dadas as circunstâncias reais em que cada cidadão se desenvolva em liberdade solidária. É claro que, em tal contexto, o poder político deve mudar radicalmente de consideração e o governo do turno deve limitar-se, e não é pouco, à realizar atividades que proporcionem benefícios integrais a todos os cidadãos. Hoje em dia torna-se cada vez mais necessário recuperar o sentido autêntico do poder e conseguir que não se percam para o serviço público aquelas pessoas capazes de compreender toda a força, que não é pequena, de dedicação à política (Rodriguez–Arana).

Nesse contexto, é interessante lembrar, com os estoicos e especialmente com Sêneca, a Ética política pressupõe que o poder público esteja a serviço do chamado bem comum entendido como bem da própria coletividade e como bem de cada um dos cidadãos. Essas ideias, já antigas pelo critério temporal, ainda estão presentes no atual cenário filosófico e jurídico. Em um Estado que se proclama Social e Democrático de Direito, resulta que encontramos que a principal função dos poderes públicos é justamente tornar possível a todos os cidadãos gozar de todos os seus direitos fundamentais, de todos os direitos que derivam de sua condição humana. Por quê? Porque a dignidade da pessoa é o fundamento da ordem política e da paz social.

Não devemos esquecer que atualmente assistimos, por a ideia de bem comum ter sido distorcida, a situações mais ou menos generalizadas de corrupção política e administrativa. A causa? Muito simples: se o poder político se justifica por sua adequação ao bem comum, a serviço objetivo do interesse geral, quando o poder é utilizado a serviço de interesses particulares aparece toda uma série de desvios de poder, subornos, conchavos, prevaricações etc. etc. etc. Por outro lado, também convém lembrar que atualmente a ideia da efetividade dos direitos fundamentais da pessoa tem muito a ver com a ética política, com o bem comum e, claro, com o serviço dirigido para o interesse geral, que é a sua real projeção em Direito Público. Além disso, pode-se dizer que a plena, livre e solidária realização dos direitos dos direitos fundamentais por parte de cada cidadão, os individuais e os sociais, supõe a versão moderna do bem comum.

O poder é o meio que o Estado tem para tornar presente o bem comum. Assim, tem uma clara dimensão relacional e baseia-se em sua função de criar orçamentos para o pleno desenvolvimento do ser humano, ou seja, o poder político é justificado para possibilitar os fins existenciais do Homem. Além disso, o poder público é legitimado na medida em que seu exercício se volta para esse objetivo. O fundamento jurídico do poder público está na constituição natural da ordem coletiva necessária para o cumprimento das funções fundamentais sociais. Essa ordem e, portanto, sua autoridade, baseiam-se na natureza humana. Assim, é perfeitamente claro que o poder político está subordinado ao bem comum.

O poder público, o poder de comando, o poder de direção da *res pública* como tal é baseado na própria natureza humana e sua ordenação ao bem comum. Ora, o poder público de coação parte dos elementos irracionais inerentes à natureza humana, em consequência dos quais a vontade do homem é facilmente colocada em contradição com seus fins. O poder da coerção justifica-se na necessidade de restaurar o bem comum colocado em perigo pelo próprio Homem.

O poder público existe por e para a plena satisfação das funções sociais. Tem uma dimensão de Direito Público unida com a própria finalidade da comunidade política e estende-se, como diz o professor Messner, a todas as funções necessárias para a realização de seu bem geral específico. Assim, o poder político em seu sentido mais próprio está essencialmente ligado ao bem comum, por isso, se usado em benefício pessoal ou de grupos determinados, se faz uma utilização ilegítima, antiética do poder público. Os poderes públicos, sabemos bem, são justificados na medida em que objetivamente servem ao interesse geral.

O poder público é confiado pelos cidadãos aos políticos não somente para realizar mera e automática execução da lei – função executiva –, mas para dirigir a comunidade política com vistas ao bem comum. Aqui reside precisamente a diferença entre administrar e governar.

O poder público é um poder de jurisdição porque deve garantir a ordem fundamental da sociedade em ordem à realização de todos os fins da existência humana. É também um poder autônomo dentro de suas funções, mas sem que a autonomia seja absoluta, pois, além dos direitos fundamentais da pessoa, a dignidade do ser humano, ele está ligado à ordem jurídica fundamental da comunidade apoiada pela consciência jurídica concreta e os costumes jurídicos do povo (Messner).

Junto à crise de poder no Estado de bem-estar, outra manifestação desse fenômeno tem sido a privatização da empresa pública. Hoje, um setor público não é mais suportável, ao menos em países desenvolvidos, como o que herdamos do Estado de bem-estar: por ser ineficaz e porque o Estado não é, não deve ser, mais um empresário. Uma vez mais, a aplicação do princípio da subsidiariedade deve colocar o Estado a serviço de sua função básica: o bem comum.

Na década de 1980 surgiu um termo que, por si só, explica um dos movimentos ideológicos mais importantes operados na segunda metade do século 20. Há alguns anos, a palavra "privatização" é muito provável que não fizesse parte dos vocabulários econômicos ou políticos. De qualquer forma, uma das primeiras privatizações aconteceu na ex-RFA após a Segunda Guerra Mundial, quando o governo alemão abriu mão da Volkswagen. Hoje em dia, no entanto, é raro encontrar pessoas que não tenham discutido, ao menos uma vez, o significado e o alcance dessa palavra mágica. Matérias jornalísticas, trabalhos acadêmicos de natureza econômica ou jurídica têm, inevitavelmente, acompanhado a chegada da assim chamada pelo professor Becker, da Universidade de Chicago, "onda do futuro".

Após o início da Segunda Guerra Mundial, como se sabe, começa um crescimento razoável do setor público ajudado pelo Estado Social que, em sua primeira fase, entrará para a história por uma decidida orientação intervencionista. Ora, o surgimento, com uma certa vocação de generalização, de privatização, pode ser entendido sem grande dificuldade como uma clara resposta do conjunto da sociedade perante esse progressivo avanço do setor público que, a qualquer momento, pode neutralizar o legítimo exercício dos direitos fundamentais e das liberdades públicas de todos e de cada um dos cidadãos. Acima de tudo, entre os anos de 1960 e 1989 o crescimento do setor público ocorreu em um ritmo vertiginoso. Um crescimento do qual ainda sofremos as consequências mais amargas.

Ideologicamente, a privatização de empresas públicas faz pensar em seu uso exclusivo por governos de natureza conservadora. Não se pode esconder que a Inglaterra de Margaret Thatcher, os Estados Unidos de Ronald Reagan e a França de Jacques Chirac foram pioneiros na aplicação dessa "revolução silenciosa", como a nomeou o professor de Michigan BERG. No entanto, é preciso dizer que o fenômeno da privatização não é específico dos países conservadores. Hoje em dia, são bem conhecidos os programas de privatização de governos com uma clara inclinação marxista, como Angola, Congo, Benin, Vietnã e agora, até certo ponto, Cuba e a República Popular da China. O caso da *Perestroika*, de Gorbachev, é muito eloquente nesse processo universal.

O termo privatização, em sentido amplo, não se refere apenas à transferência de elementos do setor público para a empresa privada. É, se preferirmos, a fórmula mais conhecida. No entanto, existem outras maneiras de se atingir o mesmo objetivo sem a necessidade de produzir uma mudança substancial no titular da propriedade. Assim, falamos de subcontratação ou gestão por empresas privadas de serviços públicos, um fenômeno bem conhecido e bastante antigo no Direito Público sob o nome de concessão, locação ou acordo de serviços públicos. Também constitui um bom exponente da privatização a chamada "desregulamentação" ou conjunto de medidas destinadas a incentivar a participação, sob o regime de concorrência, da empresa pública com empresas privadas. Finalmente, de uma perspectiva econômica de grande interesse para o jurista, a privatização suporta uma série de técnicas, todas igualmente interessantes: venda total de ações, venda da força de trabalho, desregulamentação através de associações voluntárias, desintegração de monopólios de modo a permitir crescimento da concorrência.

É clássica a classificação das causas do fenômeno da privatização em razões financeiras, razões econômicas e razões políticas. As razões financeiras são precedidas pela necessária redução do déficit das administrações públicas. É um problema simples de redução da despesa pública que é agravado pelo fato de que esses déficits se devem, especialmente no âmbito da Comunidade Europeia, ao aumento das transferências correntes e de capital para as empresas públicas. Assim, o fenômeno da privatização supõe uma redução significativa do financiamento público.

No entanto, embora o nível de dívida pública seja reduzido, não seria justo ignorar que, em certos casos, o fenômeno da privatização também exige grandes recursos para saneamento e recapitalização das empresas públicas. O tema de fundo é a raiz da própria filosofia privatizadora, porque, nesse ponto, existe uma importante manifestação da crise do Estado de bem-estar. Por que as empresas públicas geram um financiamento público tão alto? Em alguns casos, não tantos, não há dúvida de que os diretores dessas empresas recebem remunerações inferiores do que no setor privado e estão sujeitos a um conjunto de controles que impedem a flexibilidade empresarial necessária para fazer operações verdadeiramente rentáveis. Em outros, os frequentes problemas sindicais, no longo prazo, deixam uma marca nas contas de resultados.

No que diz respeito às razões de natureza econômica, deve-se notar que elas não são diferentes daquelas que postulam que a privatização é a maneira de melhorar a eficiência em todos os níveis da empresa, facilitando sua adaptação à nova situação econômica. A decisão de privatizar é adotada porque se tem certeza que a gestão privada é mais eficaz do que a pública. Em outras palavras, os custos para obter a mesma finalidade são menores. Principalmente devido, em grande parte, à existência de múltiplos fatores políticos que acompanham o regime de empresas públicas. Entre eles, o problema da determinação de preços, a questão da seleção dos diretores, a negociação com os trabalhadores. Todos problemas que complicam inevitavelmente o processo de produção de bens e, em grande medida, proporcionam à empresa pública uma especial rigidez.

Ao lado disso, nos encontramos com um regime protecionista por parte dos poderes públicos que, muitas vezes, consagram autênticos monopólios e, outras, geram uma regulação tão ampla que, além de eliminar a concorrência, leva essas empresas para uma situação de ineficácia. Assim, por exemplo, políticas de desregulamentação que surgem na década dos anos 1970 nos Estados Unidos, que desempenham um papel importante e podem conseguir agilizar e flexibilizar o regime interno das empresas públicas. Isso também permite pensar que se a simples transferência de capital público para mãos privadas não for acompanhada de medidas verdadeiramente liberalizantes, dificilmente alcançará o efeito desejado.

Essa falta de estímulo que resulta da ausência de uma verdadeira concorrência justifica a ineficiência constante que a atividade empresarial dos poderes públicos tem apresentado. Dessa forma também se explica a baixa capacidade de inovação tecnológica que muitas vezes se manifesta nos procedimentos obsoletos que demonstram muitas empresas públicas. Essa falta de capacidade destinada a economizar custos de produção e distribuição constitui outro elemento de caráter prioritariamente econômico que explica os enormes déficits do setor público ano após ano.

As razões de natureza política concentram-se no retorno a um novo liberalismo, no qual a propriedade privada e a iniciativa privada desempenham um papel de primeira ordem. O retorno ao liberalismo deveu-se, acima de tudo, aos resultados globais do Estado de bem-estar na atividade econômica. A reação tem sido generalizada e nos sistemas políticos e econômicos mais opostos a bandeira da privatização foi fraldada. Basicamente, é uma clara reivindicação dos valores individuais no marco de uma economia de mercado.

A orientação privatizadora surgida no mundo anglo-saxão tem manifestado, entre outras coisas, a deficiente gestão dos recursos públicos e a melhoria da eficiência e rentabilidade quando são transferidos para o setor privado ou é aberta à concorrência às empresas públicas. No entanto, me incluo entre os que pensam que a privatização não é um fim em si mesmo, nem é a solução definitiva para os problemas endêmicos do setor público. Ela é um dos muitos meios de ajudar os governos interessados na divisão do trabalho entre os setores público e privado, a fim de aumentar a eficiência e a contribuição para o desenvolvimento, tanto das empresas quanto do governo, a partir de uma demarcação inteligente entre o que é de responsabilidade do complexo governo-administração e o que é responsabilidade da iniciativa social.

Em suma, a crise da chamada "Estado providência" está dando lugar a um Estado cada vez mais subsidiário, mais participativo, no qual se estimula a participação real dos cidadãos, na qual se deve recuperar a ideia do poder a serviço do bem comum, no qual se promova a responsabilidade pessoal, no qual todos os cidadãos possam exercer seus direitos humanos, que possa contar com os indivíduos e os grupos que os representam para o bem-estar social, no que os impostos sejam reduzidos, em que se estabeleça a economia social de mercado, em que o tamanho do setor público se adapte às funções essenciais do Estado, ou seja, um governo comprometido com a justiça particular, porque assim se protege a dignidade da pessoa que constitui um dos princípios fundamentais do Direito, que é, em definitivo, o fim essencial que deve perseguir um Estado que realmente aja a serviço do Homem, de um Homem que precisa que seus direitos fundamentais sejam efetivamente garantidos para seu pleno desenvolvimento pessoal, livre e solidário.

A crise do Estado de bem-estar não pressupõe a crise da dimensão social do Estado. Simplesmente, testemunhamos as nocivas consequências do entendimento estático de um modelo de Estado que surge e nasce precisamente para a melhoria das condições de vida dos cidadãos, especialmente dos mais indefesos e desvalidos. A perspectiva estática levou-nos a conceber as instituições de ajuda e estímulo como fins em si mesmos, destinados a conquistar o voto dos cidadãos, ou seja, a rede social de natureza pública tem sido usada para conquistar adeptos à causa partidária, em vez de dedicar essas instituições a liberar a energia social latente na sociedade e facilitar aos cidadãos, especialmente os mais necessitados, os meios para seu desenvolvimento livre e solidário. Nesse contexto, não se economiza em gastos públicos e se multiplicaram exponencialmente os meios materiais e pessoais para servir a esse propósito. As consequências são as que todos nós conhecemos e muitos sofrem especialmente.

A tudo isso devemos acrescentar que grande parte do setor financeiro, consciente das necessidades da classe política para aumentar e consolidar o seu poder, se dedicou a financiar todos os tipos de atividades de intervenção pública na sociedade com base em uma dívida exponencial que mais tarde traria lamentáveis consequências para os cofres públicos.

A questão, portanto, está no retorno à perspectiva dinâmica do Estado Social Democrático de Direito, à necessidade de reconhecimento dos direitos fundamentais sociais no plano constitucional e, portanto, à diferenciação das diferentes técnicas e meios existentes para fazer efetivo o Estado Social, de modo que se produza uma razoável gradação das intervenções públicas a partir do direito elementar a um mínimo vital que permita o desenvolvimento digno dos mais indefesos e vulneráveis e, assim, de acordo com o critério de promoção gradual dos direitos sociais, alcançar maiores e melhores parcelas de dignidade no exercício de todos os direitos fundamentais dos cidadãos.

Finalmente, uma das polêmicas mais interessantes às que podemos assistir nesse momento refere-se à função do Estado em relação à sociedade e às pessoas, especialmente em uma época de crise geral que, como já advertimos, também afeta o chamado Estado de bem-estar. Uma crise anunciada há muito tempo, uma vez que a deriva estática daquela grande conquista social do século passado, denominada Estado Social ou Estado de bem-estar, substituiu um modo dinâmico de entender o papel do Estado em relação à sociedade e seus habitantes.

De fato, a tentação de muitos dirigentes públicos, de usar os meios do Estado – auxílios, subvenções ou subsídios a serviço de sua perpetuação no poder –, produziu resultados devastadores. O setor bancário, que entendeu que seu grande negócio seria financiar todos os tipos de atividades e serviços para os poderes públicos, contribuiu, e não pouco, para o endividamento e crescimento exponencial do sistema público em todas as suas dimensões, seja ao nível institucional seja ao nível territorial.

INTERVENÇÃO PÚBLICA E LIBERDADE SOLIDÁRIA (SERVIÇO PÚBLICO E SERVIÇO DE INTERESSE GERAL)

Os novos enfoques e abordagens que podemos encontrar quando se trata de Direito Administrativo e ciência da Administração Pública tendem a coincidir na centralidade da pessoa, do cidadão, do particular ou do administrado, como se prefere nomear a quem é o principal destinatário das políticas públicas. Tal abordagem é a consequência de colocar em ordem um marco geral no qual prevaleceu por bastante tempo uma ideia de administração como um poder conformador e configurador do público a partir dos esquemas do unilateralismo. Não digamos em termos de serviços públicos e de serviços econômicos de interesse geral, onde o usuário se tornou, afortunadamente, o centro das atenções do tratamento jurídico do Direito Administrativo-econômico.

A filosofia política dessa época parece ser muito clara nessa consideração do papel da pessoa em relação ao poder público. Desse ponto de vista, a pessoa não pode ser entendida como um sujeito passivo, indefeso, puro receptor, destinatário inerte de decisões e resoluções públicas. Definir a pessoa, o cidadão, como centro da ação administrativa e do regime jurídico-administrativo como um todo supõe considerá-la como a protagonista por excelência do espaço público, das instituições e das categorias do Direito Administrativo e da ciência da administração.

Nesse contexto, quando se trata de construir políticas públicas, ao se levantar os conceitos do Direito Administrativo em geral, deve-se ter presente até que ponto, através dele, se pode melhorar as condições de vida dos cidadãos. Em termos de serviços econômicos de interesse geral, essa reflexão parece óbvia, porque eles existem e se justificam precisamente para atender melhor os cidadãos em suas necessidades coletivas. Para tornar possível que o cidadão, usuário de serviços econômicos de interesse geral, possa escolher, segundo seus critérios, precisamente os melhores serviços aos melhores preços.

Afirmar o protagonismo da pessoa não significa atribuir a cada indivíduo um papel absoluto. De fato, não supõe defender um deslocamento do protagonismo ineludível e próprio dos gestores democráticos dos assuntos públicos. Afirmar o protagonismo da pessoa é colocar ênfase em sua liberdade, sua participação nos assuntos públicos e na solidariedade. Do sentido promocional do poder público, a promoção, apesar da redundância, as condições necessárias para que a liberdade e a igualdade dos indivíduos e grupos a que pertencem, é um dos propósitos constitucionais da ação da Administração Pública. Nesse sentido, as decisões sobre os serviços econômicos de interesse geral, por exemplo, devem ser presididas por esse medular preceito constitucional, porque se trata de que os serviços econômicos de interesse geral sejam ambientes de humanização e exercício da liberdade solidária de todos os cidadãos. Os países com melhores serviços tendem a ser países onde a liberdade é facilitada, onde há melhores condições para escolher entre diferentes opções.

De um ponto de vista moral, entendemos que a liberdade, a capacidade de escolha – limitada, mas real – do ser humano, é consubstancial a sua própria condição e, portanto, inseparável de seu próprio ser e totalmente realizável no projeto pessoal de qualquer ser humano em qualquer época. Desse ponto de vista social e público, não há dúvida de que há um progresso efetivo em nossa concepção do que significa a verdadeira liberdade dos cidadãos. Não há dúvida de que o poder público, se sensível às demandas reais dos cidadãos a dispor de melhores serviços, pode contribuir, como manda a Constituição, para colaborar no sentido de que, em efeito, a liberdade e a igualdade sejam cada vez de melhor qualidade.

Na ordem política, sabemos bem, a liberdade foi entendida em muitas ocasiões como liberdade formal. Assim, considerando que sem liberdades formais dificilmente podemos imaginar uma sociedade livre e justa, também é verdade que é perfeitamente imaginável uma sociedade formalmente livre, mas, na verdade, sujeita aos ditames dos poderosos, vestidos com os trajes mais coloridos do folclore político. Os serviços econômicos de interesse geral, na medida em que são presididos pela universalidade, acessibilidade e qualidade, garantem a cidadania como um conjunto de meios e possibilidades para ajudar na realização do livre desenvolvimento da personalidade na sociedade.

Do ponto de vista do usuário desses serviços são mais bem compreendidas a natureza e a funcionalidade dos princípios de continuidade e regularidade, uma vez que constituem um direito próprio do usuário do serviço público ou do serviço de interesse geral. É possível expressar essa ideia com outras palavras: o interesse geral, em cuja virtude foi estabelecido o serviço correspondente, reclama a garantia da universalidade, acessibilidade e qualidade durante toda a vigência do mesmo, em um quadro de continuidade e regularidade na prestação. Esses parâmetros legais vão possibilitar o retorno ao Direito Administrativo, a um novo Direito Administrativo, menos inclinado ao privilégio e à prerrogativa e mais focado na melhoria das condições de vida dos usuários, dos cidadãos.

A função de garantir direitos e liberdades define muito bem o sentido constitucional do Direito Administrativo e traz consigo a maneira especial de entender o exercício dos poderes no Estado Social e Democrático de Direito. A garantia de direitos, longe de patrocinar versões reducionistas do interesse geral, tem a virtude de colocar no mesmo plano poder e liberdade, ou, se preferirmos, liberdade e solidariedade como os dois lados da mesma moeda. Não é que, obviamente, sejam conceitos idênticos. Não. Eles são conceitos diversos, mas complementares. Além disso, no Estado Social e Democrático de Direito são conceitos que devem ser incorporados à arquitetura e essência de todas e cada uma das instituições, conceitos e categorias do Direito Administrativo. A projeção desses princípios no campo dos serviços públicos produziu o nascimento de um conceito de grande presente e futuro, como é o serviço econômico de interesse geral, no qual se cumpre à letra aquela definição moderna de Direito Administrativo que entende o exercício do poder para o bem-estar geral e integral dos cidadãos.

O serviço público, sabemos perfeitamente, é um tema clássico do Direito Administrativo que serviu de ponto cardeal para explicar o próprio significado de nossa disciplina. Para Duguit, fundador da Escola de Bordeaux, precisamente do "serviço público", constituía a fundação e o limite da soberania, o centro neurálgico do Direito Público.

A pretensão de buscar um critério único de validade universal e de caráter intemporal para fundamentar o Direito Administrativo revela a real impossibilidade de erguer todo o edifício do Direito Administrativo sob um só e único conceito: o serviço público, também elaborado a partir da torre de vigia do privilégio e da prerrogativa. Pelo contrário, essa tarefa é um convite a que nos situemos em outros parâmetros e também nos desafia na caracterização de nossa área de conhecimento como temporal, relativa e profundamente integrada no contexto constitucional de cada momento.

A mesma mutabilidade das instituições, categorias e conceitos do Direito Administrativo, em função do marco constitucional e do entendimento que se tenha do interesse geral, demonstra o diferente alcance e funcionalidade que as técnicas jurídicas do Direito Administrativo podem ter em cada momento.

Talvez por essa razão, durante os anos 1950 admitiu-se a tese da "noção impossível" para apontar as dificuldades óbvias e intransponíveis para perfilar um conceito estático e unilateral do serviço público como paradigma do Direito Administrativo.

O advento do Estado Social colocou o serviço público de volta no lugar central, agora de uma perspectiva mais ampla. Aquela foi a época da expansão das atividades estatais na sociedade e apareciam sob o comando do Estado os serviços de educação, saúde, transporte, entre muitos outros.

Simplificando muito, pode-se afirmar que a constituição do conceito de serviço público sempre suscitou uma penetrante e aguda polêmica com as liberdades públicas e os direitos fundamentais. Além disso, a tensão entre poder e liberdade sempre correu paralelamente ao binômio, às vezes em sério confronto dialético, Estado-sociedade. O mais provável é que a partir dessa dicotomia tenham nascido tanto a autorização como o instituto da concessão, fiéis reflexos do diferente grau de intervenção que se reservava o Estado em relação à vida social. Certamente, o nascimento da concessão administrativa como um modo indireto de gestão dos serviços públicos é parte do processo de demarcação a partir do marco de exclusividade, titularidade e gestão da atividade, a cada vez que chegou o momento, em pleno Estado liberal, em que o Estado não se considerava digno de atuar como mediador no mundo da economia, setor que deveria ser administrado quase contra o próprio Estado.

Finalmente, a crise do Estado de bem-estar, para nos atermos a datas mais próximas, junto às bem conhecidas explicações fiscais, obedece também a um questionamento de um modelo de Estado que, nas palavras de Forsthoff, tudo penetra e tudo controla "do berço até a sepultura". Certamente, ao menos do meu ponto de vista, a antiga instituição configuradora da ordem social, como era o subsídio, deve repensar, como todas as técnicas de fomento como um todo. Esse modelo estático ao Estado de bem-estar colocou os serviços públicos e o próprio Estado como fim, não como um meio para o bem-estar dos cidadãos. Daí seu esgotamento e, portanto, sua crise.

A confusão entre fins e meios tem muito a ver com as abordagens unilaterais e tecnoestruturais do interesse geral que, nessa abordagem, são reduzidas ao autocontrole e à conservação do *status quo*.

Hoje, a partir dos postulados do Estado dinâmico do bem-estar, o serviço público no sentido técnico-jurídico é reservado para casos especiais, de modo que com o advento ou emergências dos serviços econômicos de interesse geral há um retorno ao Direito Administrativo, é claro que diferente daquele do século passado, mais desafiador, se possível, em seu papel essencial de construir técnicas legais que garantam o bem-estar integral dos usuários, dos cidadãos.

Trata-se de construir um Direito Público que torne possível o livre e solidário desenvolvimento dos cidadãos e, por conseguinte, o pleno exercício dos direitos fundamentais por todas as pessoas. Aparece como, em nossa opinião, Estado garantidor e, com ele, toda uma série de novos conceitos, categorias e instituições que nascem de uma nova forma de se aproximar do Direito Administrativo: o pensamento aberto, plural, dinâmico e complementar, que nada mais é do que a dimensão jurídica das novas abordagens hoje predominantes nas ciências sociais.

O Estado, então, não é mais, em termos gerais, um mero provedor de serviços públicos. O Estado é acima de tudo e todos um garantidor dos direitos e liberdades dos cidadãos, pelo que goza de um conjunto de novas técnicas jurídicas que lhe permite cumprir plenamente essa função e para as quais assume uma grave responsabilidade, pois agora existe um direito fundamental para uma boa administração que se pode exigir judicialmente.

Assim, o conceito de serviço público, devedor de um concreto e peculiar modo ideológico de compreender as relações Estado-sociedade, perde sua funcionalidade original ao dissipar-se o marco geral que lhe serviu de suporte. Significativamente reduzida em sua configuração por quanto agora normal e ordinária é a realização de certas atividades de relevância pública sob regime de liberdade, sob regime de concorrência. Por isso, insisto, em um novo marco surgem novos conceitos que põem em questão a versão clássica da noção de serviço público.

A articulação do Direito Administrativo Constitucional sobre o serviço público e sobre o chamado serviço econômico de interesse geral exige analisar, por um lado, a liberdade de empresa no âmbito da economia de mercado, bem como a função do poder público de garantir e proteger seu exercício e a defesa da produtividade, de acordo com as exigências da economia geral e, em seu caso, o planejamento. Por outro lado, deve-se ter em mente que toda riqueza em suas diferentes formas, seja qual for sua titularidade, está subordinada ao interesse geral e a iniciativa pública é reconhecida na atividade econômica, podendo por lei reservar recursos ao setor público ou serviços essenciais, especialmente no caso de um monopólio, e também para concordar com a intervenção das empresas quando o interesse geral assim o exigir.

Nesse contexto, o princípio é o da liberdade econômica no âmbito do Estado Social e Democrático de Direito, para o qual os poderes públicos têm a tarefa garantidora a que me referi anteriormente que, em certos casos, pode aconselhar, por lei, a reserva ao Estado exclusivamente de certos serviços chamados essenciais. Obviamente, essa possibilidade deve ser motivada na lei que opera a reserva como uma exigência do interesse geral, ou seja, o regime ordinário é o da liberdade no âmbito do Estado Social, isso implica, certamente, que o regime clássico do serviço público com suas anotações tradicionais, titularidade e exclusividade não mais se enquadra no marco constitucional como fórmula ordinária de prestação de serviços públicos. Embora em certos casos possam ser reservados exclusivamente ao setor público certos serviços essenciais, quando razões de interesse geral o aconselham.

Assim, embora hoje o serviço público emerja da *publicatio* na versão da solidariedade social (Duguit) ou procura existencial (Forsthoff), a expressão real da prestação de serviços "públicos" em matéria econômica, especialmente, não é mais a técnica da *publicatio* – exceto por exceções –, mas a técnica autorizadora – *ordenatio* –, quando não a simples certificação pela administração da idoneidade técnica do particular para prestar o serviço.

O princípio é a liberdade, mas modelada ou contextualizada pela dimensão de solidariedade que é inerente a ela. Então, insistimos, a Administração Pública garante a liberdade na prestação de serviços de interesse geral de acordo com sua própria funcionalidade. As exigências do princípio da liberdade solidária na prestação dos serviços de interesse geral, não pode ser esquecido, são derivadas da liberdade de escolha de serviços que auxilia os cidadãos, os usuários.

A referência ao usuário como centro de gravidade do regime dos serviços de interesse geral e os postulados do pensamento aberto, plural, dinâmico e complementar desenham um novo mapa, um novo roteiro para enquadrar o atual regime dos chamados serviços de interesse geral.

Não se pode esquecer que nesse ambiente foi levantada uma das principais tensões que a teoria dos serviços de interesse geral parece resolver. Referimo-nos à controvérsia tradicional entre serviço público e direitos fundamentais ou liberdades públicas. A partir da teoria do serviço público, fica claro que a titularidade pública colide frontalmente com o núcleo essencial da liberdade econômica e, ao contrário, a teoria do serviço de interesse geral permite o jogo do binômio liberdade-interesse geral do ponto de vista garantidor da função do Estado.

Além disso, não podemos perder de vista algo muito importante que para o Direito Administrativo é essencial: a realidade. Hoje, goste-se ou não, na Espanha e em toda a Comunidade Europeia existe um processo gradual de despublicização, de desregulamentação ou, se se preferir, de privatização que coloca o grande desafio comum de definir o papel do Estado em relação aos serviços de responsabilidade pública. Na Europa, após os Tratados fundacionais de Maastricht, é necessário ter em mente que a realidade do mercado único é chamada de livre concorrência e, portanto, a Administração Pública não pode olhar para o outro lado. O que não significa, insisto, que a Administração Pública ceda diante dos encantos do mercado ou alimente versões ultrapassadas as quais falam que o Estado seja a personificação do ideal ético.

Alguns autores entendem que na atualidade a perda de significado da noção clássica de serviço público é nada menos do que uma traição ao Direito Administrativo. Penso, com todo respeito, que aqueles que pensam assim não estão cientes de que precisamente, através do surgimento de novos conceitos como o serviço econômico de interesse geral, nossa disciplina está recuperando o pulso e um protagonismo proeminente. Não se trata de certificar o enterro do conceito de serviço público. Trata-se simplesmente se certificar que hoje em dia sua utilização está reservada para casos de reserva de serviços essenciais, sendo a categoria do serviço econômico de interesse geral um conceito de maior uso na vida social e econômica como consequência dos princípios do Direito Público europeu.

Hoje, por tudo isso, reaparece com muita força o Direito Administrativo na matéria que nos ocupa, sob a forma de serviço econômico de interesse geral ou serviço de interesse econômico geral: precisamente a categoria, ou categorias, utilizadas pelo Direito Comunitário Europeu para definir essa especial posição jurídica do Estado em relação aos anteriormente chamados serviços públicos.

Como se sabe, nos chamados serviços econômicos de interesse geral o papel de garantidor do Estado aparece em todo o seu vigor através das chamadas obrigações do serviço público, entre as quais o serviço universal é o mais típico e característico e onde é mais bem contemplada essa nova função do Estado a que se faz referência reiteradamente.

No entanto, diante dos nostálgicos do serviço público, que são os mesmos que nos inundaram de pessimismo levantando a bandeira da fuga do Direito Administrativo, ousamos, com modéstia, afirmar que hoje assistimos a um retorno ao Direito Administrativo, isso sim, dos postulados do pensamento aberto, plural, dinâmico, complementar e a partir da necessária superação dos apriorismos e preconceitos metodológicos do passado. Falamos do retorno a um Direito Administrativo para o qual o decisivo não é tanto quem presta os serviços, mas através deles as condições de vida dos cidadãos sejam melhoradas. Nesse sentido, o Estado assume obrigações essenciais, como a verificação, supervisão e controle de tais atividades, a fim de garantir padrões razoáveis em relação à universalidade, acessibilidade e qualidade de tais serviços.

Nós que nos dedicamos ao estudo do Direito Administrativo temos apontado muitas vezes que nossa disciplina se caracteriza por mergulhar suas raízes nas areias movediças da realidade. Sabemos e somos testemunhas qualificadas que os diferentes sentidos e interpretações que acompanham os conceitos da nossa disciplina são devedores precisamente do variante marco constitucional em que discorrem. Talvez por isso o processo de racionalidade, de atualização desses conceitos que vivemos hoje seja uma oportunidade para continuar defendendo o Direito Administrativo como o Direito do poder público para a liberdade solidária dos cidadãos, de maneira que a função de garantia dessa liberdade solidária, no marco do Estado Social, seja seu principal sinal de identidade.

Para alguns, as consequências da realidade que é, apesar da redundância, a que é, têm provocado um processo injusto ao serviço público tal e como diz Regourd. Porém, não é um ajuste de contas metodológico ou conceitual, em absoluto, com a tradição do Direito Administrativo francês; a propósito, da qual todos temos aprendido tanto. Como defendia Duguit, o serviço público já foi a perda angular que justificava a própria existência do Estado. Depois, alguns autores, como Alessi, apontaram que havia tantas noções de serviço público quanto autores que abordaram sua conceituação. Vedel chamou a atenção para a elasticidade e flexibilidade de uma noção que, para ele, era perversa justamente por sua impossibilidade de definição. Waline nos alertou sobre o *status* do "rótulo" do serviço público. De qualquer forma, não negamos sua transcendência no passado, mas afirmamos que já não tem razão de ser no presente, ao menos na União Europeia, como não seja nos cenários, na verdade excepcional, de reservar ao setor público em exclusividade serviços essenciais. A chave estará em que a regulamentação garanta efetivamente a universalidade, a qualidade e a acessibilidade dos serviços.

Antes da crise definitiva do conceito, podemos falar de dois momentos delicados para essa categoria central do Direito Administrativo. O primeiro momentos data da segunda metade do século 19, quando o Estado não teve escolha senão assumir prestações assistenciais básicas, como a saúde e a educação. E assumiu, além disso, a titularidade dos serviços econômicos mais importantes, especialmente o que chamaríamos hoje de grandes investimentos ou infraestruturas públicas. Aparece, então, com seu proverbial magistério perante a Escola de Toulouse, Hauriou, que nos legou, em minha opinião, a melhor definição de serviço público: "serviço técnico prestado ao público de maneira regular e por uma organização pública". Aquela foi a época da imensa polêmica, entre grandes autores, sobre a essência do Direito Administrativo: Jeze, discípulo de Duguit, da escola de Bordeaux – o serviço público –, e Vedel, da Escola de Toulouse – o poder público ou as famosas cláusulas exorbitantes.

No que diz respeito à atividade econômica, o Estado assumiu sua titularidade, renunciando à gestão sob a conhecida doutrina do concessionário interposto. Assim, a declaração de serviço público implica desde o início a titularidade pública, enquanto a gestão é confiada ao setor privado. Mais tarde, o espaço local, que sempre é o melhor laboratório de Direito Administrativo, nos leva, com os chamados fabianos[2] do Reino Unido, ao cenário de municipalização dos serviços públicos municipais. Em 1929, a Grande Depressão provoca a falência das grandes concessionárias, pelo que será o Estado, e já não podemos dizer na Europa depois da Segunda Grande Guerra, quem deve assumir a responsabilidade, também, da prestação direta dos serviços.

O segundo momento, no qual ainda estamos instalados, de alguma forma, vem da mão do novo ídolo do altar das ideias públicas: a concorrência. De fato, a concorrência, a liberalização é o termo utilizado pelas fontes originais e derivadas do Direito Comunitário Europeia. É, diz-se, o domínio da economia. É diz-se, o apogeu dos economistas e das Escolas de Freiburg – a concorrência é a chave do desenvolvimento econômico (Eucken) – de Viena – princípio da não intervenção pública (Hayek), de Chicago – guerra aos monopólios (Friedman) –, ou de *Public Choice*" – a realidade em cada caso irá aconselhar se o apropriado é a iniciativa pública ou privada (Buchanan).

Certamente, se alguém pode parar o fundamentalismo econômico na vida social é um Direito Administrativo para o qual a chave, em matéria de serviços públicos – no sentido amplo – seja

---

2 N.T.: Movimento político-social britânico nascido no fim do século 19, cuja finalidade institucional era o desenvolvimento da classe operária, de modo a torná-la apta a assumir o controle dos meios de produção.

conceber e projetar regimes jurídicos dos serviços públicos para melhorar as condições de vida dos cidadãos. Esse é o *punctum dolens* da nossa reflexão: o que importa não é quem fornece o serviço, mas que quem o faça, Estado ou particulares, para promover a liberdade solidária dos cidadãos ou, se se quiser, permitir um melhor exercício dos direitos por parte do povo, ou seja, que incida favoravelmente nas condições de vida das pessoas e promova a escolha dos serviços.

Nesse contexto, se compreenderá a afirmação de Pierre Devolvé, quando afirma categoricamente que o serviço público é a principal ameaça para as liberdades públicas e os direitos fundamentais. Assim, o novo conceito de serviço de interesse econômico geral que se ilumina no âmbito do Direito Comunitário Europeu é a expressão do moderno Direito Administrativo e o conceito a partir do qual contempla-se a posição do Estado na nova economia.

Em matéria de direitos fundamentais sociais, foi discutido, como veremos mais adiante, sobre as prestações inerentes a esses direitos fundamentais de responsabilidade pública ou social, que devem ser projetados sob a forma de um serviço público. Tal técnica, no entanto, implica que essas prestações seriam de titularidade pública, o que abriria uma polêmica que não pode ser respondida de forma atemporal e sem levar em conta as circunstâncias espaciais. É possível que em alguns países, devido ao seu estado de evolução social e política, possa ser conveniente organizar esses benefícios em uma forma técnica de serviço público. Entretanto, em outros casos tal qualificação de serviço público poderia colidir com atividades preexistentes realizadas por instituições sociais, as quais, se conformadas nessa categoria, levariam a que tais atividades fossem de titularidade pública.

Por um lado, o avanço científico e tecnológico afastou essa versão estática da *publicatio* que antes justificava a existência do serviço público na insuficiência do capital privado para assumir os grandes serviços econômicos e sociais. Por outro lado, não podemos negar, gostemos ou não, que a globalização econômica trouxe consigo a existência de grandes empresas com um potencial superior ao de alguns Estados que, além disso, podem às vezes administrar melhor os serviços públicos tradicionais. No entanto, nesses casos, a necessidade de um Direito Administrativo global é evidente, pois, do contrário, as garantias de universalidade, qualidade e acessibilidade desses serviços prestados pelas multinacionais em grandes regiões do mundo seriam uma quimera.

Nesse ambiente, o Direito Comunitário Europeu atinge o serviço público, em sentido estrito, em matéria econômica, o principal golpe de misericórdia em favor da livre concorrência, que se torna o cerne da integração econômica que preside o Mercado Único Europeu. Privatização, desregulamentação, liberalização, *despublicatio* não são mais do que termos jurídicos – econômicos ou econômico-jurídicos – que certificaram o fim da titularidade pública de tantos serviços. O monopólio é um termo que combina mal com os princípios do Direito Comunitário. É por isso que os serviços "públicos" do passado, especialmente aqueles de natureza econômica, tiveram que ser construídos juridicamente de acordo com o critério da liberdade econômica no marco, é claro, do Estado Social e Democrático de Direito.

O jurista não deve, não pode permanecer insensível à tentativa de domínio do Direito Público pela Economia. Não, nós que cultivamos o Direito Administrativo temos que levantar a voz e clamar que o interesse geral não morreu nas mãos da eficácia do mercado. Pelo contrário, o mercado deve ser entendido, a partir do pensamento aberto, plural, dinâmico e complementar, em um marco de interesse geral que garanta o equilíbrio entre poder e liberdade.

Logicamente, o impacto das novas noções de política econômica tem trazido essa segunda e definitiva crise do serviço público e o surgimento de novos conceitos, entre os quais destacaria o de serviço econômico de interesse geral, que, como sabemos, procede do Direito Comunitário.

De fato, resulta curioso e até surpreendente que no Direito Comunitário Europeu não figure a expressão serviço público, a não ser no artigo 73 da versão consolidada do Direito de origem. Por quê? Provavelmente, devido à disparidade dos regimes jurídico utilizados nos Direitos nacionais, a fim de assegurar aos cidadãos petições essenciais de natureza geral, regular e contínua. Resumindo, os países da União Europeia estão divididos entre os que seguem nesse ponto, serviço com *publicatio* e regime exorbitante de selo francês, e os que se alinham às chamadas *"public utilities"* garantidas pela regulação – sem mais – da atividade dos sujeitos privados prestados de tais serviços, de uma orientação claramente anglo-saxônica.

Ora, para não optar por uma ou outra tradição jurídica, o Direito Comunitário ilumina o metaconceito de serviço econômico de interesse geral ou serviço de interesse geral. Por conseguinte, no vigente artigo 86.2 do Tratado da União Europeia, pode se ler que "as empresas encarregadas da gestão dos serviços de interesse econômico geral estarão sujeitas às normas do presente Tratado, especialmente as da concorrência".

Assim, o Direito Comunitário Europeu é um Direito que trouxe consigo a liberalização que, por sua vez, afetou a organização institucional dos serviços públicos dos Estados membros da União. No entanto, é conveniente chamar a atenção sobre o sentido que tem a aparição do qualificativo "interesse geral". De fato, a Comunicação da Comissão sobre os serviços de interesse geral na Europa, de setembro de 1996, vinculava explicitamente os serviços de interesse econômico geral aos princípios da solidariedade e da igualdade de tratamento como "objetivos fundamentais da Comunidade".

No mesmo sentido, o Tratado de Amsterdã introduziu no texto do Tratado da União o novo artigo 16 da versão consolidada que estabelece o seguinte:

"[...] tendo em conta o lugar que os serviços de interesse econômico geral ocupam entre os valores comuns da União, bem como o seu papel na promoção da coesão social e territorial, a Comunidade e os Estados membros, em conformidade às respectivas competências e no âmbito de aplicação do presente Tratado, zelarão para que os referidos princípios atuem em conformidade com princípios e condições que lhes permitam cumprir o seu objetivo".

A jurisprudência do Tribunal de Justiça da Comunidade Europeia, que inicialmente combateu, talvez excessivamente, os poderes públicos nessa matéria, a partir da interpretação do artigo 90.2 do Tratado no nível de ajudas públicas, traçou uma linha em que o decisivo é que os serviços públicos sejam cada vez mais bem prestados, em uma orientação claramente relacionada com a função do Estado de garantir o interesse geral. Por exemplo, na sentença 320/91, de 19 de maio de 1993, em matéria de serviço postal reconheceu-se que, nesse serviço de interesse econômico geral, era necessário comprovar se a aplicação das regras da livre concorrência impediria o cumprimento das regras. de interesse geral. Assim, o Tribunal de Justiça decidiu, nesse caso, que a realização do interesse geral estava carregando "a gestão de modo rentável do serviço e, portanto, a necessidade de compensar perdas de serviço público em sectores não rentáveis mediante os benefícios obtidos de outros setores economicamente rentável justificam que nesses últimos o jogo de concorrência se limitara a favor dos particulares".

Na sentença de 27 de abril de 1994, processo 393/92, o Tribunal Europeu, em um caso de distribuição de eletricidade e de uma cláusula de compra exclusiva em benefício de uma companhia regional de distribuição de eletricidade da Holanda, salientou a necessidade de avaliar o critério do equilíbrio econômico, não somente entre os sectores rentáveis e não rentáveis, mas deve-se ter em conta as obrigações de interesse geral, tais como a regulamentação deve suportar em matéria de planejamento ambiental, de ordenamento do território ou segurança, entre outros.

Ora, a principal obrigação de interesse geral nesses casos é a do serviço universal, que garante a provisão em qualquer caso e a qualidade onde o mercado não funciona bem, por falta de rentabilidade ou como resultado de mal-entendida concorrência. Como analisaremos a seguir, essas obrigações surgem no marco do Direito Europeu das Telecomunicações. Assim, nos serviços de interesse econômico geral é necessário distinguir prestações suscetíveis de serem realizadas em regime de mercado e prestações não passíveis de prestações competitivas. Nesse caso, a autoridade impõe a prestação obrigatória a algum operador para o qual seja arbitrado um sistema de compensação econômica.

As instituições, os conceitos e as categorias do Direito Administrativo, bem sabemos, estão em uma estreita relação, estreitíssima, com a realidade que lhe tocou por fortuna. Além disso, não nos deve escandalizar, metodológica ou cientificamente, o fato de que as principais manifestações do Direito Administrativo são apresentadas de forma diversa, de acordo com as circunstâncias sociais, políticas e econômicas do tempo e do lugar. De fato, é lógico que assim seja, porque depois das diversas vicissitudes pelas quais essa disciplina tem passado, é certo que somos testemunhas qualificadas da mudança de suas instituições, sem que, por isso, o Direito Administrativo tenha desaparecido.

Pois bem, nessa tarefa achamos conveniente lembrar que o Direito Administrativo pode ser definido, como já comentamos anteriormente, como o Direito do poder público para a liberdade solidária ou, se se quiser, o Direito que regulamenta os interesses gerais que servem com objetividade a Administração Pública. Nesse sentido, todas as categorias, instituições e conceitos centrais do Direito Administrativo devem ser orientadas para o interesse geral, ou seja, devem ser abertas para tornar possível e visível esse metaconceito do interesse geral que, em um Estado Social e Democrático de Direito, está vinculado à tarefa de promoção e garantidor dos poderes públicos orientados para o livre e efetivo exercício dos direitos fundamentais por parte dos cidadãos. Assim, a saúde, a educação ou a moradia devem ser gerenciadas para que os cidadãos possam ter acesso geral a esses bens. O público deve estar aberto à cidadania e as necessidades públicas devem ser gerenciadas de tal forma que, efetivamente, a Administração Pública tenda ao bem-estar geral de todos.

Nesse contexto, é essencial, também para o estudo do Direito Administrativo, situar-se nos postulados do pensamento aberto, plural, dinâmico e compatível. Porque o interesse geral deve ser interpretado fora do pensamento único: tanto aqueles que tentam isolar o interesse geral no santuário do tecnossistema, como aqueles que tentam a todo custo desmantelar o público para entregá-lo *in toto* ao setor privado. Acima de tudo, porque, insistimos, o público, em um Estado Social e Democrático de Direito, deve ser definido de forma aberta entre o poder e os agentes sociais, já que o modo de entender a administração e o poder de natureza autoritária e vertical se acabou.

Nesse ponto, a contemplação da realidade pode nos deixar um pouco confusos ou perplexos, especialmente se tentarmos aplicar os critérios e categorias do passado. É possível manter a noção clássica de serviço público hoje? A resposta a essa pergunta não é difícil. O que acontece de vez em quando é que as exigências do mercado, ou liberalização, desregulamentação ou privatização, criaram um panorama novo, no qual devemos explicar os velhos conceitos. Não é que o serviço público tenha morrido ou que uma nova noção tenha nascido para substituí-lo. Não, o que aconteceu e está acontecendo é que a realidade das coisas faz emergir novas caracterizações dos conceitos centrais.

A obrigação de serviço universal é uma obrigação de serviço público. Sim, mas, insisto, em um contexto em que o serviço público é usado em sentido amplo. Por outro lado, o conceito de serviço universal surge nos modelos liberalizados das telecomunicações europeias e no marco dos denominados serviços básicos de telecomunicações (em oposição aos serviços de valor agregado) que passam por ser serviços públicos *stricto sensu* ou serviços econômicos de interesse geral, sem que por isso seja negado o acesso de qualquer cidadão a determinadas prestações básicas (Martinez García). A chave, então, está em determinar, particularmente, quais são essas prestações básicas. De modo geral, pode-se afirmar que a questão está focada em garantir ao menos o serviço telefônico então denominado básico, que hoje poderíamos identificar como o serviço de telefonia fixa.

Na realidade, o serviço universal somente se aplica em ambientes liberalizados, de modo que mal pode se contemplar como a incorporação do antigo conceito de serviço público. Insisto, outra coisa muito diferente é que, de fato, admite-se que a representação do novo conceito de serviço público trilhe por novos caminhos e renuncie a dogmas e critérios rígidos que hoje não combinam bem com um ambiente que luta, e não pouco, contra a noção de monopólio, de fato associado em origem ao conceito de serviço público, até constituir uma nota essencial e inevitável da figura jurídica. No entanto, o serviço público continua sendo o que era. O que aconteceu é que, na realidade, esse serviço nos levou a novos conceitos, hoje de grande utilização, como são os conceitos dos serviços de interesse econômico geral.

Certamente, o serviço universal implica a presença da Administração Pública que, embora não possa ser própria e privativa do regime de serviço público, por sua vez implica, em certa medida, uma certa intervenção pública. Como Rapp apontou, "não se trata de um conceito de serviço público no sentido tradicional do termo". É uma espécie de síntese entre o objetivo de um mercado mais comercial e a preocupação de certa continuidade do serviço, uma espécie de tentativa de conciliar os princípios do serviço público com os da economia de mercado (Rapp). Formulação que parece exata, atinada e atual. Exata porque planteia em seus termos justos a funcionalidade do serviço universal no contexto dos princípios do sistema de serviço público e da economia de mercado. Atinada porque acerta ao contextualizar a questão. Atual porque é um problema, sem dúvida, da nossa época.

O conceito de serviço universal é a expressão no mundo do Direito Administrativo dos postulados do pensamento aberto, dinâmico e complementar. Além disso, demonstra claramente que o relativismo e a instrumentalidade são notas que acompanham o Direito Administrativo em sua longa peregrinação. Por quê? Porque complementa elementos do regime de serviço público – continuidade, regularidade – e do mundo do mercado – não monopólio – em seu exercício de integração que, realmente, se reflete na atualidade das técnicas do Direito Administrativo aplicadas à realidade do momento sem precisar ir a um anseio do passado, querendo ver o que não existe mais, porque não pode existir.

Hoje, goste-se mais ou menos, os monopólios estão se acabando, a reserva exclusiva cai sozinha, o que não significa que o mercado deva ser visto a partir da unilateralidade. Não, o mercado não é e não pode ser a fonte do Direito, esse é o contexto no qual devemos trabalhar e interpretar o Direito Público para que, em nenhum momento, ceda diante do sentido e da missão que possui: garantir o bem-estar de todos.

Hoje, a administração deve cumprir integralmente com sua função garantidora, para que as regras do jogo sejam respeitadas. Isso significa reconhecer o papel central nos serviços regulados ao usuário para quem o acesso, qualidade e acessibilidade devem ser facilitados, sendo essas as três características que definem o serviço universal.

Certamente, sem a história do serviço público hoje, não conseguiríamos encontrar soluções em contextos regulamentados. Regularidade, continuidade... são marcas de serviço público que também são válidas para serviços de interesse geral, como são chamados atualmente de serviços públicos liberalizados.

Assim, a tarefa da Administração Pública é muito importante para preservar o serviço universal. Nem pode abusar de sua posição para submeter o empresário a situações irracionais, nem deve tolerar que o mercado puna os mais fracos. Assim, hoje, mais do que nunca, o Direito Administrativo se apresenta como o Direito do poder para a liberdade.

Para concluir essa epígrafe, uma questão que já foi aventada: podem ser objeto de serviço público prestações estatais dirigidas a satisfazer direitos fundamentais sociais? A questão não é fácil de responder categoricamente, porque cada realidade social é única em si mesma e essas questões devem ser abordadas de acordo com as singularidades de cada país. Em princípio, se a sociedade está articulada e tem vitalidade, normalmente essas prestações poderiam ser canalizadas e resolvidas dentro da própria sociedade. O problema é que hoje vivemos em um contexto em que os Estados assumiram praticamente a maioria das funções sociais e a subsidiariedade é muito limitada, em algumas latitudes até inexistentes. Daí a dificuldade do problema, porque não podemos esquecer que as atividades de serviço público são de titularidade pública. Outra coisa diferente é que essas atividades de prestação não eram serviço público em sentido estrito, mas sim serviços de interesse geral, por exemplo.

O DIREITO À BOA ADMINISTRAÇÃO

A efetividade dos direitos fundamentais sociais depende, uma vez que são essencialmente direitos de prestação, direitos que ordinariamente consistem, verificada a incapacidade da sociedade, de ações positivas do Estado, das quais o conjunto governo-Administração Pública funcione adequadamente. De fato, se a administração da saúde age corretamente, por exemplo, o direito à saúde pode ser adequadamente fornecido. Se a administração educacional cumpre plenamente suas funções, então um bom direito fundamental à administração será garantido. Desse modo, se o aparato público cumpre suas tarefas de acordo com padrões adequados, os níveis essenciais dos direitos fundamentais sociais serão garantidos de maneira que ao menos o direito ao mínimo vital nas dimensões mais relevantes da vida dos seres humanos seja coberto pelos poderes públicos.

Uma boa administração, uma administração que atue equitativamente, objetivamente, dentro de um prazo razoável e melhore as condições de vida dos cidadãos, é uma administração comprometida com a satisfação de todos e cada um dos direitos fundamentais sociais. Inversamente, a má Administração Pública é uma administração que atua subjetivamente, que se atrasa na tomada de decisões e, em lugar de satisfazer as necessidades coletivas de pessoas, transforma-se em instrumento de controle político ou manipulação social, recompensando ou punindo aos cidadãos a partir de critérios extrajudiciais.

Nos dias de hoje, dada a grave situação de crise econômica generalizada pela qual passamos, a maneira de governar, de administrar as instituições públicas, ao menos no mundo ocidental, precisa mudar substancialmente. A ineficiência, a ineficácia e, acima de tudo, o esquecimento sistemático do serviço objetivo do interesse geral – que deve consistir a essência da Administração Pública – aconselham novas mudanças na maneira de entender o sentido que tem o governo e a administração de interesse geral. Especialmente, para que princípios como a proibição de regressão nos direitos fundamentais sociais, a promoção dos direitos fundamentais da pessoa, a juridicidade, a objetividade ou serviço à comunidade presidam as ações dessas instituições públicas, independentemente do matiz político dos governos que as dirigem em cada caso.

A boa Administração Pública é, acima de tudo, um direito dos cidadãos, nada menos do que um direito fundamental e, também, um princípio de ação administrativa e, claro, uma obrigação inerente aos poderes públicos derivada do marco do Estado Social e Democrático de Direito. Os cidadãos têm direito de exigir determinados padrões ou níveis de funcionamento da administração que lhes garantam a realização dos direitos fundamentais sociais. Nesse contexto, a administração é obrigada, em toda democracia, a distinguir-se em seu desempenho cotidiano por seu serviço objetivo do interesse geral.

O princípio e obrigação da boa Administração Pública vinculam a maneira como as instituições públicas devem ser dirigidas em uma democracia avançada. Comandar pelo padrão da boa Administração Pública significa assumir radicalmente que a Administração Pública existe e se justifica na medida em que serve objetivamente ao interesse geral. A partir dessa perspectiva, é entendida em toda seu sentido, como assinalamos ao tratar sobre o interesse geral, a eficácia dos direitos fundamentais sociais é precisamente uma das obrigações mais importantes de uma Administração Pública em tempos de crise, como vivemos.

As instituições públicas na democracia não são de propriedade de seus dirigentes, são do povo, que é o titular da soberania. O responsável deve saber e praticar que tem a obrigação de prestar contas continuamente à cidadania e, ainda que a busca de qualidade no serviço objetivo ao interesse geral deve presidir toda sua atuação. É por isso que uma boa Administração Pública é incompatível com uma forma de governo e administração do público que promova ou estabeleça piores condições de vida para as pessoas em benefício de determinadas minorias.

Hoje é frequente que as novas Constituições nos diferentes países do mundo incorporem o direito à boa Administração Pública como um novo direito fundamental. Por uma razão poderosa: porque a razão de ser do Estado e da administração é a pessoa, a proteção e promoção da dignidade humana e de todos os seus direitos fundamentais. Também, como é lógico e hoje mais peremptório, a proteção e promoção de todos e cada um dos direitos fundamentais sociais, especialmente aqueles que chamamos de mínimos.

No presente, momento de profunda crise em muitos sentidos, a indignação que reina em muitos países também é canalizada para a exigência de uma boa Administração Pública que trabalhe sobre a realidade, a partir da racionalidade e focada no ser humano, que aja com mentalidade aberta, buscando o entendimento demostrando uma profunda sensibilidade social.

Uma boa Administração Pública, sobretudo em tempos de crise, deve estar radicalmente comprometida com a melhoria das condições de vida das pessoas, deve estar orientada a facilitar a liberdade solidária dos cidadãos. Para isso, é necessário que seu trabalho se concentre nos problemas reais da cidadania e procure buscar soluções ouvindo os setores envolvidos. Em termos de direitos fundamentais sociais, uma boa administração é o capital para facilitar os meios em que eles ordinariamente vinculam os poderes públicos nessa matéria os quais já analisamos anteriormente.

A boa Administração Pública tem muito a ver com a preparação adequada das pessoas que dirigem os órgãos públicos. Deve ter uma mente aberta, metodologia de entendimento e sensibilidade social. Eles devem trabalhar sobre a realidade, usando a razão e encarando os problemas coletivos das perspectivas de equilíbrio, para serem capazes de compreender esses problemas e contemplar a pluralidade de abordagens e dimensões que encerram, situando no centro o ser humano e seus direitos invioláveis. Se assim for, é mais simples que as políticas públicas ligadas a tais direitos fundamentais da pessoa sejam sempre orientadas para a melhoria integral e permanente das condições de vida de todos os seres humanos.

A dimensão ética incorpora um componente essencial para uma boa administração: o serviço que objetiva o interesse geral, que deve caracterizar sempre e em todo caso a ação administrativa e a pronta diretiva dos responsáveis pelas políticas públicas vinculadas aos direitos sociais fundamentais.

Uma boa Administração Pública é aquela que cumpre as funções que lhe são próprias na democracia, ou seja, uma Administração Pública, que serve objetivamente à cidadania, que realiza seu trabalho racionalmente, justificando suas ações, que é continuamente orientada para o interesse geral. Um interesse geral que reside, como indicamos anteriormente, no Estado Social e Democrático de Direito, na melhoria permanente e integral das condições de vida das pessoas.

Essas observações ou características a que nos referimos não são novas nem reveladas pela primeira vez. Se enfatizamos a importância de uma boa Administração Pública é por contraste. Porque nesses anos do modelo estático do Estado de bem-estar, a administração nem serviu ao povo nem o fez objetivamente nem, evidentemente, tendeu ao interesse geral. Assim, neste momento de crise, a consideração da função promocional da Administração Pública em relação aos direitos sociais fundamentais convida a repensar todo o sistema administrativo, para que ele recupere sua lógica e sua função instrumental a serviço objetivo de interesse geral.

A imensa tarefa de construir uma boa Administração Pública requer que se aprofunde uma ideia substancial: assegurar e preservar as liberdades solidárias reais da população. Dessa perspectiva, a Administração Pública aparece como um dos elementos–chave para garantir que as aspirações coletivas dos cidadãos possam se tornar realidade. Para que os direitos fundamentais sociais venham a ser realizados por todas as pessoas, cada vez em melhores condições.

Assim, a Administração Pública nunca poderá ser um aparato que feche a criatividade, ou a impeça com qualquer tipo de obstáculo, nem tampouco poderá deixar – especialmente os mais fracos – a critério dos interesses egoístas. A boa Administração Pública se realiza a partir dessa consideração aberta, plural, dinâmica e complementar dos interesses gerais, do bem-estar integral dos cidadãos, ou seja, a serviço dos direitos fundamentais sociais.

De fato, o pensamento compatível torna possível que ao mesmo tempo em que se faz uma política de impulso da sociedade civil não existem portões que limitem uma ação da Administração Pública que garanta a liberdade de usufruir, por exemplo, de uma aposentadoria justa e digna dos mais velhos, que limitam a liberdade de ter um sistema de saúde para todos, que corta a liberdade de todos terem acesso à educação em todos os níveis, ou acesso a um emprego, ou simplesmente desfrutar da paz .

Assim, a Administração Pública deve ser um ambiente de entendimento e um marco de humanização da realidade que fomente a dignidade da pessoa e o exercício de todos os direitos fundamentais da pessoa, incluindo os sociais, removendo os obstáculos que impeçam sua efetiva realização.

A Administração Pública que se ajusta adequadamente às demandas democráticas deve responder a uma variedade de critérios que poderíamos qualificar de internos, por se voltarem a sua própria articulação interior, aos processos de tramitação, a sua transparência, à clareza e simplificação de suas estruturas, à objetividade de sua atuação etc., mas acima de todos os critérios dessa natureza, ou melhor, conferindo sentido a eles, deve prevalecer a finalidade de serviço ao cidadão ao qual venho fazendo alusão.

Nesse sentido, não podemos deixar de enfatizar novamente a centralidade da pessoa para uma boa Administração Pública. Efetivamente, o ser humano, com o acúmulo de circunstâncias que o acompanham em seu entorno social, é o verdadeiro sujeito dos direitos e liberdades. É a esse homem, a essa mulher, com sua determinada idade, grau de cultura e formação, maior ou menor, com sua origem concreta e seus interesses particulares, próprios, legítimos, que a Administração Pública serve, para que cada um possa se desenvolver na liberdade solidária.

Uma Administração Pública fora do princípio da juridicidade, que age sem normas de cobertura, em função dos caprichos e desejos dos seus dirigentes, é uma má Administração Pública. A sujeição da administração à lei e ao Direito é uma das melhores garantias para que os cidadãos saibam que toda a ação do conjunto governo-administração: atos, silêncios, omissões, de fato ou inatividades, tudo pode ser legalmente controlado pelos juízes e tribunais.

Eis a continuação, em termos gerais, algumas das principais características que distinguem, em um Estado Social e Democrático de Direito, uma boa Administração Pública. Todas as características de uma administração que aspira à promoção e proteção dos direitos fundamentais da pessoa, dos individuais e, é claro, dos sociais.

A pessoa no centro, o foco na pessoa é a primeira e principal característica de uma boa Administração Pública. A ponto de que sem isso não se pode sequer falar de uma administração democrática, porque o que caracteriza a administração do Estado de Direito, da democracia, é precisamente o serviço à cidadania, sua tendência a melhorar as condições de vida das pessoas, sua vinculação com a proteção e promoção, portanto, de todos os direitos fundamentais de todas as pessoas.

Em uma democracia avançada, as pessoas já não são mais sujeitos inertes que recebem passivamente bens e serviços dos poderes públicos. Agora, a cláusula do Estado Social e Democrático de Direito traz consigo uma nova funcionalidade para os cidadãos, tornando-os sujeitos ativos, protagonistas na determinação do interesse geral e na avaliação das políticas públicas, ou seja, pelo fato de serem pessoas dispõem de um direito fundamental aos assuntos da comunidade, os assuntos que dizem respeito ao interesse geral e devem ser gerenciados e administrados com a melhor técnica possível, ou seja, melhorar as condições vitais das pessoas, para que cada ser humano possa se desenvolver em liberdade solidária. Para que todos os cidadãos desfrutem de padrões crescentes de qualidade no exercício de todos os direitos fundamentais.

A boa Administração Pública aspira a colocar no centro do sistema a pessoa e seus direitos fundamentais. Desse ponto de vista, é mais simples e mais fácil chegar a acordos uns com os outros, porque se trata de uma ação pública de compromisso real para melhorar as condições vitais dos cidadãos.

Com efeito, quando as pessoas são a referência do sistema político, econômico e social, emerge um novo marco em que a mentalidade dialogante, a atenção ao contexto, o pensamento reflexivo, a busca contínua de pontos de confluência, a capacidade de conciliar e de sintetizar substituem as bipolarizações dogmáticas e simplificadoras e dão forma a um estilo que, como é facilmente apreciado, procura, acima de tudo, melhorar as condições de vida dos cidadãos. Nesse registro, a efetividade dos direitos fundamentais sociais é uma característica da ação de uma boa Administração Pública.

O método de entendimento supõe que o confronto não é o substantivo do procedimento democrático. Esse lugar cabe ao diálogo. O confronto é um momento de diálogo, como o consenso, a transição, o acordo, a negociação, o pacto ou a refutação. Todas são passagens, circunstâncias de um fluido que tem como meta de seu discurso o bem social, que é o bem das pessoas, dos indivíduos de carne e osso e, portanto, a satisfação de todos os seus direitos fundamentais em um clima de promoção da liberdade de solidariedade dos cidadãos. Se a administração do setor público, a boa administração, percorre esses caminhos, as possibilidades de compreensão de uns com outros são grandes e, por isso, a satisfação dos direitos fundamentais sociais uma prioridade, além de bandeiras políticas.

A boa Administração Pública se faz entender, precisa afirmar, explicar, esclarecer, raciocinar. Por uma razão elementar: porque o dono e senhor da Administração Pública é o povo, e para ele os líderes devem prestar contas, permanentemente, das decisões que adotam. Por isso, a progressividade dos direitos fundamentais sociais deve ser una.

No Estado de Direito é fundamental que os administradores da coisa pública se acostumem à prestação de contas de suas decisões e, acima de tudo, a que o poder seja exercido a partir da explicação, da razão, da luz, da transparência, da motivação inerente à posição que se tem a partir do alto.

A boa Administração Pública implica colocar no centro de trabalho público as necessidades de ordem social dos cidadãos, a criação de condições para o desenvolvimento livre e solidário de todos os cidadãos, mas não de qualquer modo e, sim, contando com as pessoas, com os destinatários do trabalho público que realizam as administrações públicas.

De fato, a boa administração implica a necessidade de ter a presença e participação real da cidadania, de toda a cidadania, evitando que as fórmulas fechadas que procedem das ideologias desse nome expulsem de sua consideração determinados setores sociais.

Nas recentes formulações sobre a boa Administração Pública, a dimensão ética está sempre presente, provavelmente porque se percebeu que uma boa Administração Pública deveria estar orientada ao bem-estar integral dos cidadãos e, portanto, deveria facilitar àqueles que são seus destinatários a melhoria de suas condições vitais, as condições para que possam livre e solidariamente desenvolver sua personalidade.

A importância da ética em relação à nobre atividade pública continua sendo atualmente um dos aspectos mais complexos de se afrontar, provavelmente porque o poder e o dinheiro ainda são grandes ídolos, adorados com intensa devoção. O poder pelo poder, seja financeiro ou político, explica amplamente o sentido da crise em que nos encontramos e as dificuldades que existem, para que nas políticas públicas se estabeleça a necessidade de facilitar a todos os cidadãos o gozo de direitos fundamentais sociais.

De fato, a relação entre ética e Administração Pública em sentido amplo constitui um problema intelectual de primeira ordem, de grande importância. Desde os primórdios do pensamento filosófico e ao longo de toda a história ele tem sido abordado por grandes escritores, das mais diversas perspectivas e com conclusões muito díspares. Por mais que alguém tenha tentado traduzir algumas delas em formulações políticas concretas, a experiência histórica demonstrou amplamente que nenhuma pode ser tomada como solução definitiva para uma questão tão difícil.

O centro da Administração Pública é a pessoa, o cidadão. A pessoa, o ser humano não pode ser entendido como um sujeito passivo, indefeso, puro receptor, destinatário inerte de decisões públicas. De fato, definir a pessoa como o centro da ação pública significa não apenas, ou principalmente, qualificá-la como um centro de atenção, mas, sobretudo, considerá-la protagonista por excelência da Administração Pública. Aqui se encontra uma das expressões mais acabadas do que entendo por boa Administração Pública no registro democrático.

Afirmar que a liberdade dos cidadãos é o primeiro objetivo da ação pública significa, então, em primeiro lugar, aperfeiçoar, melhorar os mecanismos constitucionais, políticos e jurídicos que definem o Estado de Direito como um marco de liberdades solidárias. Significa também criar as condições para que cada homem e mulher encontre em torno deles o campo efetivo, o campo no qual desenvolver sua escolha pessoal possa permitir realizar criativamente sua contribuição para o desenvolvimento da sociedade na qual estão integrados. Para isso, é essencial que cada pessoa desfrute dos direitos fundamentais, tanto de ordem individual como de ordem coletiva.

Estabelecidas essas condições, o exercício real da liberdade depende imediata e unicamente dos próprios cidadãos, de cada cidadão. A boa Administração Pública deve olhar precisamente para a geração desse ambiente em que cada cidadão pode exercer sua liberdade de forma solidária. Para isso, os administradores de assuntos públicos devem sempre ter consciência de que a ação pública deve priorizar o bem-estar integral de todos os cidadãos, um bem-estar impossível se os direitos sociais fundamentais não forem garantidos.

A boa Administração Pública não pode ser reduzida, então, à simples articulação de procedimentos, sendo esse um dos seus aspectos mais fundamentais. A administração boa Administração Pública deve partir da afirmação radical da preeminência da pessoa e dos seus direitos fundamentais, à qual os poderes públicos, sem qualquer tentação de despotismo ou autoritarismo, devem se subordinar.

Uma das características que melhor define a boa Administração Pública é a sensibilidade social. De fato, a sensibilidade social, atitude solidária, deriva do princípio da centralidade da pessoa na ação da Administração Pública. Perspectiva que permite dirigir a proa da nave do aparato administrativo à procura de soluções reais para questões coletivas e orientar decisões nos âmbitos da cooperação, da convivência, da integração e da confluência de interesses. Nesse contexto, a pessoa e sua dignidade são a chave e a força que leva à grande tarefa de humanizar a partir da administração.

A sensibilidade social supõe, insistimos, colocar as pessoas no centro da ação administrativa. Quando isso acontece, a ação pública é direcionada de maneira comprometida a prestar serviços reais ao povo, a atender aos interesses reais das pessoas, a ouvir de verdade os cidadãos e, para o que é agora, interessa garantir o exercício dos direitos fundamentais sociais.

Todavia, essas prestações, esses serviços não são um fim, mas um meio para atingir maiores cotas de bem-estar geral e integral para o povo, para garantir o pleno gozo dos direitos sociais fundamentais. São um meio para melhorar as condições do exercício da liberdade solidária das pessoas, não um sistema de captação de vontades.

Enfim, as prestações sociais, as atenções de saúde, as políticas educacionais, as atuações de promoção do emprego são bens de caráter básicos que uma boa Administração Pública deve colocar entre suas prioridades, de maneira que a garantia desses bens se torne em condição para que a sociedade libere energias que permitam seu desenvolvimento e a conquista de novos espaços de liberdade e participação cidadã.

O Direito Administrativo do Estado Social e Democrático de Direito é um Direito do poder público para a liberdade solidária das pessoas, um ordenamento jurídico no qual as categorias e instituições devem ser, como bem sabemos, orientadas e abertas ao serviço objetivo do interesse geral. Para trás ficaram, felizmente, considerações e exposições baseadas na ideia de autoridade ou poder como esquemas unilaterais a partir dos quais se reivindica o sentido e a funcionalidade do Direito Administrativo.

Nesse momento em que vivemos, toda construção ideológica baseada em privilégio ou prerrogativa está sendo superada por uma concepção mais aberta e dinâmica, mais humana também, a partir da qual o Direito Administrativo adquire um compromisso especial com a melhora das condições de vida da população a partir das diferentes técnicas e instituições que compõem esse ramo do Direito Público. Nessa orientação, requer especial destaque o compromisso do Direito Administrativo em favor dos direitos sociais fundamentais dos cidadãos.

O lugar que antes ocupava o conceito de poder ou privilégio ou prerrogativa ocupa agora legitimamente a pessoa, o ser humano, que assume um papel central em todas as ciências sociais, também obviamente no Direito Administrativo.

De fato, a consideração central do cidadão nas modernas construções do Direito Administrativo e da Administração Pública fornece o argumento medular para entender em seu pleno sentido esse novo direito fundamental à boa Administração Pública estabelecido no artigo 41 da Carta Europeia dos Direitos Fundamentais.

A pessoa, o cidadão, o administrado ou particular, de acordo com a terminologia jurídico-administrativa a utilizar, deixou de ser um sujeito inerte e indefeso, diante de um poder que tenta controlá-lo, prescrevendo-lhe o que é bom ou mau, ao que foi submetido, e graças aos seus privilégios e prerrogativas, uma espécie de intimidação e temor que terminou por deixá-lo de joelhos diante da todo-poderosa máquina de dominação em que o Estado se constituiu tantas vezes.

A perspectiva aberta e dinâmica do poder, ordenado à realização da justiça, para dar a cada um o que lhe cabe, o que merece, ajuda enormemente a entender que o principal atributo da Administração Pública seja, de fato, um elemento essencial no sentido de que a direção dos assuntos públicos volte-se preferencialmente à melhoria permanente e integral das condições de vida do povo como um todo, entendida como a generalidade dos cidadãos.

Tratar sobre a boa Administração Pública constitui uma tarefa que há de estar presidida por valores cívicos e correspondentes qualidades democráticas, que são exigidas daqueles que exercem o poder na Administração Pública a partir da noção constitucional de serviço objetivo que visa ao interesse geral. Poder que deve ser moderado, equilibrado, mensurado, realista, eficaz, eficiente, socialmente sensível, justificado, cooperativo e atento à opinião pública.

Existem administrações públicas porque, previamente, existem interesses comuns, gerais, que devem ser atendidos convenientemente. Existem assuntos de interesse geral, como a saúde ou a educação, porque as pessoas, individual ou coletivamente, precisam delas. Assim, é pela pessoa e suas necessidades coletivas que se justifica a existência de instituições supraindividuais ordenadas e dirigidas para a melhor satisfação dos interesses comunitários de forma e maneira que sua gestão e direção se realizem a serviço do bem-estar geral, integral, de todos, não somente de um lado, por mais importante e relevante que seja.

A boa Administração Pública parte do direito cidadão, fundamental para mais sinais, a que seus assuntos comuns e coletivos estejam dispostos, de forma e maneira que através dela se melhorem as condições de vida das pessoas. As administrações públicas, dessa perspectiva, devem ser conduzidas e dirigidas por uma série de chamados de boa administração. Critérios esses, como facilmente pode ser inferido, destinados a facilitar o pleno gozo dos direitos fundamentais, individuais e sociais para todos e cada um dos cidadãos.

A boa Administração Pública é um direito cidadão de natureza fundamental através do qual se pode facilitar o seu exercício, direitos esses diretamente vinculados à existência de prestações concretas a serem realizadas pelos poderes públicos. Por que é proclamado como um direito fundamental pela União Europeia e na Carta Ibero-americana dos Direitos e Deveres do Cidadão em relação à Administração Pública? Por uma razão que repousa sobre as mais altas argumentações do pensamento político e a que nos referimos constantemente: na democracia, as instituições políticas não são propriedade de políticos ou dos altos funcionários, mas são do domínio popular, dos cidadãos, das pessoas de carne e osso que, dia a dia, com seu esforço por incorporar valores cívicos e qualidades democráticas, dão boa conta da coragem democrática no cotidiano.

Assim, se as instituições públicas são de soberania popular, de onde procedem todos os poderes do Estado, é claro que elas devem estar ordenadas a serviço objetivo do interesse geral e, de maneira muito especial, à promoção e desenvolvimento, nas melhores condições, dos direitos fundamentais sociais.

Do ponto de vista normativo, é necessário reconhecer que a existência positiva desse direito fundamental à boa administração se inicia com a Recomendação nº R (80) 2, adotada pelo Comité de Ministros do Conselho da Europa em 11 de março de 1980, relativa ao exercício de poderes discricionários pelas autoridades administrativas, bem como pela jurisprudência do Tribunal de Justiça das Comunidades Europeias e do Tribunal de Primeira Instância.

Entre o Conselho da Europa e a Jurisprudência Comunitária, desde 1980 foi se construindo, aos poucos, o direito à boa Administração Pública, direito que a Carta Europeia dos Direitos Fundamentais, de dezembro de 2000, incluiria no artigo 41. Posteriormente, a nova Carta Europeia dos Direitos Fundamentais, de 12 de dezembro de 2007, que substitui a anterior, inclui nos mesmos termos o direito fundamental à boa Administração Pública.

Antes do comentário desse preceito, julgamos pertinente apontar dois elementos: a discricionariedade e a jurisprudência. Com efeito, a discricionariedade é o Cavalo de Troia do Direito Público, pela simples razão de que seu uso objetivo nos situa dentro do Estado de Direito e seu exercício abusivo nos leva ao mundo da arbitrariedade e do autoritarismo. Em relação aos direitos fundamentais sociais, a opção por sua efetiva realização elimina qualquer espaço de discricionariedade no funcionamento das prestações que o Estado deve facilitar para a efetividade desses direitos.

O exercício da discricionariedade administrativa em harmonia com os princípios do Direito é muito importante. Tanto quanto um exercício desmesurado, independentemente da motivação a que é inerente, torna-se abuso de poder, arbitrariedade. E, arbitrariedade é a ausência do direito, a anulação dos direitos dos cidadãos em relação à administração.

No que diz respeito à jurisprudência, deve-se ter em mente que normalmente os conceitos de elaboração jurisprudencial são conceitos construídos a partir da realidade, algo que é em si relevante e que permite construir um novo direito fundamental com a garantia do apoio da ciência que estuda a solução justa às controvérsias jurídicas.

O artigo 41 da Carta Europeia constitui um conjunto de diferentes direitos dos cidadãos que, ao longo do tempo e ao longo das diferentes ordenações, caracterizaram a posição central que hoje tem a cidadania em tudo o relacionado com ao Direito Administrativo.

Pois bem, esse preceito dispõe:

1. Toda pessoa tem o direito a que as instituições e órgãos da União tratem os seus assuntos imparcial e equitativamente, dentro de um prazo razoável.

2. Esse direito inclui, em particular:
   - O direito de qualquer pessoa a ser ouvida antes de a seu respeito ser tomada qualquer medida individual que a afete desfavoravelmente;
   - O direito de qualquer pessoa a ter acesso aos processos que se lhe refiram, no respeito dos legítimos interesses da confidencialidade e do segredo profissional e comercial;
   - A obrigação, por parte da administração, de fundamentar suas decisões.

3. Todas as pessoas têm direito à reparação, por parte da Comunidade, dos danos causados pelas suas Instituições ou pelos seus agentes no exercício das respectivas funções, de acordo com os princípios gerais comuns aos Direitos dos Estados membros.

4. Toda pessoa tem a possibilidade de se dirigir às Instituições da União em uma das línguas oficiais dos Tratados e devendo obter uma resposta na mesma língua.

Os cidadãos europeus têm o direito fundamental a que os assuntos públicos da União Europeia sejam tratados imparcialmente, equitativamente e em prazo razoável, ou seja, as instituições comunitárias devem resolver objetivamente os assuntos públicos, procurar ser justas e equitativas e, por fim, tomar suas decisões em prazo razoável.

Em outras palavras, a subjetividade não se encaixa, não é possível a desigualdade e não se pode cair em dilação indevida para resolver. Em nossa opinião, a referência à equidade como uma característica das decisões administrativas da comunidade não deve ser menosprezada, porque não é frequente encontrar essa construção no Direito Administrativo dos Estados membros e porque, de fato, a Justiça constitui, no momento do exercício do poder público, qualquer que seja a instituição pública em que nos encontramos, a principal garantia de acerto.

Essa caracterização explica por si mesma a grande importância que tem para a efetividade dos direitos sociais o direito fundamental à boa administração. De fato, na medida em que os direitos fundamentais sociais dependem de que a administração cumpra suas obrigações de dar ou atuar nesse campo, de acordo com esses parâmetros, a efetividade desses direitos será de maior ou menor intensidade, ou seja, o direito fundamental à boa administração é um direito medial, veicular, o direito pelo qual poderão ser adequadas e devidamente garantidas as prestações em que ordinariamente se concretizam todos e cada um dos direitos fundamentais sociais.

A referência à razoabilidade do prazo para resolver incorpora um elemento essencial: o tempo. Se uma resolução é imparcial, mas é ditada com muito atraso, é possível que não faça sentido, que não sirva para nada. O poder se move nas coordenadas do espaço e do tempo e esse é um elemento essencial que no Direito comunitário destaca-se suficientemente.

A razoabilidade refere-se ao prazo de tempo em que a resolução pode ser eficaz, de modo a não dilapidar o legítimo direito do cidadão a que sua petição, por exemplo, seja contestada em um prazo em que já não serve de nada. A razoabilidade do prazo em termos de direitos sociais fundamentais é óbvia, porque muitas vezes nos deparamos com situações de urgência em que a prestação em prazo razoável é fundamental para o gozo desses direitos.

O direito a uma boa Administração Pública é um direito fundamental de todos os cidadãos comunitários a que as resoluções ditadas pelas instituições europeias sejam imparciais, equitativas e razoáveis quanto ao fundo e ao momento em que ocorrem. O citado direito, de acordo com o artigo 41, incorpora, por sua vez, quatro direitos.

O primeiro refere-se ao direito que todo cidadão da Comunidade tem de ser ouvido antes de que se tome contra ele uma medida individual que o afete desfavoravelmente. Trata-se de um direito que é reconhecido na maioria das legislações administrativas dos Estados membros, como resultado da natureza contraditória que têm os procedimentos administrativos em geral e, especialmente os procedimentos administrativos sancionadores ou aqueles de limitação de direitos. É, portanto, um componente do direito à boa Administração Pública que o direito comunitário toma do Direito Administrativo Interno.

O segundo direito decorrente desse direito fundamental à boa Administração Pública refere-se, de acordo com o parágrafo 2º do mencionado artigo 41 da Carta dos Direitos Fundamentais da União Europeia, ao direito de que toda pessoa tenha acesso ao expediente que o afete, dentro do respeito dos interesses legítimos da confidencialidade e segredo profissional e comercial. Nos encontramos, novamente, com outro direito dos cidadãos em procedimentos administrativos gerais.

Claro, existem limites derivados do direito à intimidade de outras pessoas, bem como o segredo profissional e comercial. Em outras palavras, um arquivo contendo estratégias empresariais não pode ser consultado pela concorrência no exercício do direito a consultar um processo de contratação que os afete em determinado concurso.

O terceiro direito que inclui o direito fundamental a uma boa administração é o mais importante: o direito dos cidadãos a que as decisões administrativas da União Europeia sejam motivadas. Chama a atenção que esse direito se refira a todas as resoluções europeias sem exceção. Penso ser um grande acerto a letra e o espírito desse preceito, um grande sucesso. Especialmente porque uma das condições do exercício do poder nas democracias é que elas sejam argumentadas, raciocinadas, motivadas.

O poder público baseado na razão ética é legítimo. Aquele que não é justificado é simplesmente arbitrário. É por isso que todas as manifestações de poder deveriam, como regra, ser motivadas. Sua intensidade dependerá, naturalmente, da natureza dos atos de poder. Se eles são regulamentados, a motivação será menor, mas se forem discricionários, a exigência de motivação será maior. A motivação das resoluções públicas é tão importante que se pode afirmar que a temperatura democrática de uma administração é proporcional à intensidade da motivação dos atos e normas administrativas.

Em uma sentença recente, de 15 de outubro de 2010, o Supremo Tribunal do Reino da Espanha especifica o escopo da motivação que exige nossa Constituição, declarando que tal operação jurídica "se traduz na exigência de que atos administrativos contenham uma referência específica e concreta dos fatos e fundamentos de direito, – o que, para o órgão administrativo que dita a resolução tem sido relevante –, que permita reconhecer ao administrado a razão fática e jurídica da decisão administrativa, possibilitando o controle judicial pelos tribunais do contencioso administrativo".

Além disso, tal obrigação da administração "se integra no direito dos cidadãos a uma boa administração, que é consubstancial às tradições constitucionais comuns dos Estados membros da União Europeia, que alcançou aprovação normativa como direito fundamental no artigo 41 da Carta dos Direitos Fundamentais da União Europeia, proclamada pelo Conselho de Nice de 8-10 de dezembro de 2000, afirmando que esse direito inclui, em particular, a obrigação que incumbe à administração motivar as suas decisões".

No terceiro item do preceito, é reconhecido o direito à reparação dos danos causados pela atuação ou omissão das instituições comunitárias, em conformidade com os princípios gerais comuns aos direitos dos Estados membros. A obrigação de compensar nos pressupostos de responsabilidade contratual e extracontratual da administração está, portanto, incluída na Carta. Logicamente, o correlato é o direito à reparação consequente quando as instituições comunitárias incorram em responsabilidade. A peculiaridade do reconhecimento desse direito, também fundamental, derivado do fundamental à boa administração é que, pelo que se vislumbra, o regime de funcionalidade desse direito será estabelecido a partir os princípios gerais da responsabilidade administrativa em Direito comunitário.

A questão do direito à indenização quando o Estado, em consequência do funcionamento dos seus serviços, tenha causado danos aos cidadãos é um tema polêmico. De fato, uma administração que deve compensar com quantias milionárias é a má administração, por causar frequentemente danos aos cidadãos, não importa o quanto o direito a uma compensação justa seja reconhecido. É melhor administração aquela que menos indeniza, porque causa menos danos aos cidadãos, como consequência do funcionamento dos serviços públicos em geral.

A responsabilidade patrimonial do Estado é crucial, em termos de direitos fundamentais sociais. Por uma razão muito simples. Por esses direitos consistirem ordinariamente em prestações de cargo das administrações públicas, se tais prestações não forem adequadamente realizadas e causarem danos aos cidadãos, então a indenização correspondente será procedente. Indenização que obviamente será proporcional ao alívio das lesões produzidas no exercício dos direitos fundamentais sociais.

O quarto item do artigo 41 da Carta dos Direitos Fundamentais da União Europeia prevê que qualquer pessoa possa dirigir--se às instituições da União em uma das línguas dos tratados, devendo obter resposta nessa mesma língua.

A seu turno, por força de sentença a jurisprudência foi delineando e configurando com maior nitidez o conteúdo desse direito fundamental à boa administração, atendendo às interpretações mais favoráveis para os cidadãos europeus a partir da ideia de excelente gestão e Administração Pública em benefício de toda a população da União Europeia. Uma excelente gestão pública é aquela que facilita diligentemente as prestações que caminham de mãos dadas com o desfrute de todos e cada um dos direitos fundamentais sociais.

O artigo 41 da Carta Europeia dos Direitos Fundamentais, de dezembro de 2007, é certamente a referência normativa mais importante que existe no seio da UE, nessa matéria. A tal ponto que o Código de Boa Conduta Administrativa da União Europeia, dirigido às instituições e órgãos da União Europeia, aprovado por resolução do Parlamento Europeu de 6 de setembro de 2001, é um instrumento de concretização justamente do direito fundamental à boa administração.

Em 10 de outubro de 2013, o Clad (Centro Latino-americano de Administração para o Desenvolvimento), fiel à sua tradição, aprovou a chamada Carta Ibero–americana dos Direitos e Deveres do Cidadão, concernente à Administração Pública (CIDYDCAP).

Com efeito, essa Carta, como o leitor poderá observar a partir de sua leitura, reconhece o direito fundamental à boa Administração Pública. Nesse sentido, vai além das disposições da ordem jurídica europeia, porque o conteúdo desse documento do Clad transcende e excede o regulamento europeu estabelecido no artigo 41 da Carta dos Direitos Fundamentais da Pessoa da União Europeia.

No preâmbulo, a Carta (CIDYDCAP) afirma que "O Estado Social e Democrático de Direito outorga uma posição jurídica à pessoa, um *status* de cidadão em suas relações com a Administração Pública. Com efeito, os cidadãos não são mais sujeitos inertes, meros receptores de bens e serviços públicos; são protagonistas principais de questões de interesse geral e dispõem de uma série de direitos, sendo o fundamental o direito a uma boa Administração Pública, a uma Administração Pública que promova a dignidade humana e o respeito pela pluralidade cultural. Com efeito, a Administração Pública, em suas diferentes dimensões territoriais e funcionais, está a serviço da pessoa, atendendo às necessidades públicas de maneira contínua e permanente com qualidade e cordialidade."

Esse parágrafo primeiro do preâmbulo reconhece, como não poderia deixar de ser, a centralidade do cidadão no modelo do Estado Social e Democrático de Direito. Se o Estado é a comunidade política juridicamente articulada sobre um território para garantir e promover o livre desenvolvimento da pessoa, é lógico e, ainda mais, uma exigência, a existência de um autêntico direito fundamental de um verdadeiro direito humano à boa Administração Pública.

Por outro lado, se reconhecemos, como admite implicitamente a Carta (CIDYDCAP), que os poderes do Estado são de titularidade e propriedade cidadã, é lógico que aqueles que os exercem temporariamente por mandato do povo, a ele devam permanentemente prestar conta da tarefa recebida. De onde, como assinala o parágrafo segundo da Carta, que "Os poderes do Estado derivam do consentimento dos cidadãos, devendo-se procurar um equilíbrio entre esses poderes como entre direitos e deveres das pessoas. Em sua representação, legisladores, executivos e juízes exercem o poder que lhes corresponde. Como administradores e gestores desses poderes do Estado, devem prestar contas permanentes de seu exercício a todos os cidadãos, por meio dos diferentes mecanismos estabelecidos pelos sistemas jurídicos nacionais."

A aspiração a uma Administração Pública que contribua para um melhor serviço objetivo para o interesse geral não é algo próprio dessa época. É uma exigência da existência mesma da Administração Pública, e desde sempre, de uma forma ou de outra, se tem tratado de colocar à disposição dos habitantes de um distrito ou região administrativa comprometida com o desenvolvimento livre e solidário das pessoas.

Nesse sentido, o preâmbulo da Carta (CIDYDCAP) continua indicando que "no marco do complexo governo-Administração Pública, núcleo no que se realiza a definição e aplicação das políticas públicas próprias do poder Executivo, tem ganhado especial relevância nos últimos tempos a obrigação das instâncias públicas de proceder a uma boa Administração Pública, aquela que direcionada à melhoria integral das condições de vida das pessoas. A boa Administração Pública é, portanto, uma obrigação inerente aos poderes públicos e, em virtude dela, o trabalho público deve promover os direitos fundamentais das pessoas, fomentando a dignidade humana de maneira que as atuações administrativas harmonizem os critérios de objetividade, imparcialidade, justiça e equidade e sejam prestadas dentro de um prazo razoável".

Eis aqui uma caracterização da boa Administração Pública como uma obrigação dos poderes públicos, uma caracterização ampla e completa do que a estabelecida no artigo 41 da Carta dos Direitos Fundamentais da Pessoa da União Europeia de 8 de dezembro de 2000. Uma comparação simples das duas versões mostra que na Carta Ibero-americana figura a observação acerca da objetividade e da justiça, algo que não acontece na Norma Europeia, que se concentra na imparcialidade, equidade e prazo razoável.

A própria Carta (CIDYDCAP) sublinha o caráter capital do ser humano como centro e raiz do Estado e, portanto, da Administração Pública: "A partir da centralidade do ser humano, início e fim do Estado, o interesse geral deve ser administrado de tal forma que em seu exercício as diferentes administrações públicas tornem possível o desenvolvimento livre e solidário de cada pessoa na sociedade. Isto é, concerne à condição da pessoa, pois é inerente ao ser humano, que o governo e a administração do interesse geral se realizem de um modo que exceda a dignidade e todos os direitos fundamentais do cidadão".

Nesse parágrafo se justifica solidamente o caráter de direito humano do direito à boa Administração Pública, um direito do qual fazem parte um conjunto de direitos derivados ou direitos integrantes que, como o direito fundamental, devem gozar da maior proteção jurisdicional.

A boa Administração Pública pode ser concebida como uma obrigação dos poderes públicos, como um direito humano e também, é claro, como um princípio geral do Direito Público e da Ciência Administração Pública. Extremo que explica também claramente o preâmbulo da Carta (CIDYDCAP): "A boa Administração Pública adquire uma função tripla: em primeiro lugar, é um princípio geral aplicável à Administração Pública e ao Direito Administrativo. Em segundo lugar, é uma obrigação de toda Administração Pública, que deriva da definição do Estado Social e Democrático de Direito, especialmente da denominada tarefa promocional dos poderes públicos, na qual consiste essencialmente a denominada cláusula do Estado Social: criar as condições para que a liberdade e a igualdade da pessoa e dos grupos em que está integrada sejam reais e efetivas, eliminando os obstáculos que impedem seu cumprimento e facilitando a participação social. Em terceiro lugar, a partir da perspectiva da pessoa, trata-se de um genuíno e autêntico direito fundamental a uma boa Administração Pública, do qual são derivados, como reconhece a presente Carta uma série de direitos concretos, direitos componentes que definem o estatuto do cidadão em sua relação com as administrações públicas e que têm o objetivo de enfatizar a dignidade humana."

De fato, a caracterização da boa administração, seja qual for sua funcionalidade concreta, responde, isso sabemos muito bem, nós que conhecemos a Constituição do Reino da Espanha, à principal tarefa da Administração Pública: o serviço objetivo ao interesse geral: "A boa Administração Pública, seja como princípio, como obrigação ou como direito fundamental, certamente não é uma novidade de nossa época. A Administração Pública sempre tem estado, está e continuará sendo presidida pelo nobre e superior princípio de servir com objetividade ao interesse geral. Agora, com mais recursos materiais e mais pessoal preparado, tal exigência no funcionamento e estrutura da Administração Pública implica que o conjunto de direitos e deveres que definem a posição jurídica do cidadão seja mais claramente reconhecido na ordem jurídica e, portanto, seja melhor conhecido por todos os cidadãos." (Preâmbulo CIDYDCAP).

No Estado Democrático, os interesses gerais, como se sabe, já não são objeto de definição patrimonial ou monopolista por parte do Estado ou da Administração Pública. Pelo contrário, tal definição ocorre no marco de um processo dinâmico de diálogo e interação entre poderes públicos e agentes cidadãos. Assim, evita-se a versão unilateral, com forte teor Iluminista, a partir da qual o funcionário público, que tantas vezes se considera dono dos procedimentos e das instituições, acaba por pensar e atuar, consequentemente, como soberano de interesse geral.

Por isso, a Carta (CIDYDCAP) também afirma em seu preâmbulo que "A Administração Pública deve estar a serviço objetivo dos interesses gerais. Interesses que no Estado Social e Democrático de Direito não são mais definidos unilateralmente pelas administrações públicas. Ao contrário, os poderes públicos devem ir ao encontro dos cidadãos para que, de forma integrada e harmoniosa, se realize a grande tarefa constitucional da construção democrática, profundamente humana, solidária e participativa das políticas públicas. Uma função que nesse momento deve ser projetada a partir das coordenadas da participação social, como se destaca na Carta Ibero-americana de participação cidadã em relação à Administração Pública, adotada no Estoril em 1º de dezembro de 2009 pela 19ª Cúpula Ibero-americana de Chefes de Estado e de Governo, por iniciativa do Centro Latino-americano de Administração do Desenvolvimento".

O direito fundamental à boa Administração Pública e seus direitos componentes, junto aos deveres dos próprios cidadãos, deve ser objeto de autoconhecimento por parte dos habitantes, visto que, na medida em que as pessoas sejam realmente conscientes de sua posição medular no sistema político e administrativo, é possível, então, que estejamos no momento da verdadeira reforma administrativa, e, sem a participação cidadã, nada mais é do que uma precipitação de diversas dimensões tecnocráticas, por mais plurais e multidimensionais que sejam.

Dessa forma, a Carta (CIDYDCAP) afirma claramente no preâmbulo que: "Na medida em que a cidadania valoriza sua condição central no sistema público, será mais fácil exigir um funcionamento de qualidade das administrações públicas. Se o cidadão reclama ordinariamente e de forma extraordinária sempre que necessário os direitos decorrentes do fundamental a uma boa Administração Pública, o hábito de prestação de contas e da motivação de todas as decisões dos poderes do Estado será uma realidade".

De fato, a prestação de contas como exigência cidadã é certamente diferente da prestação de contas como uma expressão do trabalho das entidades públicas. Além disso, uma administração que assume costumeiramente a motivação de suas decisões, que não reluta contra a transparência e procura sempre em tudo atender de modo objetivo às necessidades coletivas dos habitantes, é uma administração profundamente democrática, que se legítima em função da qualidade da justificativa de sua atuação.

Em suma, como afirma acertadamente a Carta (CIDYDCAP), "O estatuto do cidadão em relação à Administração Pública integra o direito fundamental a uma boa administração e seus direitos de componentes, bem como os deveres que definem a posição jurídica do cidadão. Direitos e deveres são expressões da natureza dinâmica e ativa que hoje o Estado Social e Democrático de Direito exige dos cidadãos em suas relações com as administrações públicas."

De fato, o reconhecimento do direito fundamental a uma boa Administração Pública, bem como seus direitos integrantes, ficaria incompleto se não se fizesse referência aos deveres e obrigações que eles gravam sobre os próprios cidadãos. Como assinala o preâmbulo da Carta (CIDYDCAP), "Todas as Constituições ibero–americanas fazem referência, de uma perspectiva geral, aos deveres dos cidadãos de cumprir as leis, promover o bem comum e colaborar com os poderes públicos em matéria da consecução do interesse geral. Nas principais leis administrativas da região encontramos referências expressas a referidos deveres aplicados à relação com a Administração Pública no marco do procedimento administrativo".

Na Carta (CIDYDCAP), antes da caracterização do direito fundamental à boa Administração Pública e dos seus direitos componentes, faz-se referência aos princípios por uma razão elementar. O direito humano à boa administração eleva-se sobre o solar dos princípios básicos do Direito Administrativo e da administração, e os direitos componentes, como se deduz facilmente, são em grande parte dispersos pelas diferentes leis administrativas da região.

Esse também é o entendimento da Carta (CIDYDCAP) quando, no final do preâmbulo, afirma: "No que diz respeito aos princípios em que assenta o direito fundamental da pessoa a uma boa Administração Pública, máxima expressão da função de dignificação humana própria dos poderes públicos, é necessário ter presente que todas as leis administrativas que foram promulgadas na Ibero-américa dispõem de relevantes elencos e repertórios. Da mesma forma, muitos dos chamados direitos componentes do direito fundamental a uma boa Administração Pública estão listados nas principais normas que regem o regime jurídico da Administração Pública e os procedimentos administrativos em os diferentes países ibero-americanos."

A Carta (CIDYDCAP) não é uma norma jurídica de cumprimento obrigatório, tal e como expressa o último parágrafo do preâmbulo: "A presente Carta constitui um marco de referência que torna possível, na medida em que não contradiga ao disposto nas legislações de cada um dos países da região, uma ordenação dos direitos e deveres do cidadão em relação à Administração Pública, que pode ser adaptada às particularidades das normas relativas à Administração Pública e à idiossincrasia de cada um dos países ibero-americanos."

"A Carta dos Direitos e Deveres do Cidadão, em relação à Administração Pública, tem como finalidade o reconhecimento do direito fundamental da pessoa à boa Administração Pública e seus direitos e deveres como componentes. Assim, os cidadãos ibero-americanos poderão assumir uma maior consciência de sua posição central no sistema administrativo e, dessa forma, poder exigir das autoridades, funcionários, agentes, servidores e outros a serviço da Administração Pública, ações sempre caracterizadas pelo serviço objetivo ao interesse geral e consequente promoção da dignidade humana."

No ponto 1 da Carta (CIDYDCAP), transcrito no início deste parágrafo, se expõe com clareza meridiana seu objetivo, que não é outro senão conferir ao direito humano, com todas as suas consequências, o estatuto de direito fundamental da pessoa para uma boa Administração Pública. Um direito humano que obrigará a que todas as atuações administrativas, qualquer que seja sua natureza, se caracterize pelo serviço objetivo ao interesse geral e consequente promoção da dignidade humana. Além disso, uma ação administrativa que não seja direcionada ao serviço objetivo do interesse geral nunca poderá promover a dignidade humana.

A seguir, começa a exposição dos princípios, que deve ser entendido, como previsto no ponto 2 da Carta (CIDYDCAP), no "marco de respeito aos postulados do bom funcionamento das instituições públicas e da observação estrita da Ordem Jurídica", contexto em que se deve afirmar que "a Administração Pública serve com objetividade ao interesse geral e atua com plena submissão às leis e ao Direito, especialmente em suas relações com os cidadãos, de acordo com os princípios estabelecidos nos seguintes preceitos, que constituem a base do direito fundamental à boa Administração Pública, na medida em que se orienta à promoção da dignidade humana" (ponto 2).

O princípio de serviço objetivo aos cidadãos é projetado, de acordo com o disposto no ponto 2, "a todas as atuações administrativas e de seus agentes, funcionários e outras pessoas a serviço da Administração Pública, sejam elas expressas, implícitas, presumidas, materiais – incluindo inatividade ou omissão –, e se concretiza no profundo respeito aos direitos e interesses legítimos dos cidadãos, que terá que promove e facilitar permanentemente. A Administração Pública e seus agentes, funcionários e outras pessoas a serviço da Administração Pública devem estar à disposição dos cidadãos para atender os assuntos de interesse geral de maneira adequada, objetiva, equitativa e em prazo razoável".

O ponto 3 define o princípio promocional dos poderes públicos, que "Objetiva criar as condições necessárias para que a liberdade e a igualdade dos cidadãos ibero-americanos e dos grupos em quais eles se integram sejam reais e efetivos, removendo os obstáculos que impedem o seu cumprimento e fomentando a participação cidadã, a fim de que os cidadãos contribuam ativamente para a definição do interesse geral em um marco de potenciação da dignidade humana". Esse princípio, como sabemos, é a expressão administrativa da cláusula do Estado Social e Democrático de Direito e tem uma importância primordial para a efetividade dos direitos sociais fundamentais.

O ponto 4 concerne ao princípio da racionalidade, que "se estende à motivação e argumentação que deve caracterizar todas as ações administrativas, especialmente no contexto do exercício de poderes discricionários". Esse princípio é um dos mais importantes para a existência de uma administração realmente comprometida com a democracia e com o Estado de Direito, já que em grande medida se pode afirmar que o compromisso com os direitos humanos de uma Administração Pública é mensurado pela qualidade e rigor de as motivações de suas decisões.

O ponto 5 trata do princípio da igualdade de tratamento, em virtude do qual "todos os cidadãos devem ser tratados com igualdade, garantindo, com expressa motivação em casos concretos, as razões que podem aconselhar a diferença de tratamento, proibindo expressamente qualquer forma discriminação, seja qual for sua natureza". Esse princípio deve ser especialmente facilitado para pessoas com capacidades especiais ou diferentes: "As administrações públicas devem fazer os ajustes tecnológicos e físicos necessários para assegurar que esse princípio atinja efetivamente os cidadãos com dificuldades especiais, especialmente pessoas com habilidades especiais ou habilidades diferentes."

O ponto 6 diz respeito ao princípio da eficácia, "em virtude do qual as ações administrativas devem ser realizadas, de acordo com o pessoal designado, no marco dos objetivos estabelecidos para cada entidade pública, que sempre será ordenada à maior e melhor satisfação das necessidades e expectativas legítimas do cidadão". A Administração Pública deve orientar-se em atenção a objetivos em que os cidadãos devem ter uma presença no marco das preferências eleitorais a serem concretizadas pelo governo saído das eleições. Sem objetivos, é difícil para a Administração Pública atender objetivamente aos interesses gerais.

A eficácia, segundo a Carta (CIDYDCAP), também é orientada a eliminar e remover as dificuldades as quais impedem que as ações administrativas cumpram com os fins previstos. Assim, no mesmo ponto 6, a Carta (CIDYCAP) dispõe que "as autoridades buscarão que os procedimentos e as medidas adotadas atinjam sua finalidade e, para isso, procurarão remover os obstáculos puramente formais e evitarão as dilações e atrasos, buscando a compatibilidade com a equidade e o serviço objetivo ao interesse geral. Nessa matéria, será aplicável, de acordo com as diferentes ordens jurídicas o regime de responsabilidade do pessoal a serviço da Administração Pública". Na medida em que o funcionário responsável por cada procedimento é identificado, será mais fácil derivar a responsabilidade que poderia ser incorrida como resultado de dilações e atrasos indevidos, sem qualquer justificativa.

O princípio da eficiência atende ao alcance dos objetivos estabelecidos ao menor custo possível e de acordo com o ponto 7 "obriga todas as autoridades e funcionários a otimizar os resultados alcançados em relação aos recursos disponíveis e investidos em sua consecução em um marco de compatibilidade com a equidade e com o serviço objetivo ao interesse geral", ou seja, a eficiência deve levar em conta, para atingir os resultados esperados, os recursos, pessoais e materiais, disponíveis em um marco no qual a equidade e o atendimento objetivo ao interesse geral são critérios determinantes. Isso ocorre porque a administração não é uma organização que se move para obter lucro ou benefício econômico, mas para a lucratividade social.

De acordo com o princípio da economia, ponto 8, "o funcionamento da Administração Pública estará guiado pelo uso racional dos recursos públicos disponíveis [...] de maneira que "o gasto público se realizará atendendo aos critérios de equidade, economia, eficiência e transparência". O gasto público deve, portanto, ser realizado em um contexto de equilíbrio e complementaridade entre os princípios de eficácia, eficiência e equidade, sempre de forma transparente.

Em virtude do princípio de responsabilidade, de acordo com o ponto 9, "a Administração Pública responderá pelas lesões nos bens ou aos direitos dos cidadãos causados como resultado da operação de serviços públicos ou serviços de interesse geral, de acordo com o sistema legal correspondente".

Como é lógico, a Carta (CIDYDCAP) não discute se as lesões devem ser resultado de operação anormal ou irregular dos serviços públicos, optando pela regra geral de responsabilidade por ações administrativas que prejudicam, sem mais, os bens ou direitos dos cidadãos.

Os cidadãos são os donos e senhores do poder público e, portanto, aqueles que o exercem em seu nome devem dar contas permanentemente à cidadania de como o administram. Assim, no ponto 10, de acordo com o princípio da avaliação permanente da Administração Pública, "essa, tenderá a adaptar sua estrutura, funcionamento e atividade, interna e externa, à identificação de oportunidades para sua melhoria contínua, medindo de forma objetiva o desempenho das suas estruturas administrativas".

No ponto 11, se impõe à Administração Pública garantir a "universalidade, acessibilidade e qualidade dos serviços públicos e serviços de interesse geral, independentemente da localização geográfica dos cidadãos e do momento em que eles precisem o uso de tais serviços por parte das administrações públicas com presença territorial". No caso dos serviços públicos, obviamente, e no dos de interesse geral, é uma consequência da própria natureza desses serviços, a qual exige que o Estado, através dos meios mais pertinentes, preserve também a sua continuidade, garantindo sua universalidade, acessibilidade e qualidade.

O *ethos* da Administração Pública é óbvio porque se dedica a serviço objetivo do interesse geral. Não apenas estruturalmente, mas, também, por intermédio das pessoas que trabalham em seu interior. Assim, o ponto 12 refere-se ao princípio da ética, "em virtude do qual todas as pessoas a serviço da Administração Pública devem agir com retidão, lealdade e honestidade, promovendo-se a missão de serviço, a probidade, a honestidade, a integridade, a imparcialidade, a boa-fé, a confiança mútua, a solidariedade, a transparência, a dedicação ao trabalho no marco dos mais altos padrões profissionais, o respeito aos cidadãos, a diligência, a austeridade na gestão dos fundos e recursos públicos, bem como a primazia do interesse geral sobre o particular".

A cláusula do Estado Democrático implica a participação e a presença cidadã na análise e avaliação das políticas públicas. É por isso que o ponto 13 da Carta (CIDYDCAP) faz referência ao princípio de participação, "em virtude do qual os cidadãos, no âmbito das disposições da Carta Ibero-americana de Participação Cidadã na gestão pública, podem, conforme à legislação interna de cada país, estar presentes e influenciar todas as questões de interesse geral através dos mecanismos previstos nas diferentes ordens jurídicas de aplicação. Da mesma forma, será propício que os cidadãos participem do controle da atividade administrativa de acordo com a legislação administrativa que corresponda". Cumpre enfatizar que a Carta deixa a porta aberta para a função de controle da atividade administrativa geral pelos cidadãos, que obviamente será regulada na legislação administrativa geral de cada país.

Essa participação, como é lógico, tem uma relevância especial quando se refere à elaboração das normas administrativas. Assim, a última parte deste ponto afirma que "da mesma forma, a Administração Pública facilitará que os cidadãos interessados participem, individual ou coletivamente, também por intermédio de seus representantes legítimos, no procedimento de elaboração das normas administrativas que possam afetá-los."

No ponto 14, outra consequência da função de serviço à cidadania que acompanha à administração em todo o seu trabalho, faz-se referência aos "princípios de publicidade e clareza das normas, procedimentos e todo o trabalho administrativo no marco do respeito pelo direito à intimidade e às reservas que, por razões de confidencialidade ou interesse geral, serão objeto de interpretação restritiva".

Consequência do exposto no parágrafo anterior é, tal como consagrado na Carta (CIDYDCAP), nesse ponto, que "as autoridades procuraram dar a conhecer aos cidadãos e interessados, de forma sistemática e permanente, conforme às diferentes leis de cada um dos países da região, seus atos, contratos e resoluções, através de comunicações, notificações e publicações, incluindo o uso de tecnologias que permitam a disseminação em massa de tais informações".

No ponto 15 reconhecem-se os "princípios de segurança jurídica, de previsibilidade, clareza e certeza normativa, sob o qual a Administração Pública está submetida ao Direito vigente em cada momento, sem poder variar arbitrariamente as normas jurídicas.". A clareza das normas administrativas implica, como assinala mais à frente esse item, que "a Administração Pública procurará utilizar na elaboração das normas e atos da sua competência uma linguagem e uma técnica jurídica que tente, sem perder o rigor, se fazer entender pelos cidadãos".

A chamada atividade administrativa da polícia, ordenança ou limitação especialmente, exige a aplicação do princípio da proporcionalidade, estabelecido no ponto 16 da Carta (CIDYDCAP), segundo o qual "as decisões administrativas deveram ser adequadas para a finalidade prevista no ordenamento jurídico, ditando-se em um marco de equilíbrio justo entre os diferentes interesses em presença e evitando-se limitar os direitos dos cidadãos através da imposição de encargos ou ônus irracionais ou incompatíveis com o objetivo estabelecido".

A administração atua, bem sabemos, em virtude de normas. Pelo que o ponto 17 da Carta (CIDYDCAP), o princípio do exercício normativo do poder "significa que os poderes deveram exercer-se única e exclusivamente para a finalidade prevista nas normas de concessão, que proíbe o abuso ou excesso de poder, seja para objetivos diferentes dos estabelecidos nas disposições gerais ou para prejudicar o interesse geral".

Dado o "princípio de objetividade, fundamento dos princípios de imparcialidade e independência, as autoridades e funcionários, assim como todas as pessoas a serviço da Administração Pública, deverão abster-se de toda atuação arbitrária ou que ocasione trato preferencial por qualquer motivo, atuando sempre em função do serviço direcionado para o interesse geral, proibindo-se a participação em qualquer assunto em que o referido, ou pessoas ou familiares próximos, tenham qualquer tipo de interesse, ou que possa existir conflito de interesses, segundo o ordenamento jurídico correspondente." (ponto 18)

O princípio da boa-fé também se projeta sobre a Administração Pública, considerando que o ponto 19 determina que em seu mérito "as autoridades e os cidadãos julgarão o comportamento legal e adequado de uns e outros no exercício de suas competências, direitos e deveres". A Administração Pública, como está a serviço dos cidadãos, deve facilitar o máximo possível as relações desses com o poder público. Por isso, o ponto 20 estabelece que, "de acordo com o princípio de facilitação, os cidadãos encontrarão sempre na Administração Pública as melhores condições de empatia, amabilidade, cordialidade e cortesia para a tramitação e gerenciamento dos assuntos públicos que os afetem".

Nesse sentido, as inovações tecnológicas haverão de ser orientadas para tal finalidade, pelo que, como estabelece a Carta (CIDYDCAP) ao final desse item, "nesses casos o uso das TIC (tecnologias de informação e comunicação) facilita a tramitação de inúmeros procedimentos e permite de forma pontual conhecer em cada momento o estado da tramitação, assim como resolver as dúvidas que possam ter os interessados."

A resolução dos assuntos públicos em prazo razoável justifica o princípio de "celeridade, em cuja virtude as atuações administrativas deverão ser realizadas, otimizando o uso do tempo, resolvendo os procedimentos em um prazo razoável, que será o que corresponda conforme a dotação de pessoas e meios materiais disponíveis e de acordo com o princípio de serviço dirigido para o interesse geral, assim como em função das normas estabelecidas para tal fim." (ponto 21)

A centralidade do cidadão e sua condição capital no sistema político e administrativo, enquanto dono e senhor dos poderes públicos, justifica o princípio de transparência e acesso à informação de interesse geral, estabelecido no ponto 22: "[...] o funcionamento, atuação e estrutura da Administração Pública deverá ser acessível a todos os cidadãos, de maneira que esses, de acordo com a proteção do direito à intimidade e das declarações motivadas de reserva por razões de interesse geral, possam conhecer em todo momento, graças à existência de arquivos adequados, a informação gerada pelas administrações públicas, pelas organizações sociais que gerenciem fundos públicos e por todas as instituições que realizem funções de interesse geral, de acordo com a legislação respectiva".

As novas tecnologias, diz a Carta (CIDYDCAP), têm também grande importância para facilitar tais princípios: "As autoridades deverão cumprir de ofício os procedimentos e procurarão usar as TIC de modo que os procedimentos tramitem com diligência e sem dilações injustificadas, de acordo com os enunciados da Carta Ibero-americana do governo eletrônico. Da mesma forma, se procurará potencializar o uso de padrões abertos, de modo a facilitar a difusão e reutilização da informação pública ou de interesse geral." (ponto 22, *in fine*).

Atualmente, as técnicas de limitação e ordenação às quais a Administração Pública pode submeter as atividades das pessoas devem respeitar o princípio estabelecido no ponto 23: o princípio de proteção da intimidade, "de forma que as pessoas a serviço da Administração Pública que gerenciem dados pessoais respeitarão a vida privada e a integridade das pessoas de acordo com o princípio do consentimento, proibindo-se, de acordo com os ordenamentos jurídicos correspondentes, o tratamento dos dados pessoais com fins não justificados e sua transmissão a pessoas não autorizadas". Finalmente, no ponto 24, o princípio de devido processo implica que "as atuações administrativas se realizarão de acordo com as normas de procedimento e competência estabelecidas nos ordenamentos superiores de cada um dos países membros, com plena garantia dos direitos de representação, defesa e contradição".

Após o ponto 25, ao destacar que "os cidadãos são titulares do direito fundamental à boa Administração Pública, que consiste em que os assuntos de natureza pública sejam tratados com equidade, justiça, objetividade, imparcialidade, sendo resolvidos em prazos razoáveis a serviço da dignidade humana", a Carta reconhece que "o direito fundamental à boa Administração Pública se compõe, entre outros, dos direitos apontados nos artigos seguintes, que poderão ser exercidos de acordo com o previsto pela legislação de cada país".

Esses direitos componentes a que se refere a Carta (CIDYDCAP) encontram-se nos pontos subsequentes e são, de forma resumida, os seguintes:

- direito à motivação das atuações administrativas;
- direito à tutela administrativa efetiva;
- direito a uma resolução administrativa amparada no ordenamento jurídico, equitativa e justa, de acordo com o solicitado e ditada nos prazos e termos que o procedimento aponte;
- direito a apresentar por escrito ou pessoalmente petições de acordo com o que se estabeleça nas legislações administrativas de aplicação, nos registros físicos ou informatizados;
- direito a não apresentar documentos que já estejam em poder da Administração Pública, abstendo-se de fazê-lo quando estejam à disposição de outras administrações públicas do próprio país;

- os cidadãos têm o direito a não apresentar documentos quando estes encontrem-se à disposição da Administração Pública;
- direito a ser ouvido sempre antes que sejam adotadas medidas que possam afetá-los desfavoravelmente;
- direito à participação das atuações administrativas em que tenham interesse, especialmente através de audiências e de informações públicas;
- direito a serviços públicos e de interesse geral de qualidade;
- direito a conhecer e a opinar sobre o funcionamento e a qualidade dos serviços públicos e de responsabilidade administrativa;
- direito a formular alegações no marco do procedimento administrativo;
- direito a apresentar queixas, reclamações e recursos perante a Administração Pública;
- os cidadãos poderão denunciar os atos com resultado danoso que sofram em qualquer de seus bens e direitos produzidos pelos entes públicos no exercício de suas funções;
- direito a conhecer as avaliações de gestão que façam os entes públicos e a propor medidas para sua melhora permanente de acordo com o ordenamento jurídico correspondente;
- direito ao acesso à informação pública e de interesse geral, assim como aos expedientes administrativos que os afetem no âmbito do respeito ao direito à intimidade e às declarações motivadas de reserva que haverão de concretizar o interesse geral em cada caso no âmbito dos correspondentes ordenamentos jurídicos;
- direito a cópia selada dos documentos que apresentem à Administração Pública;
- direito a ser informado e assessorado em assuntos de interesse geral;
- direito a ser tratado com cortesia e cordialidade;
- direito a conhecer o responsável pela tramitação do procedimento administrativo;
- direito a conhecer o estado dos procedimentos administrativos que os afetem;

- direito a ser notificado por escrito nos prazos e termos estabelecidos nas disposições correspondentes, e com maiores garantias, das resoluções que os afetem;
- direito a participar em associações ou instituições de usuários de serviços públicos ou de interesse geral;
- direito a exigir o cumprimento das responsabilidades das pessoas a serviço da Administração Pública e dos particulares que cumpram funções administrativas de acordo com o ordenamento jurídico respectivo.

A Carta (CIDYDCAP), recorda também que o exercício do direito fundamental à boa Administração Pública supõe o exercício de deveres, pois sem deveres não pode haver direitos. Aqueles a que a Carta se refere são os seguintes.

Primeiramente, os cidadãos deverão acatar com lealdade a Constituição, as leis, assim como todo o ordenamento jurídico sustentando as exigências de um Estado de Direito.

Em segundo lugar, os cidadãos haverão de atuar sempre de acordo com o princípio de boa-fé, tanto no uso da informação obtida da Administração Pública, que deverá ser utilizada com interesse legítimo, como também abster-se do uso de meios dilatórios em todo o procedimento ou atuação em relação à Administração Pública em questão.

Terceiro, os cidadãos têm a obrigação de ser honestos em todas suas relações com a Administração Pública, evitando toda afirmação ou contribuição falsa ou temerária conscientemente.

Em quarto lugar, os cidadãos devem exercer com a máxima responsabilidade os direitos que lhes reconhece o ordenamento jurídico, abstendo-se de reiterar petições improcedentes ou impertinentes ou de apresentar ações que representem gasto desnecessário dos recursos do Estado.

Quinto, os cidadãos observarão a todo momento um trato respeitoso para com as autoridades, funcionários públicos e com todo o pessoal a serviço da Administração Pública.

Por fim, em sexto e último lugar, os cidadãos deverão colaborar sempre e a todo momento ao bom desenvolvimento dos procedimentos e atuações administrativas, cumprindo diligentemente todas as obrigações razoáveis e justas que lhes impõe o ordenamento jurídico, especialmente em matéria tributária, reconhecendo os custos estabelecidos para a atenção demandada.

Para concluir, a Carta (CIDYDCAP) estabelece que o direito fundamental da pessoa à boa Administração Pública e seus direitos componentes terão a proteção administrativa e jurisdicional dos direitos humanos previstos nos diferentes ordenamentos jurídicos.

A Carta, portanto, representa uma mudança de rumo em direção ao reconhecimento, com todos os seus pronunciamentos, direito fundamental à boa administração em todos os países da região. Sua entrada nas Constituições de forma expressa ou dedutiva, como acaba de fazer o Tribunal Constitucional da República Dominicana, permitirá, sem dúvida, que as obrigações que as distintas administrações assumem em matéria de direitos sociais fundamentais possam ser cumpridas de forma justa, equitativa, razoável e, sobretudo, em prazo razoável. Por isso, o direito fundamental à boa administração é um direito fundamental que, com independência da própria substância que possui, que é muita, tem um papel básico como direito veicular, pois através dele é mais fácil que os direitos sociais possam ser exercidos pelos cidadãos, especialmente por aqueles que se encontram em situações especiais.

OS DIREITOS SOCIAIS FUNDAMENTAIS

EXIGIBILIDADE E JUSTICIABILIDADE

Uma das falácias mais recorrentes quando se trata dos direitos sociais fundamentais é afirmar que tais direitos não são exigíveis judicialmente porque vivem no reino das metas políticas, dos projetos públicos estratégicos, dos princípios regentes da vida econômica e social. À altura em que estamos, afirmar que somente são exigíveis os direitos civis e políticos significa, pura e simplesmente, que não se compreendeu a projeção que tem o Estado Social e Democrático de Direito para o conjunto do Direito Público.

O principal inconveniente que se esgrime para a exigibilidade e justiciabilidade destes direitos está arraigado no fato de que são de prestação, ou seja, devem conter dotações financeiras que para sua atividade estão submetidas ao economicamente possível. Somente são efetivas, afirmam seus opositores, sob a reserva do economicamente possível.

Outra falácia refere-se a que os direitos sociais fundamentais não dispõem de faculdades que possam ser exercidas judicialmente. Se considerarmos que os direitos sociais fundamentais são direitos subjetivos de especial relevância, então tal afirmação carece de sustentação, pois não são metas políticas nem princípios de otimização como se tenta demonstrar ao largo destas páginas, tal e como demonstrou, por exemplo, o Tribunal Constitucional Alemão.

A tese da não exigibilidade judicial dos direitos sociais (Abramovich/Courtis) foi criticada a partir do estudo da jurisprudência em determinados casos nos que os tribunais submeteram o Estado a obrigações de fazer ou prestações que estão na base de alguns direitos sociais fundamentais. São casos em que os juízos obrigaram a Administração Pública a prover medicamentos para o tratamento da *aids*, a fabricar uma vacina e disponibilizá-la a todos os habitantes afetados por uma enfermidade endêmica, a criar centros de atenção materno-infantil para pessoas necessitadas, a fornecer água potável a uma comunidade indígena... Todos casos em que o que está em jogo é o denominado direito ao mínimo vital, que é o direito básico dos direitos sociais fundamentais mínimos, aqueles que são imprescindíveis para uma vida em condição de dignidade, para uma vida humana, de modo a evitar que o ser humano seja coisificado, tratado como uma mercadoria ou como moeda de troca de transação econômica.

Outra questão relevante que se apresenta para a não exigibilidade judicial é a de que nesses casos os juízes, em lugar de fazer justiça, o que fazem é substituir-se a outros poderes do Estado, a fim de instaurar o governo judicial. São teses que condenam o ativismo judicial e o reduzem determinando se as atuações dos juízes e tribunais são ou não ajustadas ao Direito. No entanto, sabemos, por exemplo, que se um juiz ou tribunal entende que não é adequada ao Direito uma inatividade, inação ou omissão da administração, a consequência será a obrigação de atuar da administração. Por outro lado, como frisamos ao tratar dos direitos fundamentais inominados, dos direitos fundamentais por conexão e da geração de direitos sociais fundamentais por via de argumentação racional das Cortes Constitucionais sobre a base dos princípios básicos do Estado Social em relação com a centralidade da dignidade humana e o desenvolvimento da personalidade e do direito à vida e da integridade física e moral, decorre que sem ativismo, nesses casos, simplesmente, o que se faz é dar luz a direitos fundamentais para uma maior proteção da dignidade humana, hoje abaixo dos níveis exigidos.

Costuma-se afirmar que a política pública é tarefa da função executiva e administrativa, às quais corresponde avaliar as decisões concretas a adotar com as conseguintes disponibilidades orçamentárias. Sendo essa afirmação correta, também o é que o caráter capital da dignidade do ser humano tem uma virtualidade jurídica tão intensa como é sua natureza e função no Estado Social e Democrático de Direito. De qualquer maneira, ao serem as obrigações do Estado positivas e fáticas, admitem expressões jurídicas que podem evitar que se apresentem como questões de política pública ou de conveniência orçamentário. Em todo caso, a dignidade humana deve ser o cânone para a elaboração das políticas públicas e para as dotações orçamentárias de forma que a partir dela deverão se articular todas as políticas públicas próprias de um sistema comprometido com a humanização da realidade, não com a coisificação do ser humano.

Ainda um problema que dificulta enormemente a real justiciabilidade dos direitos sociais fundamentais refere-se à difícil execução das sentenças dos tribunais quando não existem dotações orçamentárias para tanto. O tema é delicado e deveria propiciar que, na elaboração dos orçamentos dos ministérios sociais em que existam dados contrastantes acerca das pessoas que possam ser merecedoras dessas prestações a que é atribuído essencialmente esses direitos, consignem-se economicamente tais necessidades, de maneira que tais políticas públicas estejam devidamente cobertas através de dotações razoáveis. Se a cobertura do mínimo vital não pode ser efetivada em um Estado Social e Democrático de Direito, estaria falhando a essência do sistema e tal questão não deveria deixar de ter uma clara expressão jurídica.

Outro problema de igual proporção referente à exigibilidade judicial desses direitos é o estabelecimento de um sistema de medidas protetivas e reparatórias que permitam a reação judicial quando, efetivamente, por razões de grave e urgente necessidade, possa haver vidas humanas em perigo de morte por conta da ausência do mínimo vital.

Os direitos sociais fundamentais são direitos subjetivos de especial relevância, direitos que não podem ficar em mãos de maiorias parlamentares, pois visam a proteger a dignidade humana e seu normal desdobramento na vida social.

Ainda que em muitos casos não sejam reconhecidos como tais nas Constituições, a técnica argumentativa usada, por exemplo, pelo Tribunal Constitucional Alemão, derivando-os da centralidade da dignidade humana e das obrigações essenciais de um Estado Social e Democrático de Direito, nos conduz a postular seu reconhecimento por esse caminho, pois, do contrário, chegaríamos ao absurdo da existência de normas constitucionais inconstitucionais ou, o que é mais grave, à existência de Estados sociais e democráticos de Direito formais, mas não materiais. Tal afirmação é a que se convida a formular quando não são reconhecidos tais direitos ou quando eles são entendidos somente a partir da perspectiva individual, esquecendo-se que o conceito central do Estado Social parte da chamada liberdade solidária.

O terceiro problema que se apresenta para admitir a exigibilidade judicial desses direitos é de corte funcional, ou seja, não se descompensaria de alguma maneira o equilíbrio da divisão de poderes entre o legislador, o Executivo e o Judiciário, toda vez que o reconhecimento desses direitos atende a prioridades sociais e aos orçamentos dos ministérios sociais? Com todo respeito, a divisão deve partir da afirmação radical da dignidade do ser humano, princípio e raiz do Estado e, então, as prioridades políticas e as dotações orçamentárias não são mais do que adequações necessárias da Legislação e da Administração Pública à realidade central da Constituição: que cada cidadão possa viver em dignas condições.

A justiciabilidade dos direitos sociais fundamentais é possível a partir de um conceito bem desenvolvido dos direitos subjetivos, conceito que parte de uma compreensão cabal da potencialidade da interpretação constitucional, assim como do exercício dos direitos na prática, de maneira que seja possível reconstruir as condições formais e materiais necessárias para o reconhecimento judicial dos direitos sociais fundamentais (Arango). O conteúdo de tais direitos pode ser determinado judicialmente a partir do princípio de igualdade em conexão com outras disposições no nível de direitos fundamentais.

Uma questão básica para compreender a justiciabilidade dos direitos sociais é determinar quais são as condições que devem ser dadas para que uma pessoa natural possa exigir ante um juiz ou Tribunal uma ação positiva fática por parte do Estado. Nesse sentido, há que distinguir entre condições formais e condições materiais dos direitos sociais fundamentais. Ambas as condições devem ser cumpridas para que o direito seja exigível judicialmente. As condições materiais requerem o estudo das relações entre direitos e mercado e as condições formais reclamam a análise das relações entre norma e direitos (Arango).

Entende-se por direito subjetivo a posição jurídica do indivíduo em que é possível dar razões válidas e suficientes e cujo não reconhecimento injustificado fere ao sujeito de direito (Arango). Ou seja, a posição jurídica deve estar argumentada em razões sólidas e seu não reconhecimento produz danos graves ao sujeito de direito. Argumentação e danos graves à dignidade do ser humano são dois componentes que, junto à posição jurídica, caracterizam o direito subjetivo. Os direitos sociais fundamentais são direitos subjetivos de especial relevância que tornam possível uma vida digna. Assim, o conceito de posição jurídica vai mais além das normas, excede-as, pois não se deixa reduzir única e exclusivamente à norma como mero conteúdo de enunciado normativo. As posições jurídicas, ultrapassando as normas em seu lugar e contexto, podem e devem ser deduzidas através da conexão racional, sistemática e coerente de partes de enunciados normativos ou por meio de normas implícitas (Arango).

Nesse contexto, dos fundamentos constitucionais do Estado Social e Democrático de Direito, como apontamos, é possível derivar posições jurídicas fundamentais de natureza social. Além disso, poder-se-ia inclusive afirmar que uma norma que se apresente em um contexto de racionalidade adicionada ao marco constitucional é uma norma inconstitucional.

Enquanto os direitos de liberdade, os direitos fundamentais individuais, estão explícita e expressamente contemplados em disposições constitucionais, os direitos sociais fundamentais não surgem dessas disposições individuais de direitos fundamentais. Por uma razão: o grau de desenvolvimento e de projeção real da dignidade do ser humano pode variar com o tempo e o lugar.

O fundamento de um direito fundamental não está necessariamente estabelecido em um único preceito. Essa postura é própria de um positivismo estrito que impede uma interpretação integral e sistemática da Constituição, que elimina a vitalidade inerente à Norma Fundamental e que, definitivamente, reduz os direitos objetivos a meras normas positivas. No fundo, tal doutrina é refratária e inimiga da existência de valores constitucionais que impregnam os preceitos e lhes dão sentido. Esses valores, entre os quais encontra-se a centralidade da dignidade do ser humano e dos postulados do Estado Social e Democrático de Direito, são de tal calibre que além de impregnar a interpretação constitucional, constituem, por assim dizer, o oxigênio em que são desenvolvidas as normas constitucionais.

A condição necessária de um direito subjetivo não é única, que é a que criaria o direito subjetivo. Se assim fosse, a interpretação constitucional não seria necessária. Seria uma mera operação de colocação automática do suposto fato na norma e ponto e, por isso, seria impossível a doutrina, admitida pela jurisprudência, dos direitos fundamentais inominados a partir da conexão entre diversos preceitos constitucionais no âmbito de um entendimento integral e complementar da ordem jurídica constitucional (Arango).

Na realidade, a essa conclusão se pode chegar a partir da projeção dos postulados do pensamento aberto, plural, dinâmico e complementar à raiz e à prática de uma interpretação constitucional realizada no âmbito do Estado Social e Democrático de Direito.

O próprio Tribunal Constitucional Alemão manteve uma posição *contra legem* ante uma interpretação puramente semântica ou literal de uma norma jurídica a partir do entendimento da ordem jurídica como unidade de sentido, o que nos conduz a uma compreensão integral ou sistemática do texto constitucional, interpretação que permite derivar direitos sociais fundamentais.

De fato, o maior intérprete da Lei Fundamental de Bonn aponta que "o direito não é idêntico com a totalidade das leis escritas. Mais além das disposições positivas do poder estatal, em certas circunstâncias, pode haver um adicional de direito que tenha sua fonte na ordem jurídica como unidade de sentido, em conformidade com a Constituição e sirva de corretivo à lei escrita; encontrar o adicional e realizá-lo na decisão judicial é tarefa da jurisprudência".

Essa sentença, ditada no caso "Soraya", é de grande interesse. Primeiramente, porque é uma magnífica exposição acerca da função da jurisprudência e, segundo, porque aplicada a nosso objeto de estudo, permite grandes avanços.

Assim, o reconhecimento de direitos sociais fundamentais através de um procedimento racional dessas características é algo coerente com os fundamentos do modelo de Estado definido na Constituição: Social e Democrático de Direito. O reconhecimento desses direitos fundamentais inominados alcança-se partindo dos efeitos que a negação do pretendido direito teria à luz de determinadas condições fáticas. Se, além disso, seu não reconhecimento se chocasse diretamente com a Constituição, inclusive contra o princípio de coerência constitucional, nesse caso faz-se juridicamente necessário seu reconhecimento, ou seja, a interpretação integral deve partir da afirmação de que os direitos fundamentais da pessoa, todos, os individuais e os sociais, fazem parte da medula constitucional e devem vincular o sentido da criação do direito constitucional e infraconstitucional. Além disso, a eliminação de contradições, junto à análise das consequências das decisões jurídicas, são peças-chave da interpretação constitucional que levam ao mesmo fim.

Na Alemanha, a aceitação do direito ao mínimo existencial, sem estar regulado expressamente no texto constitucional, é pacífico na doutrina e na jurisprudência pela jurisprudência do Tribunal Constitucional, que entendeu que os preceitos que tratam acerca da centralidade da dignidade humana, do livre desenvolvimento da personalidade, do direito à vida e à integridade corporal, em conexão com o princípio do Estado Social, justificam prontamente esse direito ao mínimo vital, que seria o direito a dispor do mínimo imprescindível para uma vida digna. Evidentemente, se a uma pessoa em situação objetiva de emergência não for concedida esse direito subjetivo, viola-se um direito fundamental: o direito à vida e à integridade corporal e espiritual e, portanto, nega-se a centralidade da dignidade humana e o livre e solidário desenvolvimento de sua personalidade, como se impede que atue o princípio promocional dos poderes públicos, elementar para a efetividade do Estado Social e Democrático de Direito.

Os direitos sociais fundamentais são direitos do indivíduo face o Estado a algo. A algo que, se a pessoa natural possuísse meios financeiros suficientes e encontrasse no mercado uma oferta suficiente, poderia obter também de particulares (Alexy). Assim, uma vez constatada a inexistência de meios financeiros pessoais e de oferta suficiente no mercado, procederia à ação fática positiva do Estado. Provavelmente, a condição de que não haja oferta suficiente no mercado deve referir-se a que no corpo social não existam instituições de assistência social que possam realizar, em condições de gratuidade para a pessoa, tais ações positivas fáticas. O princípio de subsidiariedade, cada vez mais esquecido por nós. Um princípio que se justifica em atenção à natureza e qualidade da efetividade dessas prestações quando estão em mãos de instituições sociais especializadas e quando são realizadas por funcionários públicos.

Michelmann, com base em decisões do Supremo Tribunal dos Estados Unidos, admite a existência de um direito constitucional aos meios de subsistência, consequência das decisões da Corte Suprema dos Estados Unidos entre 1969 e 1974, que fundam direitos sociais fundamentais. Tanto que se são cometidas violações de direitos fundamentais individuais ou de direitos fundamentais sociais os juízes constitucionais dispõem atualmente dos instrumentos objetivos e racionais para o reconhecimento e proteção de uns e outros. Não obstante, pensamos que se deve interpretar a cláusula do Estado Social que institui a função promocional dos poderes públicos destinada a criar as condições para que os direitos fundamentais das pessoas sejam reais e efetivos, removendo inclusive os obstáculos que impeçam seu cumprimento. Sob o cumprimento do mandato à igualdade de trato, os trabalhadores e os mais necessitados devem ser subsidiados pelo Estado de modo a manter o mínimo de meios para uma existência digna.

Quando a sociedade organizada não tem condições de oferecer esse mínimo vital para uma existência digna, então o Estado, os poderes públicos devem garantir que a igualdade de oportunidades seja real e efetiva para todos, mediante a intervenção em favor das pessoas e grupos marginalizados e discriminados. Aliás, se o Estado não cumpre o princípio promocional, quer ativa ou passivamente, causa um grave dano à dignidade humana, dano esse que deverá ser reparado convenientemente.

A distinção entre condições formais e materiais dos direitos sociais fundamentais é básica para o tema da exigência judicial destes. Em relação às condições formais, há que ser respeitada a seguinte equação: para que a pessoa natural possa exigir uma ação positiva fática do Estado, uma prestação, para que possa exercer um direito subjetivo público, é mister encontrar-se em uma situação na que a omissão estatal, a obrigação subjetiva fira iminente e injustificadamente, de maneira que a omissão conduza à infração de uma norma de proteção aos direitos fundamentais (Arango). Assim, a inatividade ou missão da obrigação do Estado à prestação, à ação positiva fática, deve ser de tal envergadura que fira gravemente o mínimo vital para uma existência digna.

As condições materiais referem-se à situação de imprescindibilidade ou necessidade urgente que anule ou afete gravemente sua liberdade e igualdade reais de quem pretende o reconhecimento judicial do Direito social fundamental. A cláusula do Estado Social, a função promocional dos poderes públicos, que obriga a criar condições favoráveis à liberdade e igualdade reais e efetivas, e a remover obstáculos que impeçam sua realização, parte de que na vida social possam haver dificuldades que exijam a proteção do indivíduo dos riscos a que está exposto e que podem romper essa liberdade e igualdade reais. Ainda que o princípio de autonomia da pessoa incite o próprio indivíduo a enfrentar as dificuldades e problemas existentes, quando necessário, em virtude da cláusula transformadora do Estado Social, o Estado deve criar as condições para fomentar a liberdade e a igualdade reais e, ao mesmo tempo, remover os obstáculos que impeçam seu cumprimento ou realização. As condições materiais para o exercício dos direitos sociais fundamentais referem-se às condições que permitem a aplicação desses direitos e podem ser de ordem física ou psíquica, pois ambas as realidades fazem parte da vida das pessoas naturais. De fato, as desvantagens físicas ou psíquicas que lesam gravemente as condições de uma vida digna constituem tais condições materiais. O professor Sen refere-se à perda de capacidades como pressuposto para a proteção e reconhecimento desses direitos. Sem capacidades não há liberdade positiva. Sem liberdade ou sem liberdades positivas uma pessoa nada pode fazer. As capacidades asseguram liberdade econômica às pessoas e, além disso, servem de parâmetro geral de justiça distributiva em países pobres.

As condições materiais para ser credor de direitos sociais fundamentais não se reduzem a fatores pessoais físicos ou psíquicos. Soma-se a eles a ausência de meios materiais, econômicos ou a existência de situações de déficit de mercado. Tais circunstâncias impedem que as pessoas possam satisfazer suas necessidades vitais como alimentação, vestimenta, moradia, educação, trabalho ou segurança social. Assim, são condições materiais para o reconhecimento de direitos sociais fundamentais, posto que sem elas a pessoa não alcança o mínimo vital imprescindível para uma existência digna, de modo a poder minimamente desenvolver livre e solidariamente sua personalidade.

A falta de meios econômicos, bem sabemos, impede o exercício das liberdades. Como aponta Tugendhat, muitos seres humanos no planeta não têm a liberdade positiva de fazer o que é necessário para manter a si mesmo e a seus filhos, o que destaca a atualidade do tema que estamos tratando, assim como a pertinência de que o supremo princípio jurídico da centralidade da dignidade humana deixe de ser uma consideração mais ou menos abstrata, para converter-se no que deve ser, o ponto de partida e o motor para reformas, desde que tal veículo capital do Estado Social e Democrático de Direito seja, verdadeiramente, a referência para uma mudança e transformação substancial da maneira de compreender o Direito em termos gerais. Enquanto existir a pobreza extrema que todos conhecemos, os direitos sociais fundamentais serão, lamentavelmente, temas de uma atualidade exasperada.

Junto à falta de meios materiais também há outro fator que constitui condição material para o desdobramento dos direitos sociais fundamentais: o déficit de mercado, ou seja, a escassez de bens básicos no mercado como podem ser alimento, vestimenta, moradia, medicamentos, atenção médica, educação ou trabalho, entre outros; situação esta que afeta desfavoravelmente grupos de pessoas socialmente excluídas. Nesses casos, quando o Estado fornece subsídios aos agentes do mercado, protegendo seus direitos de propriedade e contratação, deve exigir também que se auxilie àqueles que são as principais vítimas destas situações de déficit: os que menos têm e os desempregados, a quem por lógica e proporção, para evitar a desigualdade sistêmica, deveria ser facilitado um seguro desemprego e a geração de oportunidades que lhes permita viver em condições dignas. Nesse sentido, o direito ao trabalho não é somente uma exigência de bens materiais, senão o meio para o exercício das próprias capacidades visando os meios de vida necessários para si e para sua própria família (Tughendat).

Ora, dadas tais condições formais e materiais, quando uma pessoa (individual ou coletiva) encontra-se em situação de necessidade urgente e o Estado tem a possibilidade fática de resolvê-la ou contê-la, coisa que sempre pode-se fazer, se a dignidade humana for o padrão primário do comportamento das instituições públicas; mas, omitindo-se, pode ameaçar com ocasionar um dano grave à pessoa, afetando as condições para uma vida digna, então ela tem um direito, *prima facie,* a uma ação positiva do Estado (Arango).

A questão seguinte é a da determinação judicial dos direitos sociais fundamentais uma vez que estiverem dadas as condições formais e materiais para sua exigibilidade. Se esses direitos estiverem previstos na Carta Magna, as coisas são simples. Porém, quando há que trabalhar a partir da argumentação, as coisas, ainda que mais difíceis, não só não são impossíveis, senão que permitem chegar a um porto seguro. Por uma razão básica: o Direito Público, especialmente o Direito Administrativo, tem um compromisso com a razão e com a justiça que o caracteriza indelevelmente. Com a razão e a justiça, sobre a base dos postulados básicos e centrais do Estado Social e Democrático de Direito, alcançam-se resultados conforme ao nervo capital do nosso sistema político, pois encontram-se soluções que permitem a projeção do supremo princípio da dignidade do ser humano, inclusive e, sobretudo, nas situações mais necessárias.

Diante dos que pensam que a interpretação racional rompe o princípio democrático, o princípio da separação dos poderes e a própria teoria dos direitos fundamentais, pensamos que o conteúdo dos direitos sociais fundamentais pode ser determinado em forma razoável no âmbito da interpretação sistemática de uma Constituição democrática moderna, a partir de um conceito bem-elaborado de direitos subjetivo.

Para essa tarefa, cumpre-se levar em consideração a análise dos métodos para as verificações de violação aos direitos fundamentais individuais. Nesses casos, a ação estatal que afeta o âmbito dos direitos fundamentais limita tais direitos e, além disso, o conteúdo essencial destes, por sua vez, limita a intervenção pública. A verificação da lesão dos direitos sociais fundamentais – bem como a determinação de seu conteúdo – tem como guia o princípio de igualdade. E, claro, a determinação do conteúdo em função da relevância dos direitos sociais fundamentais, de maneira que a intensidade do controle constitucional depende, portanto, da importância do direito social fundamental no caso concreto (Arango).

Aqui, impõe-se a problemática da causalidade: se os direitos sociais fundamentais podem ser afetados pela ação e omissão do Estado. Hoje, a partir do Direito Administrativo, sabemos que a inatividade e a omissão do Estado têm efeitos jurídicos. Até o ponto em que os ordenamentos jurídicos e administrativos modernos possibilitam que os afetados negativamente pela omissão demandem diretamente à administração descumpridora, como consequência de haver violado o direito fundamental da pessoa à boa Administração Pública, ou por ter descumprido sua obrigação de resolver expressamente e dentro do prazo as solicitações ou petições dos cidadãos amparadas pelo ordenamento jurídico.

Nesse sentido, em matéria de direitos sociais fundamentais, o descuido das obrigações de proteção de pessoas vulneráveis ou desfavorecidas pode ser condição suficiente para a violação de um direito dessa natureza e, por isso, ser posto em conhecimento do poder Judiciário competente.

O problema, como defende Nino, é que qualquer omissão ou inatividade não implica em si mesma a violação de um direito, deve existir uma expectativa definitiva, baseada em regularidades ou normas sociais de que o direito será satisfeito pelo indivíduo em questão. Se a exigibilidade de um comportamento ativo dirigido à prevenção de situações de imprescindibilidade social, ou de necessidade óbvia e grave se justifica, sua omissão violaria, por exemplo, o direito ao mínimo vital.

Para verificar as violações dos direitos fundamentais é mister distinguir entre danos por ação estatal e danos por omissão estatal. Relativamente aos danos por ação estatal será preciso analisar o comportamento do Estado, as ações jurídicas e também as ações fáticas. As atuações do Estado podem ser por ação ou por omissão. As omissões podem violar direitos sociais fundamentais. De fato, lesam cotidianamente muitos direitos sociais fundamentais em muitos graus, constituindo-se propriamente na principal causa de contravenções desses direitos fundamentais.

Por sua vez, a omissão estatal pode ser parcial ou pode ser completa ou absoluta. Nesse item, merece especial atenção a violação do princípio de igualdade de trato como resultado da omissão estatal. Em tais casos, no entanto, não é simples medir se tal omissão lesa ou viola o direito fundamental. Cumpre comparar a omissão parcial com a ação diligente e com o cumprimento da finalidade da norma, para analisar a magnitude da violação e julgar consequentemente.

No caso da omissão completa ou absoluta, é necessário usar critérios relevantes de natureza constitucional, para detectar a existência de uma verdadeira vulneração de um direito fundamental. Certamente, em sociedades desenvolvidas as coisas são diferentes daquelas em sociedades com altos níveis de pobreza e de população marginalizada, sociedades nas quais parte considerável dos habitantes não participa do bem-estar coletivo, devido precisamente à omissão completa do Estado no que concerne suas obrigações mais elementares na área social (Arango).

O postulado da violação-limitação, válido para as ações públicas, não serve para o âmbito das omissões estatais de caráter absoluto. A omissão absoluta, na ausência de parâmetros de comparação, não permite determinar conteúdo algum dos direitos sociais fundamentais. No entanto, que esse método de violação-limitação não seja suscetível de ser aplicado ao caso da omissão absoluta para verificar a violação de um direito social fundamental não implica que seja impossível determinar o conteúdo desses direitos em casos de inatividade completa do Estado (Arango). Então, é mister buscar novos métodos ou formas que permitam verificar a vulneração de um direito fundamental e, entre eles, o denominado "esquema de coerência", inspirado em uma teoria consequencialista dos direitos subjetivos, parece cumprir sua missão.

No caso dos direitos sociais fundamentais, especialmente nos que se denominam, *prima facie*, é evidente que o Estado, na situação em que se encontra o titular desses direitos, é obrigado a tratá-lo de forma diferente que o comum dos mortais, pois se assim não fizer estará provocando um dano grave à dignidade dessa pessoa. Em outras palavras: o direito social fundamental ativa-se geralmente quando a não consideração de critérios de diferenciação relevantes para um trato desigual leva a consequências que, por sua vez, ocasionam um dano ao indivíduo. Ora, que critérios devemos utilizar para justificar esse trato desigual?

Segundo Arango, a diferenciação contida no direito social fundamental pode ser obtida em virtude de argumentos contrafáticos, argumentos que são resumidos destacando que da omissão fática e positiva do Estado, além do dano à pessoa em situação de necessidade urgente, deriva uma contradição com o sistema jurídico contemplado como um todo. Raciocínio que se alcança sem grande dificuldade, pois toda omissão estatal em matéria de direitos sociais fundamentais é, em si mesma, contraditória e incongruente com os postulados do Estado Social e Democrático de Direito.

A interpretação constitucional, como sabemos, parte dos fundamentos da Norma Fundamental e, partindo deles, os preceitos adquirem sua integral compreensão, pois as disposições não se aplicam de forma isolada ou desconectadas do solo que lhes dá suporte. A coerência e a congruência são princípios básicos da interpretação normativa que no Direito Constitucional adquiriram suma importância. Até o ponto de que, se não se atende ao princípio de coerência na aplicação do Direito, é nada menos o princípio de igualdade que está sendo transgredido, em especial o princípio de igualdade de oportunidades, ao se tratar de modo desigual pessoas dignas de um trato igual.

O Tribunal Constitucional Alemão, que trabalhou intensamente essa questão, apontou que o Estado Social enquanto tal, por sua amplitude e indeterminação, não justifica regularmente um mandato para conceder prestações sociais com certo alcance (BVerfGE, 94, 241,I), ainda que um direito social fundamental possa justificar-se a partir do princípio do Estado Social em conexão com outras normas constitucionais, como podem ser as relativas ao mandato de proteção da dignidade de todos os seres humanos, o mandato de garantia do livre desenvolvimento da personalidade, assim como do direito à vida e à integridade física e moral. Ora, em um caso sobre o alcance do princípio de igualdade na valorização dos tempos de escolaridade da criança, o Tribunal Constitucional Alemão exige, a fim de deduzir um direito social fundamental, além da aplicação de tais normas constitucionais, que se comprove a existência de uma necessidade no caso individual (*ibidem*).

Sem situação de estado de necessidade da pessoa, que a nosso ver deve ser grave e urgente, não procede o direito social fundamental de mínimo. Nesse caso, o Tribunal Constitucional Alemão aponta que tal situação de necessidade é a que justifica a existência de um trato desigual e, por isso, o direito à prestação fática positiva do Estado. Especificamente, o intérprete maior da Lei Fundamental de Bonn aponta nesse caso que ao princípio do Estado Social pode corresponder da melhor maneira dirigir prestações sociais de nivelamento somente a situações nas que se comprove uma necessidade. Tal situação de necessidade individual deve ser de certa entidade, de forma que seu não reconhecimento ocasione dano grave à dignidade inerente a todo ser humano, pelo fato de sê-lo.

A situação de necessidade erige-se, pois, a critério de diferenciação e poderia, nas palavras dessa sentença do Tribunal Constitucional Alemão, justificar de todas as formas o trato desigual resultante, quando se trate de prestações que sirvam para solucionar uma situação de necessidade ou um déficit de segurança concreto. Assim, a situação de necessidade ou de déficit de segurança se constitui em condição material dos direitos sociais fundamentais (Arango).

Assim, a partir do denominado esquema de coerência, consequência da interpretação sistemática, harmônica e fundada nos princípios, uma omissão absoluta do Estado quando existe uma situação de necessidade individual, grave e urgente, é possível que provoque um dano sério a uma pessoa. Se a pessoa puder provar que dita omissão absoluta a lesa gravemente (direito fundamental, *prima facie,* segundo Arango) e o Estado não conseguir justificar sua inação, deve então ser reconhecido o direito fundamental definitivo a uma ação positiva fática do Estado.

Para determinar o conteúdo dos direitos sociais fundamentais é necessário, de acordo com Arango, usar um procedimento que tem três partes: a omissão estatal e suas consequências, a justificação da omissão e a proporcionalidade entre a omissão e suas consequências.

A omissão estatal, não de terceiras pessoas, deve provocar um dano grave à dignidade do ser humano, de tal maneira que em si mesma viole um direito fundamental. O titular de tal direito fundamental deve exigir uma ação positiva fático do Estado, acreditando que se encontra em situação de necessidade grave. Nesses casos, lidamos com dois tipos de razões: as que o suposto titular do direito social fundamental invoca, para impetrar a ação positiva do Estado, e a argumentação do Estado justificando, se é que pode, tal omissão. É, pois, necessário ponderar e contrapor a qualidade das razões de uma e outra parte a partir do esquema de coerência a que anteriormente fizemos referência, de forma a se evitar um resultado com a ordem jurídica entendida como um todo, como uma unidade.

Nesse sentido, devemos recorrer aos dois modelos mais importantes para determinar, a partir de uma perspectiva de equilíbrio, o conteúdo dos direitos sociais fundamentais. A saber, o modelo geral formulado por Alexy e o chamado modelo do caso extremo.

O modelo formulado por Alexy parte do princípio de proporcionalidade e da tese de que os direitos fundamentais são princípios. A partir daí, cumpre considerar que uma posição de prestação jurídica se justifica se exigir em caráter de urgência o princípio de liberdade fática, se for reclamada pelo princípio de separação de poderes e de democracia (que inclui a competência orçamentária do Parlamento), e se existirem princípios materiais opostos que são afetados de maneira relativamente reduzida através da garantia da posição da prestação jurídica e das decisões do Tribunal Constitucional que as considerem. As condições do modelo de Alexy são válidas em qualquer caso para os direitos sociais fundamentais mínimos, para os direitos a um mínimo vital, a uma moradia simples, à educação escolar, à formação profissional e a um nível padronizado mínimo de assistência médica. O princípio de liberdade fática no pensamento de Alexy justifica o direito a um trato jurídico desigual.

O modelo do caso extremo é provavelmente o que se encaixa com os direitos sociais fundamentais mínimos, os reclamados com urgência pela dignidade humana enquanto imprescindíveis para condições de vida dignas, parte da exclusão social – marginalização – em que se encontra o titular do direito e da urgente necessidade reinante por violação ao direito à vida ou à integridade física ou moral.

Na Europa, neste momento de crise, existem muitas pessoas titulares de direitos sociais fundamentais mínimos à espera da ação positiva e fática do Estado, para que se restaure a dignidade castigada e, no entanto, enfrenta-se, sob uma desumanidade sem precedentes, a ausência de recursos enquanto subsiste todo um mundo de estruturas e de pessoal supérfluo e desnecessário.

A medida da desigualdade fática, que deve ser percebida como marginalização, como exclusão social, pode ser identificada de modo empírico sem maiores problemas. É o caso das investigações acerca da pobreza. Para o caso da urgência da situação de necessidade, entendemos que é mais que suficiente sua proximidade ou integração completa nos casos de perigo ou ameaça à vida ou de perigo ou ameaça à saúde, pois nesses casos parece óbvia sua violação ao mínimo vital.

O problema funcional relaciona-se ao conteúdo dos direitos fundamentais e à necessidade da interpretação sistemática, pois uma interpretação literal e isolada sobre as competências dos tribunais Constitucionais que não lhes permitisse essa argumentação coerente e integral, a partir dos princípios já expostos do Estado Social e da centralidade da dignidade humana em relação com o direito à vida e à integridade física e moral, poderia conduzir a soluções indignas da condição humana e isso, insisto, seria contraditório relativamente ao ordenamento jurídico como um todo, unidade que é. Se considerarmos que os direitos fundamentais são tão relevantes que, como apontou exemplarmente Alexy, não podem simplesmente ficar em mãos da maioria parlamentar, então precisamos buscar soluções a partir desse ponto de vista. Soluções que de alguma maneira podem vir, ante a exigibilidade dos direitos sociais fundamentais, das teses do controle com intensidade diferenciada.

Para a determinação do conteúdo dos direitos sociais fundamentais é preciso proceder a uma diferenciação entre eles. Diferenças essas que implicam, obviamente, avaliações acerca de sua relevância, de sua importância. Tais operações necessitam de critérios objetivos, de modo a se evitar subjetivismos ou argumentações com base em sentimentos. No entanto, é possível fundamentar em critérios objetivos determinados juízos de valor acerca da primazia de uns direitos sociais fundamentais sobre outros. Tais argumentos encontraremos na maior ou menor violação de tais direitos à dignidade humana e, portanto, ao grau, em que essa exige condições mínimas para uma existência própria da espécie humana. De outro ponto de vista, tal dilema pode ser resolvido a partir da intensidade do controle judicial constitucional, a partir das posições jurídicas fundamentais, *prima facie*. Em outras palavras: quanto mais importante é a posição jurídica fundamental, mais intenso deve ser o controle da omissão estatal.

A determinação do conteúdo dos direitos sociais fundamentais não se faz *a priori*; com caráter prévio; ela é resultado da argumentação racional acerca dos fundamentos e preceitos mais relevantes da ordem constitucional em relação a situações concretas de pessoas que precisam de ações positivas fáticas do Estado.

A intensidade do controle judicial constitucional em relação com a omissão estatal se relacionará à importância objetiva da prestação correspondente, que por sua vez estará associada a sua urgência. Nessa linha, Arango apresenta alguns casos que são dignos de comentário, pois dizem respeito ao mínimo vital, ao direito à saúde, ao direito à educação, ao direito à moradia, ao direito ao trabalho e ao direito à segurança social.

O direito fundamental a um mínimo vital trata das necessidades elementares de todo ser humano: alimentação, vestimenta, teto, saúde, trabalho e segurança social. Como se sabe, o direito ao mínimo vital foi reconhecido na Alemanha não como direito fundamental, em 1953 e, finalmente, uma vez consolidada uma linha jurisprudencial bem conhecida, materializou-se no âmbito normativo na chamada Lei de ajuda social de Bund. Não é preciso pensar muito para entender que o não reconhecimento desse direito provocaria um dano irreversível à pessoa necessitada com urgência, violando o direito à vida e à integridade física e moral além dos princípios estruturadores do Estado Social e da própria dignidade humana. Por isso, tal direito à cobertura do mínimo existencial é condição *sine qua non* para a legitimidade do Estado moderno, pois baseia-se de forma eminente na igual dignidade dos seres humanos, até o ponto de que o Estado tem seu centro e sua raiz na inalienável e onipotente dignidade da pessoa humana.

O direito fundamental ao mínimo vital, pressuposto e base dos direitos sociais fundamentais, é de tamanha importância que seu reconhecimento, a não ser por via interpretativa, evita que o ser humano seja amputado em seu valor pelo que é, um ser humano. Ao não contar com os meios imprescindíveis para uma existência digna, a pessoa não pode aplicar as propriedades mais elementares da vida humana, fica desprotegida em níveis tão alarmantes que poderia passar de fim e medida de tudo, à condição de coisa ou, pior, a ser meio ou instrumento a serviço de quaisquer finalidades, tal e como hoje acontece em todas as partes do mundo, de forma expressa ou sutil.

O direito ao mínimo vital exige do Estado principalmente que a pessoa que está em situação de urgência no que se refere a suas necessidades básicas, por não poder autonomamente supri-las, receba as prestações positivas e fáticas que lhe permitam esse mínimo de dignidade para viver. De outro ponto de vista, esse direito ao mínimo vital impede que se violem ou contravenham-se disposições de conteúdo social que garantam às pessoas tal situação. É o caso de recortes sociais que violam essas condições mínimas, entre os que se pode citar a proibição de penhora de parte do salário, da restrição de certos tratamentos médicos ou, entre outros, do amparo social à pobreza.

Em matéria de tributação, o exercício de tal poder estatal deve ser operado no âmbito de certos limites, de forma e maneira que os critérios de pertencimento a um grupo de população em situação de desvantagem devem fazer-se presentes. De fato, o Estado não pode, de nenhuma maneira, nessa matéria, questionar as condições mínimas de uma existência digna, pois o Estado, repetimos, deve garantir as condições materiais necessárias para a vida digna das pessoas.

Uma avaliação geral do direito fundamental ao mínimo vital na jurisprudência constitucional permite afirmar, diz Arango, que tal direito social fundamental representa um limite ou cota inferior à ação ou omissão do Estado como dos particulares. Aliás, o direito ao mínimo vital é o direito social fundamental básico que cumpre a função de asseguração dos direitos sociais fundamentais mínimos por via do reconhecimento judicial. Tal direito serviu, expressão dos direitos sociais fundamentais mínimos, para proteger trabalhadores e pensionistas do massivo descumprimento contratual e legal dos obrigados. Além disso, permite que se possa dar um passo mais além, como aponta Arango, e se possa proteger a crianças, idosos, deficientes e doentes crônicos ou terminais a partir dos fundamentos do Estado Social e das normas constitucionais referidas à dignidade do ser humano, à criação de condições para a liberdade e a igualdade, ou ao reconhecimento do livre desenvolvimento da personalidade.

Um caso paradigmático é o do direito à saúde, direito que viola de forma primária e óbvia uma existência digna. De fato, se não são dadas condições mínimas de saúde, a existência das pessoas pode ser afetada substancialmente. O problema reside em determinar o nível mínimo de assistência médica e de medicamentos, ainda que nos dias de hoje, com a ajuda dos especialistas, não seja difícil determinar tais limites. Em todo caso, parece que a nota de urgência também ajuda sobremaneira a conformar esse direito social fundamental. Se são omitidas a assistência sanitária e de medicamentos em situações de emergência, é óbvio que podem ser causados danos até irreversíveis para a pessoa, danos estes que podem ser de natureza física ou moral e que, por isso, contravêm o direito à vida, à integridade física ou espiritual, segundo os casos, e, com certeza, impedem o desdobramento essencial do livre desenvolvimento da personalidade.

Assim, o direito à saúde está ligado aos princípios elementares do Estado Social, à primazia da dignidade humana e ao livre e solidário desenvolvimento da personalidade, assim como ao direito à vida e à integridade física e moral, princípios e direitos expressamente reconhecidos na Constituição espanhola. Além disso, o artigo 43 de nossa Constituição considera o direito à saúde como princípio reitor da política social e econômica, algo hoje incompatível com sua verdadeira natureza, e estabelece que é de responsabilidade pública a disposição de medidas preventivas, prestações e serviços necessários, ou seja, o direito à saúde é um direito constitucional a que os poderes públicos devem atender preventivamente e, quando necessário, ativamente, de modo a proporcionar as prestações e serviços, remetendo-se à lei, a geral sanitária, a estabelecer os direitos e deveres que compõem esse elementar direito social fundamental.

A argumentação racional acerca do direito à saúde conclui categoricamente em sua condição de direito social fundamental. Um direito social fundamental que também se projeta sobre aquelas pessoas que precisam de proteção especial em relação precisamente com a saúde. Referimo-nos a pessoas com diagnósticos complicados quanto a sua cura, a mulheres que darão à luz ou que já o fizeram, a integrantes de minorias étnicas, pessoas que se encontrem em transferência forçada, mulheres solteiras, mães em situação de desemprego, adultos em situação de pobreza, soropositivos, entre portadores de outras doenças, a pessoas com deficiências físicas ou psíquicas. Trata-se de seres humanos que, por sua especial fragilidade ou debilidade física ou moral, precisam da atenção médica e da concessão de medicamentos para levar uma vida digna.

Outro caminho que pode ser seguido para o reconhecimento do direito social fundamental à saúde parte das leis que estabelecem o regime jurídico desse direito precisamente para fazer com que intervenha o Tribunal Constitucional e aponte em que casos não o manifesta, pois não todos os tratamentos médicos procedem da exigência de um direito essencialmente fundamental da pessoa.

Em matéria de direito à saúde, as doutrinas da urgência e do caso extremo cobram especial relevância e aconselham soluções procedentes da natureza de direito fundamental. Umas simples dores, por exemplo, não caracterizam o direito como fundamental social e, em ocasiões, *a contrario sensu*, pode-se delinear o conteúdo do direito social fundamental à saúde.

No que se refere ao acesso aos serviços públicos de saúde, parece não haver dúvidas quanto a que, aplicando-se a doutrina do caso extremo e das circunstâncias urgentes, também nos encontramos no caso de um direito componente do direito social fundamental à saúde.

Referente ao direito à educação, as coisas são mais complexas posto que se trata de um direito certamente com um conteúdo bem amplo. Por isso, o mais razoável, como acontece também no caso do direito à saúde, e especialmente no direito fundamental a uma boa administração, paradigma dos direitos sociais fundamentais de relação com os poderes públicos, é delimitar o conteúdo do direito. De fato, dentro do direito social fundamental à educação encontramos exigências como as seguintes: direito a um contingente na educação pré-escolar, fundamental, técnica, universitária ou na formação para pessoas desempregadas. Outro problema que apresente o direito à educação é sua dualidade: é um direito individual e também é um direito coletivo e, como se fosse pouco, tem uma dimensão de dever pessoal que não se pode ocultar pois serve também para alcançar objetivos sociais como a produtividade, a competência ou a integridade social (Arango).

Em matéria de direito à educação deve-se lembrar que esse direito social fundamental da pessoa está em relação direta com a liberdade de ensino. Quando o direito à educação se converte em uma prestação do Estado, a qual não se leva em conta as especiais características que acompanham a liberdade de ensino, entramos por um caminho de intervencionismo que pode até amputar a própria liberdade educativa contida no direito social fundamental. O caso do direito social fundamental à educação, de que vamos tratar em relação com uma problemática muito espanhola, homologável evidentemente em outras partes, reflete até que ponto é possível e censurável quando se produz, que o Estado aproveite sua obrigação de prestar certos serviços diante das prestações inerentes para a realização de um direito social fundamental, para impor de uma ou outra forma determinados critérios que são de livre escolha para os verdadeiros titulares desse direito fundamental: os pais.

De fato, há vezes em que o Estado intervém tanto na vida dos cidadãos que eles chegam a se converter em simples marionetes nas mãos do poder. Em outras ocasiões, em sentido contrário, o Estado despreocupa-se em demasia da vida social, considerando que a liberdade, sobretudo a econômica, apenas, gera automaticamente mais espaços de liberdade em geral. Por outro lado, confundir a liberdade educativa com o acesso à educação, não distinguir entre direito à educação e liberdade educativa é algo que salta aos olhos, para preservar e facilitar a liberdade dos cidadãos e que perdeu vigor em muitos países, também naquele em que reside quem escreve estas linhas. É bem conhecida a citação de Shaw sobre a liberdade: liberdade implica responsabilidade, por isso a teme tanto a maioria dos homens. Não é em absoluto uma grande descoberta apontar que uma das principais características que definem o mapa ideológico e político de nosso tempo é o medo à liberdade. Em contrapartida, sobressai um calculado e deliberado apego aos espaços do pensamento único. Nesse contexto, a censura, a restrição da liberdade educacional, os obstáculos à liberdade científica e tantas outras manifestações da restrição das liberdades encontram um ambiente perfeito nos domínios do novo pensamento unilateral, estático e fechado que parece impor-se entre nós.

Thomas Pavel, professor em Princeton, advertia recentemente que o *political correctness* carrega sua causa de um coletivismo particularista herdado da paixão pela igualdade, em detrimento da liberdade pessoal. Outra característica desse poderoso fenômeno é a imposição da discriminação positiva e a tendência ao fundamentalismo, fanatismo que tão bem descreveu Holmes: "A mente de um fanático é como a pupila do olho: quanto mais luz incide sobre ela, mais ela se irá contrair. Por quê? Porque o fundamentalista ou fanático vê com tanta clareza o que lhe parece o único possível, que não explica para que serve a liberdade." Essa descrição do fundamentalismo relembra aquela famosa frase de Lenin: "liberdade, para quê?", hoje, certamente, tão a gosto dos dirigentes culturais. Pois liberdade para trabalhar, para conviver e, sobretudo, para poder escolher com critério. Liberdade para opinar, para expressar as convicções sem ser discriminado. Liberdade, sempre liberdade, ainda que não nos agradem ou convençam as posições alheias. Aliás, na democracia é essencial aprender a respeitar as opiniões contrárias, a conviver com quem não pensa como nós, sempre, evidentemente, com um profundo respeito às pessoas, ainda que possa ser intensa a crítica às ideias.

Não se trata de tolerar a liberdade, se trata de torná-la possível. Do contrário, estaríamos atentando contra essa tolerância que consiste em reconhecer nos demais a mesma liberdade de que se dispõe. Sempre é reconfortante a volta aos clássicos. Tiberio escreveu há muitos, muitos anos, que em uma cidade livre convém que a mente e a língua sejam livres. A mente e a língua são livres quando os poderes públicos as facilitam ou promovem. Não quando as limitam ou quando as distorcem com o propósito, confesso ou não, de que prevaleça um modelo único.

De fato, parece que em matéria educativa potencializar dever-se-ia favorecer modelos de ensino que realmente transmitam conhecimentos e que, em última instância, impliquem compromisso efetivo com a melhora da realidade. No entanto, a partir do pensamento único decidiu-se distorcer, por exemplo, qualquer tentativa de "ensino diferenciado" e condenar-nos ao modelo "único", modelo que é objeto preferencialmente dos auxílios públicos. No entanto, a partir dos poderes públicos deve-se potencializar a liberdade educacional e que todos os pais possam exercer o direito constitucional de escolher a educação que desejem para seus filhos, em função de suas convicções morais. Se na Espanha houvesse uma maior sensibilidade e apego à liberdade, essas polêmicas, essas sentenças e essas concepções teriam sido superadas há bastante tempo.

Em matéria de direito à educação, o determinante é que os alunos recebam conhecimentos sólidos que os habilitem para se comportar no futuro como cidadãos que dispõem qualidades democráticas responsáveis. Logicamente, uma sociedade plural e diversa como é a nossa poderá oferecer diferentes modelos educativos e serão os pais quem, no exercício de seu direito constitucional, escolham o que considerem. Se decorre que, por exemplo, se mutilasse a oferta, porque alguns modelos já não recebem suporte, como o de escola de ensino separado, então estaríamos frente a uma restrição a um direito fundamental que julgo intolerável e desproporcionado, porque se impede que os pais, insisto, possam escolher o modelo educacional apropriado a seus filhos, algo incluído no direito fundamental à educação.

Não se trata de impor qualquer critério. Trata-se de fomentar o pluralismo e a diversidade. Hoje, a escola mista é sinônimo de melhor educação. Ora, esse dogma é no mínimo discutível. Por várias razões. Porque a educação diferenciada é muito mais acessível para os alunos com menor renda. Porque decorre que os que procedem de famílias com recursos escassos e vivem em entornos problemáticos são os que mais incrementam seus resultados ao assistir aulas somente para meninos ou somente para meninas, segundo demonstram as estatísticas no assunto. Porque, dado que o ensino público é misto, quem mais poderia se beneficiar da educação diferenciada é quem mais dificilmente pode ter acesso a ele. A chave, repito, é que o Estado cumpra sua função de garantir os direitos e liberdades e, portanto, que a escolha seja facilitada.

A realidade, ainda que isso desagrade a alguns, caminha de mãos dadas com a liberdade e o pluralismo. Na Alemanha, desde 1998 vários *Länder* oferecem aulas de matemática em regime de educação diferenciada. Na Austrália, Estados Unidos e Reino Unido, na escola pública a Administração Pública teve de aumentar o número de escolas diferenciadas para atender à demanda das famílias.

Uma das características de uma sociedade livre é, precisamente, em matéria educacional, a existência de uma pluralidade de centros educativos de diversas tendências e princípios que possam ser escolhidos pelos pais para seus filhos em função de suas convicções e crenças. Onde o universo de possibilidades é maior, maior será a liberdade. Em sentido contrário, onde o poder público reduz ou limita o leque de possibilidades, a liberdade, obviamente, será menor. Tratando-se, como se trata, a liberdade educacional, de um tema de primordial importância para o desenvolvimento dos povos e das pessoas, é interessante analisar, brevemente, o recente relatório (2013) sobre o tema, preparado pela Oidel, Organização Internacional para o Desenvolvimento da Liberdade de Ensino, que é uma instituição privada de prestígio global com estatuto consultivo junto da ONU e da Unesco. O relatório que acabamos de conhecer abarca 95% da população mundial. Como era de se esperar, a Espanha ocupa nesse registro uma posição que fala, por si própria, do compromisso de nossas autoridades com a liberdade de ensino: ela está em 19º lugar, evidentemente atrás de 12 países europeus.

Os parâmetros que são objeto de avaliação pelos especialistas da OIDEL referem-se à liberdade para criar e administrar escolas não-governamentais segundo a própria legislação dos Estados, a liberdade dos pais para escolher o centro educacional, a legislação sobre a opção do ensino em casa, grau de autonomia dos centros escolares. Além disso, um dos conceitos que mais se valorizam, para a realização do relatório, nada menos do que 20 pontos em 100, refere-se à autonomia real das escolas não governamentais. Para ponderar esse critério, levam-se em conta quatro aspectos sumamente relevantes: a liberdade para desenvolver um ideário próprio, a liberdade de admissão de alunos, a liberdade de contratar e administrar ao pessoal e o domínio do controle de qualidade.

Partindo dos critérios utilizados para a determinação com caráter geral dos direitos sociais fundamentais, é muito provável que o não reconhecimento do direito à educação possa impedir o normal desdobramento do livre desenvolvimento da personalidade. Por isso, no caso em que se possa combater convincentemente o grave dano a esse veículo constitucional tão relevante, deve-se reconhecer o direito social fundamental à educação.

Em matéria de direito à moradia digna são dadas as condições dos direitos sociais fundamentais. Como é óbvio, sem um teto digno o direito à vida e à integridade física e moral são impossíveis de se realizar. Esse direito, junto ao direito à alimentação, penso que estão ambos indivisivelmente unidos ao direito ao mínimo vital. Aliás, o direito ao mínimo vital compreende o direito a uma alimentação adequada e o direito à moradia digna. De acordo com a metodologia que empregamos, seu não reconhecimento implica claramente danos muito graves, inclusive irreversíveis, ao direito à vida e também, como não, ao direito à intimidade pois o direito à moradia digna supõe também o direito da pessoa a um espaço protegido de ameaças exteriores (Arango).

Em muitos países, a discussão constitucional sobre o direito à moradia concentra-se nos casos de indigência em que esse direito foi desprotegido, ou seja, o direito fundamental ao mínimo vital compreende o direito à moradia digna da condição humana. A partir desse ponto, a cláusula de progressividade deve propiciar mais contingentes de qualidade no desfrute desse direito tão relevante para o ser humano.

O direito à moradia é um caso paradigmático da polêmica existente entre ativismo judicial e autorrestrição. Uma polêmica que desde o famoso caso Brown sobre integração racial nas escolas norte-americanas, de 1954, protagonizou muitos comentários e posições sobre o tema da mão da doutrina das decisões judiciais que incorporam "remédios estruturais" aos problemas sociais de certa envergadura que se dão em determinadas sociedades. Tal critério jurisprudencial parte da ideia de que a qualidade do exercício dos direitos sociais fundamentais, entre eles o de moradia, vê-se afetada em grande parte pela ação ou omissão dos poderes públicos e, por isso, os direitos sociais fundamentais, para ser garantidos, devem implicar a reforma das estruturas públicas a eles vinculadas, não tanto a anulação de uma determinada norma. Trata-se, da ótica do Poder judicial, de incidir no modo em que uma organização concreta viola ou ameaça sistematicamente certos direitos sociais fundamentais. Entre 1970 e 1980, a jurisprudência nos Estados Unidos seguiu tal doutrina e hoje, de forma mais realista, são apreciados os valores da doutrina dos remédios estruturais sempre que se produza em um contexto adequado, ou seja, no âmbito de segregação racial e valoração positiva (Santiago-Thury Cornejo).

O Tribunal Constitucional colombiano, como se sabe, criou a categoria da declaração de "estado de coisas constitucional", que alude a quando um número importante de causas das que devem conhecer apresenta problemas similares em relação à possível violação a direitos sociais fundamentais como consequência da ação ou omissão de determinadas políticas públicas de responsabilidade dos poderes públicos. Tal doutrina permite ao Tribunal Constitucional colombiano analisar a adequação de tais atuações públicas de acordo com os direitos fundamentais e os princípios constitucionais no âmbito de determinadas problemáticas sociais que afetam ordinariamente a própria dignidade do ser humano. Com certeza, é a *ultima ratio* em mãos do Tribunal Constitucional, para dar conta da lesão de direitos sociais fundamentais em grande escala. Obviamente, tais conflitos não podem ser resolvidos por meio do controle constitucional, pelo que aparecem, como última instância, procedimentos para a análise e o debate de políticas públicas, para elaborar programas, estabelecer padrões e indicadores, inclusive para designar recursos e efetuar seu posterior controle e seguimento (Santiago/Thury Cornejo). Tal modalidade de atuação foi seguida pelo Tribunal Constitucional colombiano em matéria, por exemplo, de créditos à moradia.

Sendo como são os direitos sociais fundamentais, direitos essencialmente de prestação, em sua análise jurídica, através, sobretudo, da observância do direito à boa Administração Pública, pode-se realizar um controle de constitucionalidade completo sem que a separação de poderes seja violada, que se aplicaria quando o Judiciário indicasse ao Executivo como e de que forma deve aplicar a política pública de moradia. O problema está no controle de razoabilidade das normas que tutelam o direito à moradia enquanto supõem obrigações de fazer a cargo do Estado com operacionalidade derivada pois, em princípio, o direito à moradia não pode ser concedido em concreto e por um juiz. Outra coisa bem distinta é que se use a justiça cautelar, em caso de omissões do Legislativo ou do Executivo, para remediar determinadas situações de imprescindibilidade enquanto não se aplica a política pública de moradia por parte do Executivo.

Nesse sentido, é interessante a doutrina mantida, no caso Quisbert Castro, de 24 de novembro de 2012, pelo doutor Petracchi, integrante da Suprema Corte argentina, em seu voto particular, quando entende que, de fato, em matéria de razoabilidade da política pública, as medidas adotadas para garantir o direito à moradia deverão ser proporcionadas, adequadas para alcançar, a partir da realidade que pretendem regular, a finalidade imposta pela norma constitucional. Isso implica que o Estado deve levar em conta as distintas capacidades pessoais, sociais e econômicas dos habitantes e, sobre essa base, aplicar políticas apropriadas e conducentes para que todos tenham acesso a moradia digna. Assim, na opinião de Petracchi, o projeto das políticas públicas deve considerar as normas e princípios fundamentais do direito no grau e hierarquia em que estes sejam valorados pelo ordenamento jurídico em seu conjunto. Particularmente, deve respeitar as prioridades que a Constituição designa à satisfação dos direitos fundamentais e aos grupos mais vulneráveis da população. Aliás, de acordo com o Pacto Internacional sobre os Direitos Econômicos, sociais e Culturais de 1967, o Estado deve realizar o máximo esforço possível para conseguir, de forma progressiva e dentro de suas reais capacidades e limitações econômicas, a plena efetividade do direito à moradia de todos os seus habitantes.

As políticas de acesso à moradia, sustenta Petracchi em seu voto particular, podem variar ou fixar prioridades segundo as distintas necessidades e capacidades dos habitantes e, inclusive, exigir algum tipo de contraprestação a quem possa proporcioná-la. Particularmente, cabe ressaltar que, quando se trata de pessoas em condições de trabalhar, a exigência de uma contribuição, seja em dinheiro ou em trabalho, não somente é constitucionalmente válida senão que, também, contribui para garantir outros direitos fundamentais, como a dignidade humana e o direito a satisfazer as necessidades básicas e vitais mediante o próprio trabalho.

Decorre que a pessoa que impetrava o direito à moradia estava em situação de rua e não havia um programa especial para esse grupo nas políticas de moradia da cidade de Buenos Aires, pelo que, segundo Petracchi, essa entidade política não cumpriu com sua obrigação de aplicar razoavelmente o direito à moradia digna em sua jurisdição [...], pois a cidade de Buenos Aires não traçou nem aplicou políticas públicas que permitam que a população que se encontra em situação de maior vulnerabilidade pessoal, econômica e social – como a demandante e seu filho – tenha uma real oportunidade de buscar um lugar para viver, com as condições mínimas de salubridade, higiene e segurança necessárias para preservar sua integridade física, psíquica e moral.

Em outras palavras, aponta o ministro da Suprema Corte, em seu voto particular, que quem careça de uma renda mínima comprovável de 2 mil pesos não tem a oportunidade de participar em nenhum programa que lhes permita, nem imediata nem progressivamente, ter acesso à moradia digna. Essa omissão inconstitucional é ainda mais grave advertindo-se que os direitos em jogo e o setor da população omitido é, precisamente, aquele a que a Constituição nacional atribui especial prioridade. Além disso, as carências orçamentárias, ainda que dignas de serem consideradas, não podem justificar o descumprimento da Constituição nacional nem dos Tratados Internacionais a ela incorporados, especialmente quando o que está em jogo são direitos fundamentais, já que o Estado, ao distribuir recursos, não pode deixar de considerar os princípios de justiça social e proteção dos direitos humanos que surgem da Lei Fundamental.

Quando se demonstra que o Estado, ao escolher prioridades orçamentárias, deixou em situação de desamparo a pessoas em grau de extrema vulnerabilidade como adverte-se no presente caso, no que não podem conquistar necessidades vitais básicas e cruciais, é imposta a presunção de que, *prima facie,* não se aplicou políticas públicas razoáveis, nem mesmo realizou-se o máximo esforço exigido pelo artigo 2 do Pacto Internacional sobre os Direitos Econômicos, Sociais e Culturais. É o que ocorre no presente caso, onde comprovou-se folgadamente que o segmento mais vulnerável da população da Cidade não tem garantidas soluções mínimas e essenciais em matéria ocupacional, ao que se soma que nem mesmo existem políticas públicas, nem a largo nem no médio prazo, destinadas a que estas pessoas consigam acesso a um lugar digno para viver.

Tal e como raciocina o ministro Petracchi, em seu voto particular, a presunção estabelecida no artigo 2 do Pacto Internacional sobre os Direitos Econômicos, Sociais e Culturais não implica que o Estado tenha obrigações mais além de suas reais capacidades econômicas, nem mesmo que as limitações de recursos não devam ser consideradas no momento de determinar o alcance de seus deveres. Pelo contrário, tal preceito do Pacto foi redigido de tal modo que reflete um balanço adequado entre o objetivo de chegar à plena efetividade dos DESC (direitos econômicos, sociais e culturais) e os reais problemas dos Estados para aplicá-los. No entanto, a presunção implica simplesmente que, para atribuir a falta de cumprimento das obrigações mínimas a uma falta de recursos disponíveis, é o Estado quem deve demonstrar que realizou todo esforço para satisfazer seus deveres e não o afetado que vê seus direitos insatisfeitos. Ora, as medidas adotadas pela demandada revelam que os recursos com que conta a cidade de Buenos Aires foram utilizados de maneira irracional, do ponto de vista econômico. De fato, a alternativa escolhida pela cidade para enfrentar a emergência habitacional é uma das alternativas mais onerosas do mercado e, no entanto, somente outorga a seus benefícios paliativos parciais e inadequados.

O controle de constitucionalidade, através do princípio de racionalidade ou razoabilidade, das políticas públicas consistentes em obrigações de fazer estatais para efetivar os direitos sociais constitucionais, pode ser um bom instrumento para garantir que as atuações dos poderes públicos que, por ação ou omissão, sejam sancionadas. O caso Quisbert Castro é um bom exemplo disso em matéria de direito à moradia digna e adequada.

No caso do direito ao acesso a possibilidades de trabalho, observamos que também são dadas as condições para a existência do direito social fundamental. Não é assim para o direito a um trabalho concreto porque isso é pura e simplesmente impossível em um Estado de Direito. Por outro lado, as pessoas que nem sequer têm acesso a oportunidades laborais, apesar de seu interesse e preparo, e são obviamente impedidas no livre desenvolvimento de sua personalidade. Sem falar no quanto o não reconhecimento do direito ao acesso de possibilidades laborais pode afetar pessoas que precisam urgentemente de um trabalho para o sustento próprio e da família; nesses casos a violação ao direito à vida, a sustentar à família e à integridade física e moral são seriamente reduzidos.

O direito à segurança social também goza das condições formais e materiais próprias dos direitos sociais fundamentais. Entre outras razões não difíceis de entender porque a pessoa idosa, deficiente, doente ou excluída não pode ser abandonada à própria sorte em caso de não dispor de apoio familiar, ou de não poder ajudar a si mesma, sem grave descumprimento de direitos fundamentais tão primários como o direito à vida digna ou o direito à integridade física e espiritual. A exigibilidade desse direito social fundamental estende-se à proteção imediata a pessoas incapacitadas para trabalhar por causa de sua avançada idade que esperam uma decisão judicial sobre seu direito à pensão (Abramovich/Courtis), proteção que é exigida por razões de dignidade humana, solidariedade e equidade.

A Carta Social das Américas, aprovada no 42º Período Ordinário de Sessões da Assembleia Geral da OEA, em Cochabamba, no dia 4 de junho de 2012, reconhece os direitos sociais fundamentais em termos que a vale a pena comentar e interpretar, mesmo que com brevidade. Essa Carta é emoldurada nos Objetivos de Desenvolvimento do Milênio das Nações Unidas e na Carta da Organização dos Estados Americanos, na Carta Democrática Interamericana, no Protocolo de San Salvador, na Declaração de Margarita e na Declaração de Nuevo León, em matéria de erradicação da pobreza, da desigualdade e da exclusão social.

Ora, tal Carta começa com um Título I dedicado precisamente aos direitos sociais fundamentais, cujos pontos 1 a 5, todo o Capítulo I, fazem referência ao direito à vida digna. Um direito que é derivado dessa suprema dignidade impressa na condição humana que a faz portadora de uma série de direitos invioláveis que os poderes públicos devem defender, proteger e promover em todo momento.

No ponto 1, reconhece-se que o direito à vida é inalienável e que todos os seres humanos têm direito a uma vida digna, ao pleno desfrute dos direitos humanos, à solidariedade, à paz e à justiça social. Consequência da centralidade da dignidade humana é, como aponta o ponto 2, que para resolver os problemas derivados da pobreza e da insegurança social, realizem-se estratégias a favor da vida. Igualmente, se a vida digna é o valor dos valores, é lógico, como estabelece o ponto 3, que se proíbam as patentes do genoma humano, o uso de seres humanos como objeto da experimentação biológica e também das práticas científicas que trazem consigo a destruição da vida ou a deformação de seus componentes.

No ponto 3, a Carta Social das Américas alude aos valores éticos associados ao direito à vida, entre os que se encontram a cultura da paz e o compromisso radical contra toda forma de discriminação que afete a disponibilidade dos recursos básicos e necessários para a vida, entre os que se encontra, ponto 4, o direito à alimentação para pessoas carentes de recursos econômicos, que se concebe como uma proteção essencial contra a fome e a miséria. Esse direito à alimentação, tão importante para uma vida digna, deve vir vinculado a programas concretos em cuja virtude as pessoas que são atendidas pela sociedade ou pelos poderes públicos com o fim de que disponham de uma alimentação digna, possam adquirir conhecimentos e habilidades que lhes permitam quanto antes abandonar essa situação de imprescindibilidade social.

O Capítulo II refere-se monograficamente ao direito à saúde, um típico e genuíno direito social fundamental que, no entanto, não é reconhecido como tal, por exemplo, na Constituição espanhola de 1978. Os artigos 6 a 17 da Carta Social das Américas integram esse capítulo, que começa recordando que a saúde é um patrimônio dos povos e que em relação com esse direito fundamental os poderes públicos dispõem de uma série de obrigações que ordinariamente conformam-se como Princípios reitores que em essência destinam-se a facilitar o real exercício de tal direito social primário por todos os cidadãos.

De fato, os Estados, de acordo com o ponto 6, comprometem-se a conceder a todos seus cidadãos atenção primária de saúde integral de forma gratuita, permanente e universal, acompanhada da educação para fomentar a promoção da saúde, a prevenção das doenças, a reabilitação necessária e oportuna e a participação comunitária no desenvolvimento dos programas e serviços destinados ao controle dos agentes biológicos e sociais que ocasionam riscos à saúde. Eis aqui um conjunto de obrigações que os Estados deverão cumprir em virtude do disposto nessa Carta, para tornar possível o direito social fundamental à saúde.

Outras obrigações são encontradas, em seguida, no ponto 7, quando se aponta que Estados comprometem-se a prover aos portadores de doenças crônicas de alto custo os tratamentos e medicamentos necessários para melhorar sua qualidade de vida, de forma gratuita, contínua e universal. Mais compromissos dos poderes públicos são encontrados no ponto 8, pois assumem obrigações em matéria de dotação de equipes, remédios e recursos humanos para atender adequadamente tal direito social fundamental. Da mesma forma, financiarão, ponto 14, investigações sociais dirigidas a validação de novos instrumentos técnicos que deem conta real e exaustiva das condições de saúde de sua população assim como, ponto 15, prover à capacitação, dotação e uso obrigatório dos recursos técnicos e normativos dirigidos a garantir a segurança integral requerida no desempenho laboral.

O Capítulo III, pontos 18 a 27, refere-se ao direito social fundamental à educação, reconhecendo que todos os cidadãos têm direito à educação pré-escolar e primária, gratuita e universal e a todos os níveis educativos, sem mais restrição do que a derivada da capacidade e vocação individuais. Também se reconhece o direito dos cidadãos a participar do projeto e aplicação de formas inovadoras para alcançar e incluir socialmente grupos mais pobres e marginalizados e promover alternativas acadêmicas e pedagógicas no sentido de alcançar a alfabetização universal e a capacitação para o trabalho.

Outras obrigações que aponta a Carta Social das Américas aos Estados em matéria de direito à educação referem-se à regulação da participação dos meios de comunicação com o intuito de propiciar a construção da moral pública a partir dos valores democráticos, o serviço comunitário, a solidariedade social e a responsabilidade pela educação das crianças e dos adolescentes; o fomento da formação acadêmica e a qualidade de vida dos educadores como condição básica para o estabelecimento de melhores processos pedagógicos. A Carta também incorpora a obrigação estatal de oferecer e estabelecer de maneira direta assistência econômica, habitacional, alimentícia, facilitar materiais de estudo, vestimenta e transporte à população menos favorecida e excluída, a fim de garantir a igualdade de condições para o direito ao estudo e incorporação imediata ao mercado de trabalho.

A Carta Social das Américas também reconhece o direito ao trabalho, Capítulo IV, pontos 28 a 33, dispondo que toda pessoa tem direito ao trabalho, a ser empregado, protegido ante continências e bem remunerado. Nesse sentido, ao Estado compete velar pela promoção de oportunidades, de modo que os cidadãos possam realizar uma atividade econômica ou remunerada digna, decente e produtiva em condições de liberdade, igualdade, segurança, saúde e higiene ocupacional e de respeito à dignidade humana, ou seja, o Estado não se vê obrigado em condições de normalidade a empregar diretamente a toda pessoa que não encontre trabalho. Antes, deve garantir condições de igualdade no acesso ao mercado de trabalho, promover oportunidades reais a quem se encontre no desemprego.

A Carta dispõe, nesse âmbito, que todo trabalho remunerado deve ir acompanhado dos direitos que dele derivam e que asseguram o desfrute das condições de desempenho laboral em níveis de máxima realização pessoal e, em geral, de todos os direitos nacionais específicos da área trabalhista, assim como dos Acordos Internacionais da Organização Internacional do Trabalho (OIT) e de índole regional ou sub-regional que tenham sido ratificados. Os Estados, por sua vez, estão obrigados, segundo essa Carta, a garantir a liberdade sindical, a negociação coletiva, a eliminar toda forma de trabalho forçado ou obrigatório, a abolir o trabalho infantil e toda forma de discriminação em matéria de emprego ou ocupação, assim como a promoção, vigilância da saúde e segurança no emprego ou ocupação sancionado a quem não cumpra estas disposições.

Os direitos trabalhistas, como confirma a Carta Social das Américas, são irrenunciáveis e os Estados devem garantir seu desfrute nos termos estabelecidos nas Normas nacionais e internacionais, assim como nos Convênios Internacionais, em matéria trabalhista e social das empresas multinacionais quando for o caso.

De fato, do direito ao trabalho em condições de dignidade, a Carta deduz também como direitos sociais fundamentais derivados do direito ao trabalho em condições de dignidade, os seguintes: direito a um salário mínimo de alcance e desfrute social além de uma remuneração justa, digna e igualitária. Direito à proteção, segurança, promoção, prevenção, higiene e saúde no trabalho. Direito a escolher o emprego e o trabalho. Direito à capacitação permanente, à formação profissional, à promoção e aos aumentos de acordo com as capacidades e competência. Direito à proteção do salário. Direito à estabilidade de emprego. Direito a férias remuneradas, ao descanso e à recreação. Direito a uma jornada de trabalho reconhecida e acordada nacional e internacionalmente que não supere as oito horas diurnas e as sete noturnas, segundo a natureza dos trabalhos. Direito a uma indenização por desemprego e recolocação em outro emprego ou inserção em uma atividade produtiva baseada na economia social. Direito à proteção social e econômica em caso de desemprego, doença, ou acidente de trabalho, assim como a uma pensão e aposentadoria digna e decente. Direito à informação financeira das empresas ou organismos empregadores acerca dos riscos e eventualidades de investimento, como mecanismo de proteção ante possíveis fraudes cometidas pelas empresas que possam lesar a estabilidade emocional, social e familiar. Finalmente, direito à cogestão, autogestão e controle dos meios de produção para a promoção e constituição de cooperativas e instauração de uma economia social inclusiva e socialmente sustentada.

O Capítulo V dedica-se ao direito social fundamental à proteção social, um direito que consiste, pontos 33 a 36, na recepção da proteção integral do Estado a quem se encontre na terceira idade, tenha deficiência, esteja em situação de desemprego, seja órfão, esteja forçosamente desempregado, tenha sido objeto da violência ou não disponha de alimentação suficiente.

Nesse tema, os Estados têm a obrigação de desenhar políticas públicas integradas que garantam a segurança social de todos os cidadãos com caráter universal, integral, solidário, igualitário e financeiramente suportável. Em tal âmbito, reconhece-se o direito a uma pensão de aposentadoria digna, concebida como sustento para a terceira idade e como reconhecimento às contribuições feitas à sociedade, sendo seu montante nunca inferior ao salário mínimo estabelecido nas normativas nacionais.

Nessa matéria, deve-se reconhecer como uma contribuição relevante da Carta que quem desfrute de pensão de aposentadoria tem direito a continuar trabalhando, se voluntariamente e em uso de suas capacidades assim o decidir, e para tanto o Estado oferecerá oportunidades de aproveitamento de suas experiências, de modo a favorecer o revezamento intergeracional.

O Capítulo VI refere-se ao direito à moradia (pontos 37 a 41), que a Carta Social das Américas concebe, em sentido amplo, como o direito do cidadão a uma moradia adequada, incorporada a um meio ambiente equilibrado com espaços públicos e de serviços básicos que garantam a segurança e humanização de suas relações vicinais e comunitárias, ou seja, um direito para viver dignamente em sociedade, com os demais membros da comunidade.

A partir de uma perspectiva de progressividade, encontramos algumas disposições que garantem que o projeto arquitetônico das casas esteja relacionado com o ambiente ecológico e as variantes culturais dos povos. Em todo caso, a Carta aponta que o Estado garantirá que a aquisição da moradia não comprometa mais do que os 25% das rendas familiares, estabelecendo, para assegurar o acesso à moradia, planos de urbanismo e de construção habitacional adequados e políticas de crédito especiais para as populações de baixa renda. O direito à moradia incorpora o direito a receber os serviços básicos de água potável, saneamento básico, comunicação, energia e coleta de lixo em suas comunidades a um preço que não supere 10% da renda familiar.

Finalmente, o Título I finaliza com os direitos da família, que estão nos pontos 42 a 47 da Carta. Esses direitos, em outros lugares, derivam do fundamental social direito à proteção integral da família. Nessa matéria, a Carta começa reconhecendo o direito dos cidadãos a organizar suas famílias de acordo com as convicções particulares, a escolher as opções de assentamento e a receber a proteção do Estado para salvaguardar a integridade de seus membros. Dessa forma, o Estado assume obrigações muito relevantes em relação à família. Deve responder pela segurança, educação, saúde, recreação e estabilidade familiar, especialmente de seus membros mais frágeis e, em termos gerais, garantir as oportunidades e os recursos para que tais direitos sejam efetivamente exercidos (obrigações de prestação).

As crianças têm direito à identidade cidadã, a um espaço adequado e a um leito dentro do próprio lar, o qual deverá garantir a própria família. O trabalho doméstico, segundo a Carta Social, tem valor agregado e produz riqueza e bem-estar, pelo que as pessoas que o desenvolvem, especialmente as donas de casa, têm direito a uma pensão digna e o Estado deve oferecê-la. A família deve cuidar dos mais velhos como orientadores para os novos membros do grupo familiar e o Estado deverá apoiá-los, de modo a favorecer sua qualidade de vida e a harmonia da unidade familiar.

Sendo a família a principal célula da vida social e a principal escola de humanidade e solidariedade, é lógico que a Carta Social das Américas assegure o direito dos lares ao reconhecimento social por parte do Estado, ao suporte institucional para ajudar na formação dos filhos, à assistência profissional para esclarecer as dificuldades da convivência, assim como o apoio material para a manutenção e consolidação da família como unidade básica da sociedade.

No âmbito europeu destacam-se, nessa matéria, a Carta Social Europeia, revisada em 3 de maio de 1996, e a Carta dos Direitos Fundamentais da União Europeia, aprovada em 6-8 de dezembro de 2000. Em ambas encontramos uma regulação dos direitos sociais fundamentais a que fazemos breve referência.

No preâmbulo do texto revisado da Carta Social Europeia recorda-se que todos os direitos humanos são indivisíveis, sejam civis, políticos, econômicos, sociais e culturais. A Parte I da Carta elenca uma série de direitos sociais fundamentais. Entre eles pode-se destacar o direito de toda pessoa a ganhar a vida mediante um trabalho livremente empreendido, a condições justas de trabalho, à segurança e higiene no trabalho, a uma remuneração justa que lhe assegure, assim como à sua família, um nível de vida satisfatório, a se associar livremente em organizações nacionais ou internacionais para a proteção dos seus interesses econômicos e sociais, à negociação coletiva, a uma proteção especial em caso de maternidade, a uma proteção especial para crianças ou adolescentes ante os perigos físicos ou morais a que se encontre exposta, a meios apropriados de orientação profissional que a ajudem a escolher uma profissão conforme às suas aptidões profissionais e a seus interesses, a meios apropriados de formação profissional, a beneficiar-se de todas as medidas que lhes permitam gozar do melhor estado de saúde que possam atingir, à segurança social, à assistência social e médica ainda que careça de recursos suficientes, a beneficiar-se de serviços sociais qualificados, a autonomia, integração social e a participação na vida da comunidade em caso de deficiência.

Além disso, a família, como célula fundamental da sociedade, diz a Parte I da Carta Social Europeia, tem direito a uma apropriada proteção social, jurídica e econômica para assegurar seu pleno desenvolvimento. As crianças e adolescentes têm direito a uma apropriada proteção social, jurídica e econômica. Os nacionais têm direito de exercer em outros países signatários da Carta, em condições de igualdade, qualquer atividade lucrativa, sem prejuízo das restrições decorrentes de razões de natureza econômica e social. A Carta reconhece também o direito dos migrantes à proteção e assistência no território de qualquer país dela signatário.

Outros direitos reconhecidos na Carta Social aos trabalhadores são o direito à igualdade de oportunidades e de tratamento em matéria de emprego e de profissão, à informação e à consulta na empresa, a participar na determinação e na melhoria das condições de trabalho e do meio de trabalho na empresa, à proteção social em caso de idade avançada, à proteção em caso de demissão, à proteção de seus créditos em caso de insolvência do empregador, à dignidade no trabalho.

As pessoas com responsabilidades familiares que ocupem ou desejem ocupar um emprego têm direito de o fazer sem ser submetidas a discriminações e, na medida do possível, sem que haja conflito entre seu emprego e suas responsabilidades familiares.

Os representantes dos trabalhadores, aponta a Carta Social Europeia na Parte I, têm direito a proteção contra os atos suscetíveis de lhes causarem prejuízo e devem beneficiar-se das facilidades adequadas ao desempenho das suas funções. Evidentemente, todos os trabalhadores têm direito de ser informados e consultados nos casos de demissão coletiva. Finalmente, a Parte I da Carta reconhece o direito de toda pessoa à proteção contra a pobreza, a exclusão social e a moradia.

A Parte II da Carta Social Europeia está dirigida a concretizar as obrigações dos Estados para a efetividade dos direitos sociais fundamentais reconhecidos na Parte I. No artigo 1, por exemplo, os Estados comprometem-se a reconhecer como um dos principais objetivos e responsabilidades a realização e a manutenção de um nível de vida o mais elevado e estável possível de emprego, com vista à realização do pleno emprego, a proteger de modo eficaz o direito de o trabalhador ganhar a sua vida por meio de um trabalho livremente escolhido, a estabelecer ou a manter serviços gratuitos de emprego para todos os trabalhadores e a assegurar ou a favorecer uma orientação, uma formação e uma readaptação profissionais apropriadas. Nesse contexto, a Carta vai estabelecendo desde o reconhecimento dos direitos da Parte I às obrigações que concernem aos Estados em cada caso.

No que se refere à Carta dos Direitos Fundamentais da União Europeia, devemos indicar que em seu preâmbulo é feita expressa menção de que a União se funda sobre os valores indivisíveis e universais da dignidade humana, a liberdade, a igualdade e a solidariedade, e a pessoa é o cerne de sua atuação.

A partir desses postulados, o texto de seu artigo 1 destaca: A dignidade do ser humano é inviolável. Deve ser respeitada e protegida. Proibição da escravidão e do trabalho forçado no artigo 5, o reconhecimento do direito à educação no Capítulo II dedicado a Liberdades (artigo 14), assim como à liberdade profissional e ao direito a trabalhar (artigo 16). O Capítulo III refere-se à Igualdade e nele é contido o reconhecimento do direito à igualdade e não discriminação (artigo 20, 21 e 23), o direito à diversidade (artigo 22), os direitos das crianças (artigo 24), os direitos das pessoas idosas (artigo 25), os direitos das pessoas com deficiência (artigo 26).

Finalmente, o Capítulo IV – Solidariedade – reconhece o direito à informação e consulta dos trabalhadores na empresa (artigo 27), o direito de negociação e ação coletiva (artigo 28), o direito de acesso aos serviços de emprego (artigo 29), o direito à proteção em caso de demissão sem justa causa (artigo 30), o direito a trabalhar em condições justas e equitativas (artigo 31), a proibição do trabalho infantil (artigo 32), o direito à proteção jurídica, social e econômica da família (artigo 33), o direito à segurança social e à assistência social (artigo 34), o direito à proteção da saúde (artigo 35), o acesso aos serviços de interesse econômico geral (artigo 36), o direito à proteção do meio ambiente (artigo 37) e à defesa dos consumidores (artigo 38).

A experiência da jurisprudência recente acredita que, apesar das dificuldades existentes para o reconhecimento judicial desses direitos, a causa de sua deficiente formulação em Constituições e legislações, sua exigibilidade judicial é possível. Sobretudo se levamos em conta a argumentação racional que demonstrou o Tribunal Constitucional partindo das bases e dos princípios constitucionais.

Alguns dos casos que se podem estudar se refletem, atualmente, nos atuais instrumentos processuais em uso, que o reconhecimento judicial desses direitos, além da via do Tribunal Constitucional, desde já a mais útil, dá-se através de esquemas de exigibilidade direta e indireta (Abramovich/Courtis), em função de a demanda se basear em um direito social fundamental ou em um direito distinto porém a ele conectado.

Quando, efetivamente, a prestação em que consiste o direito social fundamental está prevista no Ordenamento, ou o mesmo direito fica expressamente reconhecido como tal, não deve haver maiores problemas. Nesses casos, o reconhecimento do direito social fundamental implica a satisfação em que consiste a prestação a ele anexa. Sem ajuda concreta para se alimentar, não há satisfação do direito à alimentação. É verdade que pode haver outros casos nos quais o exercício do direito social fundamental consiste na obrigação de respeitar o direito. É o caso de violação grave à saúde como consequência de ações administrativas que produzem elevados níveis de contaminação ambiental, de violação grave à moradia quando são decretados desalojamentos forçados para pessoas sem recursos, sem oferecer realojamentos. Uma situação polêmica é a adoção por parte do Estado de medidas que alterem negativamente o desfrute de tais direitos sociais fundamentais. A proibição de retrocesso dos direitos sociais fundamentais deveria ser normativamente blindada, em nível constitucional inclusive.

Normalmente, nos casos em que existem obrigações do Estado de proteção e de prestação, a violação se produz em virtude de omissões ou inatividades, sendo de referência o que anteriormente comentamos relativamente às omissões parciais ou absolutas da conduta exigível por parte dos poderes públicos. Tais omissões podem violar a própria Constituição, seja direta ou indiretamente. Diretamente, se tais direitos estão expressamente reconhecidos. Indiretamente, se estão sob a luz do Tribunal Constitucional através da doutrina dos direitos inominados ou por conexão com outros direitos fundamentais que seriam violados igualmente por não estar reconhecido o social fundamental. Também, a violação dos direitos sociais fundamentais pode proceder do descumprimento, por exemplo, do Pacto Internacional sobre Direitos Econômicos, Sociais e Culturais, ou, no âmbito europeu, da contravenção da Carta Europeia dos Direitos Fundamentais, pois o Direito Internacional estabelecido mediante tratados é plenamente aplicável em nível constitucional no interior dos Estados.

Nos casos de omissões do Estado que desrespeitam direitos sociais fundamentais, o que já foi analisado, é necessário, para que o direito social fundamental se materialize, que o poder Judiciário declare que a omissão contravém o ordenamento jurídico e, efetivamente, se posicione o Estado a realizar a prestação em que se concretiza o conteúdo do direito social fundamental violado.

Referente à antijuridicidade da omissão, tal a qualificação, se um tribunal constitucional a realiza não é mais do que a consequência de uma argumentação racional no âmbito de uma interpretação constitucional sistemática, integral e coerente, como tratamos anteriormente. Também, podem-se utilizar juízos de comparação entre as medidas que o Estado poderia ter adotado em relação com a omissão e inclusive com o uso de indicadores numéricos ou estatísticos que demonstrem as consequências graves derivadas da omissão do direito ao mínimo vital. O titular do direito social fundamental, titular de um direito subjetivo de especial relevância, deve pôr à disposição do conhecimento do julgador que a omissão da prestação efetivamente o despoja de parte substancial de sua dignidade de ser humano, obviamente a partir de dados da realidade [empírica].

Nesse tema, é fundamental aclarar que a discricionariedade em matéria de prestações para satisfazer direitos sociais fundamentais é mínima, nula, porque o Estado é obrigado a assegurar os direitos fundamentais e a preservar o livre e solidário desenvolvimento da personalidade, partindo da centralidade da dignidade humana. Tais veículos capitais do ordenamento constitucional se concretizam em cada caso à luz da violação ou contravenção concreta de que se trate.

Com efeito, se a assunção de obrigações em matéria de direitos sociais fundamentais estabelece um catálogo de prioridades que o Estado se comprometeu a assumir, devendo dedicar preferencialmente seus recursos a cumprir tais obrigações antes de dedicá-las a outras áreas, a constatação da omissão deve dar lugar à declaração de ilicitude de tal comportamento omissivo. Declaração de ilicitude que, na medida em que há lesão de direitos pelo funcionamento dos serviços públicos, procede-se à responsabilidade do Estado perante a jurisdição nacional e a internacional, se tal comportamento lesar tratados dessa natureza (Abramovich/Courtis).

Uma vez declarada a ilicitude da omissão do Estado, o passo seguinte é determinar com precisão a conduta concreta a realizar, de modo a reparar o dano causado à pessoa a quem é denegado um direito social fundamental. Ordinariamente, quando se demanda a inatividade da administração e o julgador a estima fundada, a lógica consequência de tal pronunciamento judicial é que o Estado realize essa atividade a que estava obrigado para satisfazer o direito social fundamental que omitiu, sem prejuízo, claro está, da indenização de danos e prejuízos que seja procedente.

Em verdade, que o julgador ordene que a administração realize tal ou qual prestação, consequência da estimativa de uma demanda de inatividade, não supõe que o poder Judiciário invada as competências do Executivo, pela simples razão de que a conduta omitida é uma obrigação jurídica fundamental da administração que o ordenamento lhe impõe e deve realizar para a efetividade de um direito social fundamental, com maior prontidão em caso de urgência ou gravidade. Além disso, a partir do princípio de solvência econômica do Estado e da consideração dos postulados básicos do Estado Social de Direito: promoção dos direitos fundamentais da pessoa, centralidade da dignidade humana e do livre e solidário desenvolvimento da personalidade dos seres humanos, o reconhecimento dos direitos sociais fundamentais, tanto está contemplado expressamente no ordenamento jurídico, quanto é consequência da argumentação racional do juiz competente em matéria de direitos fundamentais da pessoa, deve ser uma realidade com plenos efeitos jurídicos.

Nesses casos, para evitar que a demora na execução de sentenças contra a Administração Pública que estimam demandas que a obrigam a determinadas prestações para satisfazer direitos sociais fundamentais, haver-se-ia que articular sistemas ágeis para de fato evitar que o passar do tempo consiga o contrário da sentença da resolução judicial.

Especialmente graves são os casos dos denominados direitos sociais de mínimos, que são direitos fundamentais da pessoa de natureza social que exigem prestações rápidas e iminentes, de modo a evitar graves quebras da dignidade humana. Referimo-nos a casos relacionados com a saúde, a alimentação, a educação, a moradia ou a proteção social dos trabalhadores. Inclusive, em tais matérias deveria se dispor, por sua especial relevância, de um adequado regime de medidas cautelares positivas que propiciassem, ante a irreversibilidade dos danos a produzir à dignidade humana, o adiantamento de tais prestações.

Abramovich e Courtis analisam diversos casos de exigibilidade direta de direitos sociais fundamentais que podem ter interesse, da perspectiva estudada. Vejamos.

A sentença de 5 de novembro de 1998, ditada pela Câmara Nacional de Apelações no Contencioso Administrativo Federal, Sala IV, da República Argentina, resolveu atender a uma ação de amparo de uma contagiada pela "febre hemorrágica argentina", ou "mal de mato", a fabricar uma vacina contra tal doença como consequência da violação do direito à saúde consistente na omissão da obrigação de prevenção e tratamento das doenças epidêmicas e endêmicas. Nesse caso, apesar de a administração da vacina ser seletiva, de que era pouco rentável para os laboratórios, em atenção às mortes provocadas por tal doença, ordenou-se seu fornecimento à população afetada. A contaminada alegou, além da violação do Estado argentino de seu direito à saúde, que o artigo 12.2 c) do Pacto Internacional sobre os Direitos sociais, Econômicos e Culturais, dispõe o direito a receber do Estado ações concretas de prevenção e tratamento frente a doenças endêmicas e epidêmicas.

A Sala IV da Câmara Nacional de Apelações no Contencioso Administrativo Federal, depois de rejeitar a assistência em primeira instância, aponta que "a declaração de direitos efetuada em nossa Constituição nacional não é somente uma declaração de vontade do Estado que assim reconhece a existência dos direitos individuais, senão que é também um compromisso pelo qual o próprio Estado se obriga a ditar as normas e a cumpri-las, ou seja, que assumiu um compromisso de organizar os serviços e prestações ali previstas". Em seguida, de acordo com o princípio de subsidiariedade, a Câmara Nacional recorda que uma vez comprovado que a iniciativa privada não pode atender a essas demandas de saúde, "não cabe senão concluir que incumbe ao Estado, na qualidade de garantidor, brindar os recursos necessários para fazer frente à doença, de maneira eficaz e oportuna". Isso dito, a chave está em comprovar se a omissão do Estado é acreditada com dano à saúde da pessoa potencialmente contagiada por tal doença. A Câmara entende que as provas são concludentes, da omissão do Estado no processo de produção da vacina com resultado de lesão ao direito à saúde da recorrente, pelo que ordena ao Estado que cumpra estritamente e sem delongas o cronograma fixado para a construção da unidade de produção da vacina.

Nesse caso, chama a atenção o fato de a Câmara, uma vez acreditada a omissão, determina a conduta a seguir pelo Estado, dispondo além de um sistema de seguimento e controle das obrigações fixadas na sentença e responsabilizando diretamente aos poderes públicos por seu descumprimento (Abramovich/Courtis). Tal atuação do julgador poderia nos levar a afirmar que de fato invadiu-se o âmbito do poder Executivo, pois determina-se concretamente a forma em que tal obrigação, em que tal prestação deve ser realizada. É um ponto certamente polêmico, mas a se levar em conta a gravidade, a urgência da pretensão, a natureza dos danos que podem advir, por não se fabricar em prazo adequado a vacina, então se poderá compreender o alcance excepcional de tais decisões judiciais têm Entenda-se que se trata de casos graves, de casos que violam também o direito à vida e, como acontece nesse caso, o próprio Estado havia reconhecido que a produção da vacina era a medida de política de saúde pública adequada para fazer frente a essa doença, ou seja, o Tribunal não invade o âmbito da política pública, mas, sim, ordena a prestação em um tempo adequado à gravidade do dano que pode resultar de uma realização parcimoniosa da prestação.

Outro caso digno de estudo nessa matéria é Beviacqua, objeto de uma decisão da Corte Suprema argentina de 24 de outubro de 2000. Um ente público (Banco Nacional de Drogas Antineoplásicas) que vinha fornecendo um medicamento gratuito a um menino com uma doença grave, em um determinado momento avisou aos pais que tal remédio era entregado pela última vez. Diante de tal situação, a mãe entrou com um recurso baseado na lesão do direito à vida e à saúde garantido pela Constituição argentina. O argumento do Estado foi que o medicamento tinha sido fornecido por razões unicamente humanitárias, já que o menino sofria de uma doença não oncológica e, por isso, podia interrompê-la discricionariamente de forma que o procedente era, segundo a defesa do Estado, que a recorrente solicitasse o medicamento a sua assistência social ou um subsídio ao Estado, de outorga também discricionária, pois, argumentava o advogado do ente público, a responsabilidade estatal na matéria é subsidiária. É necessário apontar que em primeira instância os tribunais não atenderam os argumentos do representante do ente público devido à gravidade da doença, à impossibilidade econômica de comprar o medicamento para a família, à urgência de manter o tratamento de forma regular e permanente, a que o Estado é o garantidor do sistema de saúde e por isso sua atuação viola o direito à vida e à saúde estabelecido na Constituição e nas Normas Internacionais de Direitos Humanos de hierarquia constitucional. Direitos que carregam em seu bojo deveres correlativos do Estado, a serem assumidos na organização do serviço sanitário. Além disso, ao princípio de atuação subsidiária vem se somar o de solidariedade social, pois o Estado deve garantir uma cobertura assistencial a todos os cidadãos, sem discriminação e também porque, não podendo atender ao chamado a obra social correspondente, é o Estado quem, através do Ministério de Saúde, deve intervir subsidiariamente para tutelar os direitos do menino e alcançar uma assistência regular e efetiva.

O Estado, que foi derrotado nas duas instâncias, queixa-se à Corte Suprema argentina, para o que aqui interessa, alegando que não existe fundamento legal para obrigar a atuar o Estado em falta da obra social, pois se comprometem os recursos econômicos para organizar os planos de saúde, em detrimento da população desprovida de cobertura médica.

A Corte Suprema argentina, na sentença de referência, frisa a natureza constitucional do direito à vida e à saúde e proteção das crianças e afirma a obrigação que tem o Estado de cumprir as obrigações derivadas de instrumentos internacionais de direitos humanos de categoria constitucional, garantindo tais direitos com ações positivas. Além disso, a Corte Suprema frisa o dever do Estado de procurar a satisfação dos mais elevados níveis de saúde física e mental para toda a população, apontando que entre as medidas que devem ser adotadas para garantir esses direitos encontra-se, de acordo com o artigo 12 do Pacto Internacional sobre os Direitos Econômicos, sociais e Culturais, a de desenvolver um plano de ação para reduzir a mortalidade infantil, atingir o desenvolvimento saudável das crianças e lhes facilitar serviços médicos em caso de doença, assim como a obrigação por parte do Estado, até o máximo de recursos possíveis, para atingir progressivamente a plena efetividade dos direitos reconhecidos nesse Tratado (artigo 1 do Pacto Internacional sobre os Direitos Econômicos, sociais e Culturais).

A Corte Suprema argentina, nessa sentença de 24 de outubro de 2000, obriga o Estado a manter o fornecimento do medicamento, por subsistirem as razões que deram lugar à entrega do remédio ao menino. Referente à determinação do conteúdo do direito social fundamental à saúde, esse concretiza-se na conduta que deve seguir o Estado para a satisfação do direito fundamental violado, na prestação que é exigível do Estado para satisfazer o direito fundamental. Nessa ordem de questões, a alternativa ao tratamento devido aproxima extraordinariamente as possibilidades da discricionariedade administrativa. Além disso, a gravidade e a irreversibilidade da situação apagam qualquer polêmica acerca da matéria financeira, pois estando a entrega do medicamento entre as obrigações do ministério, dispensa-se qualquer comentário adicional.

Além da exigibilidade direta dos direitos sociais fundamentais, é possível a exigibilidade indireta, técnica que parte da consideração desses direitos como conexos a outros, ou seja, existem estratégias de proteção indireta dos direitos sociais fundamentais através de sua conexão com outros direitos que oferecem maiores possibilidades de justiciabilidade.

É o caso do direito ao devido processo, regulado no artigo 6.1 do Convênio Europeu de Direitos Humanos. O Tribunal Europeu de Direitos Humanos oferece possibilidades de proteção de alguns direitos sociais fundamentais a partir desse direito fundamental da pessoa. Por exemplo, no caso Deumeland, o Tribunal Europeu, por sentença de 29 de maio de 1986, entendeu, seguindo uma jurisprudência anterior, que o termo direitos e obrigações de caráter civil não pode circunscrever-se unicamente a controvérsias de natureza civil. Nesse caso, percepção de uma pensão complementaria de viuvez, considerou-se que existiam aspectos de direito civil e aspectos de Direito Público e que precisamente as questões público-jurídicas tinham mais relevância do que as jurídico-privadas e declarou-se ajustada a pretensão do recorrente alemão, por ter sido superado com acréscimos o prazo razoável para resolver a solicitação administrativa. Relevante é que o Tribunal tenha reconhecido que a duração do processo foi anormal, levando em conta a diligência particular requerida quando se trata do direito à segurança social.

No caso Feldbrugge, decidido por sentença do Tribunal Europeu de Direitos Humanos (TEDH) em 29 de maio de 1986, ventilava-se o direito da recorrente holandesa a perceber as prestações por doença, uma vez que deu baixa em seu trabalho por uma doença que a incapacitava para trabalhar. O TEDH entendeu também que havia sido violado o artigo 6.1 da Convenção Europeia, por não ter podido desfrutar a demandante de um procedimento, de acordo com as regras do devido processo estabelecidas no citado preceito da Convenção.

Outros casos refletem que, para determinados direitos sociais fundamentais – direito à segurança social (sentença de 26 de fevereiro de 1993), direito à assistência social (sentença de 24 de novembro de 1993) –, o TEDH entende que é de aplicação o disposto no artigo 6.1 da Convenção, ou seja, o direito ao devido processo, que serve de direito fundamental, a partir do qual podem-se proteger direitos sociais fundamentais. Para o caso do sistema de proteção de direitos humanos americano, é verdade que o direito ao devido processo está reconhecido na Carta Americana, artigo 6.1, mas na realidade por ela não se conhecem casos em que se tenha outorgado, como na Europa, proteção aos direitos sociais fundamentais. No entanto, por via do artigo 8 da Carta Americana abriu-se um caminho interessante ao entender que a impossibilidade do acesso à justiça por impossibilidade de recursos econômicos pode justificar algumas exceções ao princípio de esgotamento dos recursos internos (Abramovich/Courtis).

Uma vez admitida a possibilidade de proteção de direitos sociais fundamentais a partir do direito ao devido processo, podemos nos perguntar que elementos dessa garantia são os realmente relevantes para proceder à proteção de tais direitos. Um mais importante é o da condição econômica dos recorrentes para o acesso à justiça. Outro elemento bem relevante, já reconhecido na Carta Europeia dos Direitos Fundamentais, 2000, e recentemente na Carta Ibero-americana dos Direitos e Deveres dos Cidadãos perante a Administração Pública, é o direito ao prazo razoável, que forma parte, como mais adiante veremos, do direito fundamental da pessoa a uma boa Administração Pública. Nesses casos, sabemos que em muitos direitos sociais fundamentais, sobre todos os mínimos, a urgência e o estado de necessidade não admitem dilações nem atrasos indevidos ou injustificados, inclusive ainda que justificados. Como muitos direitos sociais fundamentais dependem de atuações administrativas, se não houver um sistema adequado de recursos que garanta uma revisão independente, também pode haver aí motivo de violação de direitos sociais fundamentais. Além disso, a desigualdade processual entre recorrente e poder público, latente ainda em muitos países do mundo, também afeta desfavoravelmente a efetividade dos direitos sociais fundamentais.

Outra fonte de possibilidades para a proteção de direitos sociais fundamentais procede do direito à tutela jurisdicional efetiva, o direito a um recurso judicial efetivo. De fato, quando o sistema jurídico não prevê um regime eficaz de execução de sentenças que condenam à administração a determinadas prestações consistentes em obrigações de fazer ou de dar imprescindíveis para a efetividade de um direito social fundamental, então, tal ou qual direito social fundamental é simplesmente ilusório, uma quimera. Nesse sentido, a defeituosa orçamentação nos ministérios de ordem social, muitas vezes o grande trunfo para a inoperância desses direitos, poderia ser resolvida indicando que os direitos sociais fundamentais, sobretudo os mínimos, os que afetam o mínimo vital, são de vinculação obrigatória para os ministérios afetados, que devem organizar a técnica orçamentária a partir desse asserto fundamental. Também pode ser um problema insolúvel a ausência de ações ou recursos adequados para reclamar direitos sociais fundamentais uma vez estes afirmados, seja pela letra da Norma, pela argumentação racional dos tribunais, ou pela doutrina dos direitos conexos que se dispõem dessa proteção jurisdicional.

Nesse contexto, pode-se conseguir a exigibilidade judicial dos direitos sociais fundamentais, acionando diante de barreiras normativas ou condições normativas que impedem o normal desdobramento de tais direitos. Também é digno de se considerar que em certas ocasiões é possível derivar a contravenção de um direito social fundamental a partir de violações de direitos fundamentais de ordem individual. Nessa direção, também pode ser um bom caminho processual para a proteção dos direitos sociais fundamentais acionar juridicamente ante a contravenção de um direito fundamental individual por conta de um contexto socioeconômico desfavorável. A Declaração de Quito, de 24 de julho, acerca da exigibilidade e realização dos DESC na América Latina e no Caribe, assinada por um bom número de organismos de defesa dos direitos humanos na região, além de tratar das obrigações dos Estados, destaca o problema da exigibilidade de tais direitos nessa parte tão relevante do planeta. Na medida em que os direitos sociais fundamentais são parte integrante dos DESC, com as modulações e cautelas de rigor, o conteúdo dessa Declaração ajuda a compreender melhor ainda a importância do pleno reconhecimento desses direitos e a necessidade de sua proteção processual ao mesmo nível, porque o são, que os direitos fundamentais da pessoa.

A Declaração, após nos ilustrar acerca da importância desses direitos, dedica ao tema princípios gerais que, depois de tudo o que já sabemos sobre os direitos sociais fundamentais, ajuda a compreender ainda melhor a importância dessa espinhosa e delicada questão. Ela nos relembra que a dignidade humana é a fonte de todos os direitos humanos e que estes, sendo universais, indivisíveis, interdependentes e exigíveis, compreendem os clássicos ou de liberdade e os sociais ou de prestação. Aliás, constata a importância dos direitos sociais fundamentais para a realização dos direitos fundamentais clássicos, os direitos civis e políticos e que o Estado tem a primordial obrigação de respeitar, proteger e promover os direitos sociais fundamentais diante da comunidade internacional e os povos. Por isso, a legislação interna e supranacional deve regular esses direitos para prevenir, repelir ou sancionar as violações que se produzam, seja quem as perpetre, Estados, empresas ou organizações multilaterais.

A exigibilidade desses direitos sociais fundamentais tem uma dimensão jurídico-formal e, claro, uma dimensão participativa bem relevante. De fato, o direito à participação deriva do direito fundamental à boa administração e consiste, nesse âmbito, em que a cidadania tome parte nos processos de verificação do cumprimento desses direitos sociais fundamentais para além da existência de mecanismos formais de recurso que permitam uma adequada tutela jurisdicional e administrativa na defesa, proteção e promoção de tais direitos.

Os direitos sociais fundamentais, levando-se em conta a Declaração de Quito, determinam os limites mínimos que deve garantir o Estado para assegurar o direito fundamental ao mínimo vital e, por outro lado, orientam as políticas públicas dirigidas ao melhoramento progressivo do nível de vida dos cidadãos mediante o cumprimento de todos e cada um dos direitos sociais fundamentais.

TUTELA JURISDICIONAL EFETIVA E DIREITOS SOCIAIS FUNDAMENTAIS

Capítulo à parte merecem as relações entre o direito à tutela administrativa efetiva, direito componente como analisamos do direito fundamental a uma boa Administração Pública, e os direitos sociais fundamentais. Uma questão em que se constata a incapacidade das técnicas jurídicas do modelo de Direito Administrativo clássico para se adequar aos parâmetros do Estado Social e Democrático de Direito.

Na realidade, o Direito Administrativo que ainda estudamos em nossas Faculdades é pensado para a proteção dos direitos individuais a partir de uma concepção do direito subjetivo desse teor. Nesse sentido, o problema da omissão administrativa inconstitucional não dispõe das mesmas condições de ajuizamento que, por exemplo, as ações administrativas contrárias ao Direito. Além disso, a dimensão objetiva dos direitos fundamentais da pessoa, que obviamente participa dos de natureza social, exigindo a construção de instituições administrativas dirigidas à realização da dimensão objetiva dos direitos fundamentais (Hachem).

No fundo, trata-se de confirmar que o Direito Administrativo, como consequência do Estado Social e Democrático de Direito, é chamado a facilitar, através de suas categorias, instituições e técnicas, a realização do interesse geral de forma objetiva. Nessa tarefa, se concordamos que o interesse geral contém uma esfera de indisponibilidade que se chama direitos fundamentais da pessoa, sejam eles individuais ou sociais, então estaremos situados na trilha apropriada.

De fato, o Direito Administrativo do Estado Social e Democrático de Direito terá de mudar seus paradigmas para se orientar não tanto à defesa, proteção e promoção dos direitos fundamentais de liberdade ou individuais, senão também e sobretudo à realização da dimensão objetiva dos direitos fundamentais. À defesa, proteção e promoção, também, e sobretudo, dos denominados direitos sociais fundamentais.

O Direito Administrativo não deve exclusivamente assentar-se sobre técnicas de reação ante as lesões ou contravenções por parte do Estado, da dimensão subjetiva de posições jurídicas fundamentais de cunho individual, mas deve também, partindo de sua vocação à realização objetiva do interesse geral, construir técnicas que enfatizem a necessidade de combater as omissões administrativas orientadas a realizar a dimensão objetiva dos direitos fundamentais. Nesse ponto, adquire especial relevância o direito fundamental à boa administração e o direito à tutela administrativa efetiva como direito nele integrado.

Essa visão do Direito Administrativo como protetor por antonomásia do cidadão não se coaduna como postulados do Estado Social e Democrático de Direito. Antes, surge como consequência do afloramento do Estado liberal de direito no fim do século 18 e hoje, no início do século 21, as coisas mudaram substancialmente e a estrutura do Direito Administrativo, construído para esse modelo de Estado, deve se adequar ao novo modelo, tarefa que certamente encontra grandes e complicados obstáculos e impedimentos. Um deles, não menor, é a resistência a considerar como direitos fundamentais reais os denominados direitos sociais fundamentais.

Nesse contexto, seguimos ainda em uma concepção na que o direito fundamental da pessoa é concebido de forma individual e o Estado se orienta à proteção da dimensão subjetivo-individualista, esquecendo a essência mesma desse modelo de Estado, que se encontra, como bem sabemos, na realização do aspecto objetivo dos direitos fundamentais, o que converte os poderes públicos em promotores incansáveis, através da função promocional, do interesse geral.

O Direito Administrativo emanado da lógica do Estado liberal de direito fundou-se em uma visão positivista do princípio de legalidade e na redução do papel do julgador a ser única e exclusivamente a palavra da lei. Somente se podiam invocar os direitos expressamente estabelecidos na lei e, por outro lado, em função dessa rígida separação de poderes que patrocinava um Executivo-administrativo autônomo surgiram as principais prerrogativas do atuar administrativo, executividade e executoriedade, que, no âmbito de uma autotutela que impedia acudir ao julgador, explicam ao caráter autoritário do surgimento da função administrativa após a Revolução Francesa. Até que o Conselho de Estado nasça precisamente como uma administração que julga a própria Administração Pública.

Os juízes, para preservar a liberdade do indivíduo, não podiam interpretar a lei, por submissão a ela e tudo o que podiam fazer era limitarem-se a reproduzir literalmente em suas sentenças a letra da lei. Nesse contexto, entende-se perfeitamente que o juiz, quando muito, podia declarar não ajustada à lei a conduta administrativa, mas condenar à administração por não realizar prestações positivas era algo inesperado, pois então pareceria que o poder Judiciário estaria invadindo a esfera de atuação de outro poder do Estado.

Por outro lado, é necessário frisar que naquela época a construção do Direito Administrativo partia, de acordo com os postulados expostos, do ato administrativo, da ação ou atividade administrativa, que se ergue como peça chave de todo um sistema jurídico-público. O contencioso administrativo, como sabemos, nasce como um processo no ato, sem que se pudessem julgar por aquele, então, mais do que decisões concretas da ação da máquina administrativa. Isso era assim porque normalmente a lesão dos direitos individuais por parte do Estado procedia de ações concretas e não tanto de sua inatividade ou sua omissão.

Aqui temos, em estado puro, a dimensão subjetiva dos direitos fundamentais, pois o determinante era que existissem espaços de liberdade, imunes às intervenções externas dos poderes públicos, especialmente em matéria de direito à propriedade, o grande protegido da época. Protegiam-se os direitos individuais e ainda que pareça contraditório e paradoxal estamos, então, diante de um Direito Administrativo especializado em proteger as pessoas dos excessos da administração com independência de sua principal função, a defesa do serviço dirigido para o interesse geral. Garantias para os direitos subjetivos e privilégio e prerrogativas constituem os elementos básicos que permitiram montar todo esse Direito Administrativo pensado exclusivamente como *longa manus* da burguesia, em defesa de sua posição e manutenção do *status quo*.

Esse Direito Administrativo era liberal porque protegia os indivíduos da ação ilegal administrativa e não de suas omissões; subjetivista, porque se centrava no direito subjetivo sem possibilidade de outras formas de tutela do interesse geral; e individualista porque não atendia a pretensões coletivas (Hachem). Esse Direito Administrativo, com alguns matizes, é recebido nos países do continente europeu e, por extensão, nas nações americanas influenciadas pela presença espanhola e portuguesa na América.

Foi preciso esperar pelo século 20 e pela formulação do Estado Social e Democrático de Direito para que o Direito Administrativo, fruto da dimensão objetiva dos direitos fundamentais e da centralidade da dignidade humana, assumisse sua função principal, que não se trata somente da proteção dos indivíduos contra os excessos do poder público, senão a de promover o serviço dirigido para o interesse geral, tarefa em que se enquadra a proteção, defesa e promoção de todos e cada um dos direitos fundamentais das pessoas, inclusive, claro está, os direitos sociais fundamentais.

Essa nova perspectiva enfatiza os deveres e obrigações administrativas enquanto meios para o livre e solidário desenvolvimento da personalidade humana. Por isso, as categorias, instituições e técnicas desse novo Direito Administrativo devem se orientar para essa finalidade. Para tanto, deve-se atribuir especial relevância a possibilidade de impugnar as omissões e inatividades antijurídicas da administração que lesem direitos fundamentais, o que se consegue com um novo contencioso protetor do direito, não tanto revisor de atos e, também, a abertura da legitimação mais além do direito subjetivo, pois principiam então reconhecer, junto aos interesses legítimos, os interesses coletivos, corporativos, assim como as ações populares, agora de grande atualidade no que se refere à defesa e proteção do interesse geral, como consequência dos ilícitos administrativos.

Como apontamos anteriormente, no Estado Social e Democrático de Direito, os direitos fundamentais da pessoa assumem agora também a função de diretrizes, motores da ação administrativa que, assim, assume como tarefa prioritária a realização de tais direitos. Direitos, os fundamentais, todos, os de liberdade e os sociais, que estão vinculados indelével e essencialmente à realização objetiva do interesse geral. Interesse que, como também ressaltamos, dispõe de uma alma ou natureza na que estão inseparavelmente inscritos os direitos fundamentais da pessoa como expressões primordiais e inevitáveis da dignidade do ser humano.

Nesse contexto compreende-se cabalmente que as inatividades, as omissões das obrigações da administração lesam gravemente a realização do Estado Social e Democrático de Direito, pois impedem o desdobramento, a potencialidade da máquina pública, destinada a promover, remover quando preciso, os direitos fundamentais das pessoas. Também, o Estado Social e Democrático de Direito consiste, dito resumidamente, em prestações, em obrigações, em tarefas que, se não realizadas, o anulam na mesma raiz. Por isso, o controle judicial da inatividade, afortunadamente já presente em muitas normas do contencioso administrativo, é uma venturosa realidade. Presença que era a lógica consequência da chamada cláusula do Estado Social e Democrático de Direito, enquanto esse deve promover os direitos fundamentais todos, remover os obstáculos que impeçam seu cumprimento e facilitar a participação cidadã.

O controle judicial das omissões permite obrigar a administração a cumprir os deveres que lhe impõe a norma jurídica para a efetividade dos direitos sociais fundamentais. Não se trata, em tais casos, de superar a separação de poderes, o que aconteceria se o julgador entrasse na delimitação precisa e concreta da forma e modo em que a administração deve cumprir a prestação. Trata-se, outrossim, de anular a omissão, cuja consequência não é outra que a de um mandato de atuação. Coisa distinta é que a norma jurídica, coisa rara, imponha obrigações genéricas. Nesse caso, o julgador poderá ordenar a administração a cumprir a obrigação que lhe cabe, seguindo as normas e princípios do direito fundamental a uma boa Administração Pública, em particular do direito à tutela administrativa efetiva, que é um de seus direitos componentes mais relevantes.

O direito à tutela administrativa efetiva significa que o cidadão, desde que entra em contato com a administração até que ela atue, ou se omita, tem direito a que em qualquer momento a administração se submeta plena e completamente à lei e ao direito, ou seja, ao princípio de juridicidade. Desde a formação da vontade administrativa até, se for o caso, o ato administrativo e o executor e executória, o cidadão tem direito a que as atuações administrativas em que ordinariamente consiste um procedimento estejam regidas completamente pela lei e pelo Direito, pelo ordenamento jurídico em conjunto. Tal direito é consequência da força da matriz cultural político-jurídica da dignidade humana, que exige a todo momento que, nas relações jurídicas em que uma das partes seja um cidadão, lhe sejam reconhecidos todos seus direitos, especialmente se a outra parte é pública, o direito fundamental à boa administração.

O procedimento administrativo deve ser contemplado, então, da ótica do direito à boa administração e não tanto da verticalidade dos privilégios ou das prerrogativas. O direito à tutela administrativa efetiva não se identifica, se se inspira com o direito à tutela jurisdicional efetiva por razões óbvias. No caso da tutela administrativa efetiva, trata-se de que a tutela não se postergue à via judicial, senão que a lei e o Direito amparem o cidadão em suas relações com a Administração Pública e assim possa obter, se for o caso, uma resolução em Direito (Gutierrez Colantuono).

A tutela efetiva, entendida em sentido amplo, equivale praticamente ao mesmo direito à boa administração. Dessa perspectiva, a realização da tutela administrativa efetiva concretiza-se, por sua vez, em outros direitos. A saber, o direito de petição, o direito de audiência e subsequente direito de participação, o direito de acesso ao expediente, o direito a oferecer e produzir provas, o direito à defesa, o direito a advogado, o direito à tutela cautelar, o direito a um formalismo atenuado, o direito a uma resolução em prazo razoável, o direito a uma resolução fundada em que se considerem as razões declaradas pelos cidadãos, o direito a interpor recursos ante o superior hierárquico que ditou o ato, o direito ao acesso gratuito aos recursos administrativos (Hachem).

A tutela administrativa efetiva é um princípio jurídico e um direito fundamental do cidadão derivado do mais amplo direito à boa administração. Como direito fundamental, tem um conteúdo próprio, que consiste em receber da administração em um prazo razoável uma tutela efetiva de seus direitos, que habilita para a adoção de todas as técnicas e procedimentos administrativos ordenados e proíbe o Estado de atuar contra os direitos fundamentais das pessoas (Hachem).

Uma consequência do direito à tutela administrativa efetiva se traduz no dever geral da Administração Pública de promover integral e espontaneamente os direitos fundamentais das pessoas. Se a administração cumpre essa relevante tarefa a ela ordenada pelo Estado Social e Democrático de Direito, certamente assumirá um relevante papel preventivo que evitará muitos conflitos entre as pessoas e o Estado, ou seja, o administrador público, unilateral ou conjuntamente, dispõe do dever-poder, no que se refere a sua atividade materialmente judicial, de interpretar sistematicamente o ordenamento constitucional para deduzir, ainda que seja implicitamente, as soluções mais adequadas à proteção integral dos direitos fundamentais do cidadão.

Efetivamente, se a Constituição vincula diretamente todos os cidadãos e os poderes públicos, é razoável que os integrantes do poder administrativo possam aplicar a norma fundamental a suas decisões, ou seja, a Constituição ordena aos poderes públicos que promovam condições para a efetividade dos direitos fundamentais e que removam os obstáculos que impeçam seu cumprimento, de maneira que sobre a administração impere a obrigação geral, de origem constitucional, de pensar estruturas, organizações e procedimentos adequados para que os titulares dos direitos fundamentais, sejam eles individuais ou sociais, possam exercê-los em seu mais alto grau.

A tutela administrativa efetiva, então, acarreta a obrigação administrativa de promover os direitos fundamentais sociais de forma espontânea, porque forma parte do ser e da essência de uma administração incorporada no Estado Social e Democrático de Direito e, também de forma integral, porque não se reduz ao mínimo vital, senão à totalidade dos direitos sociais fundamentais. Tal forma de encarar o Direito Administrativo implica uma reformulação da forma em que até agora entendeu-se majoritariamente instituições ilustres como o procedimento administrativo ou a responsabilidade extracontratual ou patrimonial do Estado.

Por outro lado, a discricionariedade administrativa encontra limites e sujeições que devem orientá-la a se posicionar sempre a favor do direito social fundamental e, além disso, como já indicamos, a tutela administrativa efetiva impede que a administração possa atuar a favor de interesses secundários que violem os direitos sociais fundamentais. Também é de tal profundidade a redução da discricionariedade administrativa nesses casos que se poderia afirmar que nessa matéria não há discricionariedade porque a obrigação da administração é pura e simplesmente promover, defender, proteger o direito fundamental.

O interesse primário é o interesse geral que em um Estado Social e Democrático de Direito orienta-se precisamente à promoção da liberdade solidária das pessoas, ou igualmente, à facilitação de todos e cada um dos direitos fundamentais inerentes à pessoa humana. O interesse geral é o princípio supremo e preferencial que vincula a Administração Pública, um princípio que dispõe de uma substância ou alma inseparável que o caracteriza radicalmente: sua vocação e missão à promoção de todos e cada um dos direitos fundamentais da pessoa. Em verdade, não poderia haver interesses de nenhuma natureza na atuação administrativa que se contraponham ao interesse geral.

Junto à redução completa do espaço da discricionariedade, o direito à tutela administrativa efetiva impõe à administração o dever de adotar espontaneamente todas as medidas disponíveis para a satisfação máxima de todos os direitos fundamentais do cidadão, ainda que não exista previsão legal na matéria. Tal afirmação é polêmica na Espanha, pois a Constituição exige que determinados direitos sociais fundamentais, regulados constitucionalmente sob o arcabouço dos princípios orientadores da política social e econômica, para sua efetividade, estejam regulados em uma lei *ad hoc*.

Ora, sendo essa norma materialmente inconstitucional, como já adiantamos, procede apontar que nesses casos não há mais que se partir da função promocional dos poderes públicos, inscrita no texto constitucional, e considerar a doutrina da aplicação imediata e o efeito direto dos direitos fundamentais tal e como reconhece o Constitucionalismo social, reunido em praticamente todos os países. Afirmar com caráter absoluto o princípio de legalidade em sentido positivo e negativo, tal e como se formulou há vários séculos, com a consequente contravenção de direitos fundamentais, é incongruente com as bases constitucionais do modelo do Estado Social e Democrático de Direito.

De fato, se a tutela administrativa é efetiva, não pode ser ineficaz ou facilitadora de lesões de direitos fundamentais. Assim, nesses casos de omissão legislativa, também os direitos fundamentais devem ser defendidos, protegidos ou promovidos, pois o contrário seria absurdo. Hoje, o princípio de supremacia da Constituição ajuda a resolver esses problemas por essa via, na qual, obviamente, a administração é, como apontamos, um princípio de Direito, uma obrigação inerente à Administração Pública e, também, um direito fundamental do cidadão.

Nesses casos, em que não existem legislação que estabeleça a forma de atuar da administração em relação a um direito fundamental, o peso e o empecilho também, da vinculação negativa e positiva da administração à lei, coerente em um sistema de Estado liberal de direito, devem ser superados em um sistema de Estado Social e Democrático de Direito o porque agora, admitida a dimensão objetiva dos direitos fundamentais, devem-se buscar soluções para uma Administração Pública que, por conta da incapacidade social, deve promover muitos direitos sociais fundamentais à base de prestações e obrigações de fazer. Em tais casos, a efetividade de um direito fundamental não pode esperar que o Legislativo ou o Executivo se digne a imiscuir-se no assunto, em outras palavras. A própria efetividade do Estado Social está condicionada a uma adaptação dos princípios de legalidade e separação de poderes coerentes com o modelo de Estado proposto em nossas Constituições (Parejo Alfonso).

A solução deve ser buscada no âmbito de uma adequada articulação entre supremacia constitucional e legalidade administrativa. Não seria coerente que a efetividade da Constituição fosse condicionada ao que disponha a lei ou ao que dite uma lei. Por isso, cumpre afirmar com procedência, mas com segurança, que nesses casos a administração, analisando a questão, com sujeição à boa Administração Pública e no âmbito da Constituição, deve atuar para garantir a efetividade de um direito social fundamental. Do contrário, a eficácia dos direitos fundamentais não seria imediata, pois eles só vinculariam à administração na medida em que assim o dispusesse a lei.

O que equivale a afirmar que a Constituição estaria acondicionada à lei, quando é o contrário, a lei é que depende da Constituição e a ela deve estar subordinada. A solução proposta por

Hachem a partir da multifuncionalidade dos direitos fundamentais é convincente, pois de fato a atuação administrativa *praeter legem* atua na função defensiva, mas no âmbito promocional, no espaço das obrigações administrativas, das prestações materiais, da criação de estruturas e do estabelecimento de procedimentos é mister afirmar a necessidade da atuação administrativa na ausência da lei, pois sua aplicação deriva diretamente da Constituição.

O pensamento complementar entre supremacia constitucional e legalidade da atividade administrativa ajuda a resolver esses problemas partindo do modelo do Estado Social e Democrático de Direito e sua funcionalidade e sentido. A legalidade administrativa não pode ser o obstáculo que impede o desdobramento dos postulados do Estado Social e Democrático de Direito senão um dos instrumentos necessários para que a administração se inserte nessa nova lógica. A legalidade administrativa não somente objetiva a proteção dos cidadãos diante dos excessos e imunidades do poder público, senão que agora, no novo modelo de Estado, deve ser um instrumento necessário para a defesa, proteção e promoção dos direitos fundamentais das pessoas, inclusive, evidentemente, os direitos sociais fundamentais. Se assim não fosse, tal princípio perderia seu sentido e adequação ao superior critério da supremacia constitucional.

A conduta administrativa *praeter legem* em matéria de direitos sociais fundamentais é autorizada com o propósito de ampliar a esfera jurídica dos cidadãos e garantir a efetividade de seus direitos fundamentais a partir da Constituição e do bloqueio de constitucionalidade. Nos casos em que a administração possa afetar negativamente a esfera jurídica do cidadão, esta permanece completamente vinculada à lei. Para chegar a tal solução, deve-se superar a visão tradicional do princípio de vinculação negativa (lei como limite) e positiva (lei como pressuposto) e situar-se no princípio de juridicidade, algo que na Espanha e na Alemanha reconhece a mesma Constituição, pois esta submete-se à lei e ao Direito.

A juridicidade integra a legalidade e por isso a regra é a submissão à lei da atividade administrativa, mas quando não existe não quer dizer que se impeça a eficácia direta dos direitos fundamentais da pessoa, senão que nesses casos deve-se buscar a solução que permita a vinculação direta e imediata da Norma Fundamental. Por isso, a juridicidade significa que a administração se sujeita ao direito como um todo, ao ordenamento jurídico, a todas as normas-princípios e às normas-regras inscritas no ordenamento jurídico (ética, segurança jurídica, proporcionalidade, racionalidade...), ao princípio de legalidade em sentido formal que adquire seu pleno sentido no âmbito da juridicidade ou legalidade ampla (Hachem).

O direito à tutela administrativa efetiva, como derivado do mais amplo direito à boa Administração Pública, supõe, na matéria que nos ocupa, que a administração atua em prazo razoável. Destacamos que nesses casos as dilações indevidas impedem muitas vezes a efetividade de tais direitos com os consequentes danos irreversíveis que em muitos casos se produzem. De fato, o procedimento administrativo é o caminho ordinário através do qual garantem-se ou não os direitos sociais fundamentais, pois por ele são exigidas das autoridades administrativas o cumprimento das pretensões jurídicas fundamentais contidas nos direitos dessa categoria. No âmbito do procedimento administrativo o cidadão poderá solicitar ao Estado para que no exercício de sua função administrativa atenda ao conteúdo jurídico da norma de direito fundamental seja adotado um comportamento negativo, não interferindo, ou adotando uma conduta positiva, cumprindo a prestação que corresponda (Hachem).

Em outras palavras, o procedimento administrativo no Estado Social e Democrático de Direito, tem uma dupla natureza. Por um lado, é um espaço de defesa do cidadão ante as invasões do poder público em relação com seus direitos e, por outro, é um instrumento que permite ao cidadão exigir do Estado o cumprimento de suas obrigações de fazer que permitam o exercício de seus direitos fundamentais. O Estado Social e Democrático de Direito força esta compreensão do procedimento posto que agora o caminho do que se vale a função promocional dos poderes públicos, em que substancialmente consiste o Estado Social e Democrático de Direito, é precisamente o procedimento administrativo. Daí que tudo o que apontamos acerca do direito fundamental à boa

Administração Pública deve ser projetado sobre o procedimento administrativo através do qual a administração deve fazer efetivos esses direitos sociais fundamentais.

Nessa matéria, como em todas as que está em jogo o Estado Social e Democrático de Direito, requer especial destaque a centralidade da dignidade humana, elemento modular do interesse geral, ou seja, os interesses que maneja o Estado, inclusive os orçamentários, interesses claramente lícitos, devem ordenar-se e adequar-se ao fim supremo do Estado, que é a promoção da liberdade solidária das pessoas. É hora de afirmar categórica e radicalmente, se acreditamos nos parâmetros do Estado Social e Democrático de Direito, que enquanto as instituições, categorias e técnicas administrativas não se construam para e pelo fortalecimento e desenvolvimento da dignidade humana, estaremos, em outras palavras, costurando sem linha.

Os direitos sociais fundamentais, os direitos fundamentais em geral podem estar explicitamente reconhecidos na Constituição, podem derivar do bloqueio de constitucionalidade, dos tratados internacionais de direitos humanos, podem ser deduzidos por conexão com outros direitos fundamentais, ou podem ser alcançados através da argumentação racional realizada pelo supremo intérprete da Constituição. Em todos esses casos, a administração também é obrigada a defender, proteger e promover todos e cada um dos direitos fundamentais das pessoas.

A Administração Pública, vinculada pela tutela administrativa efetiva, deve atuar com pleno respeito aos direitos sociais fundamentais, deve protegê-los e obviamente promovê-los através de prestações e demais técnicas disponíveis. Respeitá-los quer dizer não violá-los, nem material nem formalmente, nem por ação ou por omissão, nem expressa ou implicitamente. Protegê-los quer dizer pôr à disposição dos cidadãos um sistema efetivo de reações jurídicas, para quando forem violados, e promovê-los implica a assunção de prestações para o exercício dos direitos sociais fundamentais.

DIREITO ORÇAMENTÁRIO E DIREITOS SOCIAIS FUNDAMENTAIS

O Direito Orçamental é uma parte básica do Direito Público. A ponto de que, sem a existência de um orçamento razoável, as políticas públicas e a operabilidade do Direito Administrativo seriam uma quimera. Também, o modelo do Estado Social e Democrático de Direito, fundado na centralidade da dignidade humana e seus direitos inalienáveis, sociais e individuais, individuais e sociais, não seria juridicamente possível se o orçamento público não se refletisse de maneira concreta nos objetivos e valores constitucionais fundantes desse modelo de Estado com traços concretos e definidos. Traços concretos e definidos que dependerão, é lógico, das circunstâncias próprias e peculiares da situação social, política e econômica de cada país, de cada nação.

Se o Direito Administrativo é o Direito Constitucional concretizado, o Direito orçamental, que é, tem sido e deve seguir como parte elementar do Direito Administrativo, deve traduzir em cifras concretas, com participação social, os conteúdos próprios do Estado Social e Democrático de Direito em função, assim deve ser, das prioridades dos eleitores. Prioridades que partem da existência de uma série de mínimos que devem estar reunidos na lei de orçamento, assim como os princípios de proibição de retrocesso em matéria de direitos sociais fundamentais e de promoção e progressão desses direitos.

O conteúdo do orçamento deve ser definido e realizado a serviço objetivo do interesse geral. De uma forma muito especial, o gasto público[3] deve atender, como aponta a Constituição espanhola em seu artigo 31, aos princípios de economia, eficiência e equidade, posto que a principal norma jurídica que disciplina as arrecadações e gastos do Estado se não atende à coesão social, à equidade, aos direitos sociais fundamentais, não cumpre com os postulados da forma do Estado que hoje, com algumas exceções, predomina no mundo todo: o Estado Social e Democrático de Direito. Também, se o gasto público não se ordena às necessidades públicas, ao interesse geral, é ilegítimo (Villegas).

Os gastos públicos projetam-se também sobre as novas gerações (Ahumada), pelo que muitas das práticas de endividamento que atualmente assumem governos de uma e outra bandeira são abertas e claras contravenções do elementar princípio de soli-

---

3 N. T.: Entendendo-se "gasto(s) público(s)" como despesas de orçamento e, não, como despesas correntes com a máquina pública (funcionalismo etc.).

dariedade intergeracional, consequência direta do princípio de solidariedade que caracteriza essencialmente o Estado Social e Democrático de Direito. É o que se denomina princípio de solidariedade intergeracional, lesado e preterido em nossos dias, como poucos.

Os gastos públicos, sendo eles uma questão diretamente vinculada ao modelo de Estado, costumam ser abordados da perspectiva das obrigações do Estado em relação com as quais estuda-se sua fonte, as condições de validade, sua exigibilidade, as competências para obrigar ao Estado, os sujeitos passivos ou ativos e, fundamentalmente, seu cumprimento ou incumprimento. Como aponta Pascual Garcia, tratando-se como se trata o gasto público em sua totalidade, não se vislumbra um instrumento de análise que permita apreciar sua conexão com os mesmos princípios que o informam, economia, eficiência ou equidade, nem se estuda em sua singularidade, atendendo à estrutura das distintas relações de gasto que se estabelecem entre o Estado e seus credores.

O Direito Orçamental, parte integrante do Direito Administrativo, ficou, assim, solto do âmbito constitucional e, como tantas instituições do Direito Público, continua ilhado e à margem dos postulados constitucionais. É verdade que os gastos públicos atendem à economia geral do país e por isso, porque os gastos sociais são gastos de desenvolvimento, é fundamental que entre as prioridades do orçamento eles ocupem um lugar apropriado à exigência orçamentária que traz em si mesma a dimensão social do Estado moderno, ou seja, o gasto público também deve objetivar alcançar finalidades sociais e substancialmente redistributivas da riqueza nacional. O orçamento deve acomodar as políticas públicas, todas, também as de ordem social.

Não é por acaso que na Constituição espanhola de 1978 o artigo 31 aponta que os princípios da realização dos gastos públicos são a economia, a eficiência e os gastos públicos. Princípios que devem integrar-se harmonicamente, da perspectiva do pensamento compatível e complementar. Isso quer dizer, pura e simplesmente, que no âmbito da economia e da eficiência, como diz Troya Jaramillo, o gasto público é instrumento principal para priorizar o gasto social e distribuir a riqueza.

Os princípios de eficiência, equidade e economia dos gastos públicos, de categoria constitucional entre nós, devem estar na elaboração, aprovação e execução da norma orçamentária. Hoje, a consideração das arrecadações e dos gastos públicos deve realizar-se a partir do pensamento complementar, pelo que definitivamente, como reza o artigo 31.2 da Constituição espanhola de 1978, os gastos públicos farão uma distribuição equitativa dos recursos públicos e sua programação e execução responderão aos critérios de eficiência e economia.

O problema é que essa distribuição equitativa não ultrapassa a esfera da pura retórica, ou seja, nesse ponto existe outra distribuição pendente que deveria ser confrontada para dar conteúdo aos princípios constitucionais em matéria de gasto público. Fica, pois, um grande trecho por percorrer no que se refere a dotar de conteúdo concreto as exigências constitucionais, tanto pelo que afeta o gasto público, quanto pelo que concerne à articulação dos mecanismos de tutela jurisdicional dos direitos públicos dos cidadãos a uma distribuição equitativa dos recursos.

Tal distribuição equitativa dispõe de uma dimensão geral e particular. A geral projeta-se sobre a generalidade das políticas públicas, mas a concreta não nos ocorre outra forma de expô-la que não seja a pessoal, de forma que, com base nesse preceito constitucional, até se poderia encontrar fundamento para deduzir o fundamental direito ao mínimo vital. Nesse sentido, Bayona de Perogordo propõe três exigências fundamentais para atingir a distribuição equitativa. Primeira, garantir a satisfação mínima das necessidades públicas. Segunda, princípio de justiça, matéria do gasto público e correlativa proibição das discriminações, em sentido absoluto de certas necessidades a despeito de outras e em sentido relativo entre diferentes situações com uma mesma necessidade pública. Finalmente, em terceiro lugar, interdição da arbitrariedade no gasto.

A relação entre equidade no gasto público e a realização dos direitos sociais fundamentais é óbvia e, como sabemos, ajuda a compreender o próprio sentido da natureza desses direitos, ordinariamente prestacionais. Direitos cuja efetividade têm um custo que devem ser traduzidos nos orçamentos em função das peculiares circunstâncias sociais e econômicas dos diferentes países. Por isso, nessa matéria, como apontamos no capítulo dedicado aos direitos sociais fundamentais, há duas grandes questões a serem abordadas, da perspectiva da primazia constitucional: a suficiência da dotação orçamentária por um lado, e, por outro, o controle constitucional da suficiência orçamentária e sobre o direito subjetivo fundamental, sobre o direito social fundamental de que se tratar em cada caso.

Os direitos sociais fundamentais são direitos fundamentais e por isso devem contar com a mesma proteção jurisdicional. Tal asserto, realizado em reiteradas ocasiões ao longo dessas linhas, exige uma mudança constitucional para situar em seu lugar os direitos fundamentais sociais. No entanto, enquanto isso não for possível, que o Tribunal Constitucional, como já aconteceu na Alemanha, arme-se de intrepidez constitucional e impeça que a dignidade do ser humano continue pisoteada por raciocínios de estrita legalidade, incompatíveis com a primazia constitucional. Para isso, não há mais que se abrir mão da argumentação racional a partir dos pilares do Estado Social e Democrático de Direito e realizar congruentemente sua tarefa de intérprete máximo da Constituição.

A tarefa de defesa, proteção e promoção dos direitos fundamentais das pessoas que caracteriza a principal missão estatal, nos conduz inexoravelmente, como já comentamos anteriormente, à afirmação de assegurar os mínimos imprescindíveis para que os cidadãos não fiquem reduzidos à coisificação ou à consideração puramente animal. Os princípios do Pacto Internacional de Direitos Econômicos, sociais e Culturais e os princípios de Maastricht reconhecem a progressividade dos direitos sociais fundamentais e a proibição de retrocesso em matéria de direitos fundamentais da pessoa, de ordem social. A exigibilidade desses direitos sociais fundamentais está vinculada à existência de condições materiais que permitam sua realização, à existência de orçamentos que contemplem tais necessidades.

Na verdade, os direitos fundamentais da pessoa, individuais ou sociais, são de aplicação direta e derivam diretamente, sem intermediários, da dignidade do ser humano. Por isso, porque são o centro e a raiz da Constituição, a organização administrativa, os procedimentos administrativos, os orçamentos públicos e as normas infraconstitucionais de ordem administrativa deveriam estar direcionadas para sua plena realização, o que suporia mudança substancial do entendimento até agora dominante. Claro, na teoria da reserva do possível é um dado da realidade, o problema radica em que tal justificativa é defendida inúmeras vezes para impedir a efetividade ou exigibilidade dos direitos sociais fundamentais, mas não para outras políticas públicas. Esse é o problema, que as estruturas e as normas são e justificam-se na medida em que defendem, protegem e promovem a dignidade humana.

A questão é bem simples, devem os direitos fundamentais da pessoa, os individuais e os sociais, promover-se em função das capacidades financeiras, ou haverá que adaptar as capacidades financeiras à efetividade dos direitos fundamentais das pessoas? A resposta em um Estado que se define como Social e Democrático de Direito baseado em princípios é bem clara e não mereceria comentários especiais. O fato, no entanto, que reflexões desse teor possam ser ajuizadas como música celestial ou canto de sereia, puras especulações de *lege ferenda*, explica claramente a necessidade e pertinência que adequar também o Direito Orçamental às bases materiais do Estado Social e Democrático de Direito.

Por outro lado, a questão pode ser apresentada, como faz Alexy, apontando que os direitos fundamentais das pessoas têm mais peso, mais destaque, mais relevância do que as razões de política financeira, por mais importantes que essas sejam. Nesse sentido, Corti aponta que todos os direitos têm um conteúdo mínimo que deve ser assegurado pelos Estados com independência dos recursos disponíveis e que de acordo com o Pacto sobre Direitos Econômicos, sociais e Culturais de 1967, existe uma obrigação mínima essencial de assegurar a satisfação de ao menos os níveis mínimos essenciais de cada um dos direitos. Do que incorreria, *prima facie*, em uma violação do pacto pelo Estado, uma das razões pelas quais um número significativo de pessoas se vê privado de alimentos essenciais, atenção básica de saúde, habitação ou moradia mínima, ou formas básicas de ensino. Também, a escassez de recursos não exime os Estados de certas obrigações mínimas essenciais na aplicação desses direitos.

Independentemente das teorias que são usadas acerca da relação jurídica do gasto público ou da função pública do gasto público, se partirmos da base de que em um Estado Social e Democrático de Direito a participação é essencial para que o interesse geral seja democrático, então teremos que concordar que os cidadãos, os sujeitos passivos dessa relação jurídica, deverão dispor de algum tipo de capacidade jurídica para participar do processo de determinação de determinadas rubricas orçamentárias dirigidas à efetividade dos direitos sociais fundamentais de mínimos.

É verdade que são os parlamentares que participam, em nome do povo, da elaboração da norma orçamentária, que é onde deverão constar tais rubricas orçamentárias, mas também é verdade que na formulação do anteprojeto de lei orçamentária se deveria estabelecer anualmente a norma em cuja virtude existam determinadas rubricas orçamentárias dirigidas a atender aos mínimos vitais ou existenciais para cuja elaboração se deveria contar com a participação de todas as organizações sociais que possam colaborar para tal fim.

A relação entre a atividade administrativa e a Constituição é cada vez mais intensa. A legalidade administrativa adquire consistência e congruência jurídica na medida em que está ancorada no âmbito constitucional. As teorias acerca da vinculação positiva ou negativa da administração ao legislador não podem ser entendidas à margem, ou pior, contra a Constituição. Adquirem seu pleno sentido na medida em que a legalidade administrativa está em consonância e vinculação com os conteúdos próprios do Estado Social e Democrático de Direito, e muito especialmente na medida em que defendem, protegem e promovem os direitos fundamentais. Por isso, os atos administrativos são nulos de pleno direito quando lesam direitos fundamentais da pessoa.

A atividade financeira é atividade administrativa. Assim, toda atividade administrativa que se preze deve propiciar a plena realização dos direitos fundamentais da pessoa, os de ordem individual e, claro, também os de ordem social, aqueles que implicam prestações ordinariamente, quando a sociedade não é capaz, de natureza pública. Além disso, se hoje em dia a proteção dos direitos fundamentais da pessoa está em íntima conexão com os chamados tratados internacionais de direitos humanos, então teremos de presumir que também a atividade administrativa financeira deve ser pensada em função de tais parâmetros. Por isso, Corti afirma acertadamente que o Direito Internacional dos Direitos Humanos incide na atividade orçamentária ao ser essencial na configuração da instituição o sistema dos direitos fundamentais da pessoa (Corti). Em outras palavras, o Direito Público em seu conjunto, o Administrativo e o Financeiro especialmente, hoje se explicarão e estudarão a partir da centralidade dos direitos fundamentais da pessoa. Certamente, uma situação de estabilidade social e econômica é diferente de uma época de crise econômica, mas com caráter geral, seja qual for a conjuntura social e econômica, o direito ao mínimo existencial ou vital é, deve ser, um dogma e, como tal, inamovível, invariável, intangível. Como aponta Corti, a atividade financeira pública deve ser razoável, ou seja, deve ser um meio adequado para assegurar o habitual exercício dos direitos fundamentais da pessoa.

Nesse sentido, é mister que no orçamento, em função de estudos que apontem as principais necessidades sociais, estabeleçam-se rubricas orçamentárias concretas para atender aos mais elementares gastos sociais vinculados ao direito fundamental ao mínimo existencial ou vital. As chamadas pré-distribuições nessas matérias nos orçamentos, podem ser uma boa técnica, ainda que na verdade a chave está em conformar os direitos sociais fundamentais, porque o são, como direitos fundamentais da pessoa, com todas as consequências, de forma e maneira que possam ser defendidos, protegidos e promovidos por meio dos recursos de amparo no ordenamento jurídico espanhol.

Apesar da limitação de fundos ou inclusive de sua falta, quando nos encontramos diante de casos de reclamação de direitos sociais de natureza fundamental, a jurisprudência, com alguns matizes, inclinou-se por atender as demandas. Nos Estados Unidos, Argentina, Alemanha, Brasil e Colômbia encontramos, segundo Corti, alguns casos relevantes.

Nos Estados Unidos, o caso Wyatt-Stickney concluiu que a falta de orçamento, a falta de recursos, não é razão suficiente para justificar medidas de corte orçamentário. O caso referia-se à supressão de um tributo aos cigarros dirigido a financiar os serviços de saúde mental do estado de Alabama. Para isso, procedeu-se aos ajustes orçamentários pertinentes, entre eles a redução de meios pessoais e materiais no hospital estadual Bryce de Tuscaloosa. A consequência das reduções orçamentárias foi que 5,2 mil pacientes pioraram consideravelmente suas condições de vida, chegando a alcançar condições subumanas. Entre eles, Wyatt interpõe uma demanda ao Tribunal federal, que reconheceu que as condições de vida no hospital não respeitavam o direito fundamental de receber um tratamento digno e uma atenção médica adequada.

Nesse caso, a decisão judicial parece reconhecer a centralidade do direito a um mínimo vital em relação com a saúde e, portanto, atua no âmbito das competências que tem o juiz constitucional para a defesa, proteção e promoção dos direitos fundamentais das pessoas.

Por sua vez, o caso CFE vs. estado de Nova York trata do direito a uma educação sólida regulado na constituição do estado. Ora, a Corte de Apelações resolveu, em 26 de junho de 2003, que a razão de que a educação fosse deficiente, de escassa qualidade no estado era precisamente a falta de financiamento para oferecer uma educação sólida. O conteúdo da sentença condenava o estado a determinar o custo de um sistema de financiamento que permitisse o cumprimento do preceito constitucional. Ante o incumprimento do estado, o juiz nomeou um grupo de especialistas que avaliaria o custo do sistema de financiamento de uma educação de qualidade estadual. Uma vez realizada a avaliação, cifrada em 5,63 trilhões de dólares de ajuda operativa e 9,2 trilhões para instalações, o juiz a aprovou e ordenou ao Estado que dotasse orçamentariamente as rubricas correspondentes. Nesse caso, o juiz Constitucional entende que a educação que é oferecida pelo Estado não responde à solidez e qualidade a que se refere o mandado constitucional e, portanto, ordena ao estado que dote orçamentariamente os fundos necessários. Desde então é uma decisão polêmica, porque o poder judiciário assume funções governativas ao selecionar os especialistas que elaborariam a avaliação financeira. Talvez, se tivessem recomendado ao Executivo, sobre dados e indicadores reais, a necessidade de proceder a um maior financiamento do sistema educativo, não teriam invadido as funções do governo[4].

Outro caso a que também faz referência Troya Jaramillo aborda um assunto penitenciário, Finney *versus* Arkansas, em que se apresentam as condições de encarceramento. De fato, o tribunal que emite a sentença determina que insuficiência de recursos não é uma desculpa aceitável para as condições inconstitucionais de detenção. No caso Wyatt vs. Aderhot estabelece-se que o Estado não pode negar provisão de um tratamento médico por razões orçamentárias e em Gates vs. Collier determinou-se que a escassez de recursos não é justificativa para seguir negando aos cidadãos os direitos constitucionais. Em Jackson vs. Bishop afirma-se que as considerações humanas e os requerimentos constitucionais não podem hoje em dia ser limitados por considerações baseadas em dólares. Em Hamilton vs. Love, o tribunal indicou que os recursos insuficientes nunca podem ser uma justificativa adequada para que o Estado prive alguém de seus direitos constitucionais (Troya Jaramillo).

Nesse contexto, a primazia e centralidade da dignidade do ser humano e seus direitos fundamentais, individuais e sociais não depende dos procedimentos, da Organização ou de orçamentos. Aliás a questão é o oposto. Os procedimentos, as estruturas, os meios pessoais e os orçamentos deverão ser confeccionados e pensados em função da dignidade humana e seus direitos inalienáveis.

Na Argentina, a Corte Suprema teve chance de fixar em Rubén Badín que dado um direito fundamental não é uma razão válida para justificar sua lesão a existência de carências orçamentárias. O contrário, diz a Corte, seria subverter o Estado de Direito. Duras palavras que expressam bem graficamente o valor jurídico que têm a dignidade humana e os direitos fundamentais. O caso, como se sabe, refere-se ao falecimento de detentos na cadeia. Se o Estado, diz a sentença da Corte argentina, "*não pode garantir a vida dos detentos [...] isso indica uma degradação funcional de suas obri-*

---

4 N.T.: Lembrando que a noção de governo, na Espanha, é diferente da brasileira, por ser uma Monarquia constitucional.

gações primárias, o que constitui o caminho mais seguro para sua desintegração e malversação dos valores institucionais que dão suporte a uma sociedade justa [...]. Privilegiá-las (as carências pressupostas) seria como subvertes o Estado de Direito e deixar de cumprir os princípios da Constituição e dos acordos internacionais que comprometem a nação frente a comunidade jurídica internacional [...]."

Na Alemanha, como tivemos oportunidade de estudar ao tratar dos direitos sociais fundamentais e suas formas de reconhecimento, é crucial o trabalho do Tribunal Constitucional a partir da ponderação racional e através da teoria da reserva do possível. Uma doutrina que deve seguramente ser criticada, porque efetivamente os contingenciamentos orçamentários em um Estado Social e democrático de Direito têm seu ponto de partida no primeiro contingenciamento, que é a parte da dignidade humana e seus direitos invioláveis, entre os quais encontram-se também os denominados direitos sociais fundamentais. A teoria da reserva do possível é razoável quando estão garantidos os mínimos vitais ou existenciais, pois, o contrário seria dotar de consistência jurídica os motivos financeiros frente ao mínimo de dignidade imprescindível para que um ser humano seja tal e não uma coisa ou um animal irracional.

No Brasil, a sentença do Supremo Tribunal Federal de 4 de maio de 2004 enquadra atinadamente a teoria da reserva do possível quando aponta, em matéria de diretrizes às que deve ajustar-se o orçamento, que tal cláusula, salvo pela concorrência de um justo motivo objetivamente contrastável, não pode ser invocada pelo Estado com a finalidade de exonerar-se do cumprimento de suas obrigações constitucionais, especialmente quando dessa conduta governamental negativa puder resultar a anulação ou mesmo a aniquilação dos direitos constitucionais de um sentido de essencial fundamentalidade.

O professor Corti, a partir da doutrina fixada na sentença brasileira referida no parágrafo anterior, defende, como recorda Troya Jaramillo, várias teses. A primeira delas, que a reserva do possível não pode ser esgrimida para justificar o incumprimento de obrigações constitucionais vinculadas aos direitos fundamentais que protegem as condições materiais mínimas para uma existência digna. A segunda, que os direitos econômicos, sociais e culturais de categoria constitucional, de categoria fundamental, impõem prioridades orçamentárias aos gastos públicos. A terceira, nesse âmbito, que a liberdade e a configuração do legislador encontram-se limitada pela Constituição. A quarta, que a invocação da cláusula da reserva do possível, nas demais situações, requer uma comprovação objetiva das incapacidades financeiras do Estado. A quinta, que a comprovada limitação orçamentária somente justifica, para esses casos, que a efetividade do gasto não seja imediata. A sexta, que o legislador atua arbitrariamente quando por ação ou omissão afeta o núcleo intangível, que compõe a substância do conjunto irredutível de condições mínimas necessárias para a existência digna do ser humano. Por fim, a sétima, que a partir desses elementos a sentença do Supremo Tribunal Federal brasileiro defende que o mínimo existencial associado a certas respectivas prioridades orçamentárias pode conviver com a reserva do possível.

SEGUNDA PARTE

INSTITUIÇÕES ADMINISTRATIVAS CENTRAIS
A SERVIÇO DO INTERESSE GERAL
E DA DIGNIDADE HUMANA

A ORGANIZAÇÃO DA ADMINISTRAÇÃO

A crise econômica e financeira, vinda de uma profunda transformação, tanto no mundo público como no privado, fez com que as instituições, organizações e corporações mudassem o sentido e finalidade próprios para atender a outras necessidades. Os partidos, sindicatos e entes públicos, por exemplo, em lugar de atender a seus destinatários naturais, acabaram por se converter em organizações a serviço das diferentes tecnoestruturas. Em lugar de estar a serviço de militantes, cidadãos ou trabalhadores, esqueceram-se de seu compromisso com o interesse geral e converteram-se, em muitos, casos em fontes de corrupção.

Nos tempos atuais, de crise geral, os comentários e expressões sobre a evolução do Estado, exigem estudos e análises que permitam situar essa questão da perspectiva organizacional em sentido amplo. Para tanto, deve-se levar em consideração o princípio de eficácia, conatural à existência mesma da Administração Pública, assim como aos princípios de eficiência, descentralização, desconcentração, ou, entre outros, hierarquia, sem esquecer as exigências de economia, eficiência e equidade do gasto público e sobretudo a essencial tarefa de serviço voltado para o interesse geral.

Nesse sentido, há quem postule que o conceito tradicional de Estado-nação deve se adequar aos imparáveis processos de descentralização política de nossa época. Outros, por sua vez, reclamam, a partir de posições imobilistas, uma concepção mais própria do século 18 do que do século 21 e, claro, não falta quem entenda que o modelo foi superado pela realidade e o que é necessário hoje para o desenvolvimento dos povos é constituir entes políticos soberanos a partir da construção, ou reconstrução, de determinadas identidades coletivas.

Temos, pois, três versões da questão que respondem às perspectivas reformista, imobilista e revolucionária. Do ponto de vista imobilista, seus defensores argumentam que faz falta consolidar a personalidade do Estado enfocando desde a supressão do modelo até esquemas de recentralização de competências, denunciando os excessos e o elevado gasto público que acompanha os processos descentralizadores, para desautorizá-los. Se atendemos à posição revolucionária, pode ser a estratégia reivindicar, sem mais, a existência de nações sem Estado ou com Estado no seio de esquemas federais ou confederais, ou subverter o ordenamento jurídico através de óbvias mutações para alcançar tais objetivos. Por sua vez, a posição reformista parte da necessidade de adequar as estruturas e a essência do Estado-nação à realidade da descentralização política e territorial concebendo mudanças que, mantendo a natureza do modelo, tornem mais eficaz e operacional o Estado e seus entes políticos componentes.

Nesse sentido, deve-se repensar, também e sobretudo, a estrutura e funções de um Estado que, apesar da descentralização política e administrativa operada nestes anos, necessita atualização para assumir o papel e funcionalidade que os novos tempos exigem. É mister, portanto, analisar o modelo do Estado no século XXI. Um modelo, certamente, que deve considerar a evolução das políticas públicas gerais que afetam o nó cego da essência do Estado. Promoção das liberdades, regulação, supervisão, vigilância, programação e ordenação geral, igualdade, solidariedade, entre outras tarefas, formam políticas públicas em que o Estado atual não está à altura da época atual. Da mesma maneira, os funcionários do Estado que trabalham em tais setores devem ser treinados e preparados para levar a cabo a programação geral e planificação estratégica de tais políticas públicas. Assim, reforma do coração do Estado, reforma dos planos de preparação do pessoal, e, depois, em outra dimensão, reforma das estruturas e organizações concebidas para poder realizar essas funções de programação geral que hoje, a meu ver, configuram a alma de um Estado profundamente descentralizado como o nosso.

Para abordar uma questão de tal profundidade, outros países elaboraram Livros Brancos com participação de numerosos setores, buscando um acordo geral que permita o desenvolvimento de um modelo que sobreviva no tempo. Por isso, penso que para a realização da profunda reforma de que se precisa, é urgente proceder nessa direção, pois uma reforma unilateral não resistiria por muito tempo.

Uma reforma desse porte implica em primeiro lugar em uma atitude de abertura à realidade e de aceitação de suas condições. A partir dessa base, as políticas reformistas se caracterizam pela melhora constante da realidade de maneira que tal posição repercute, em um maior bem-estar e qualidade de vida para todos os cidadãos. Reforma e eficácia andam lado a lado, pois, não é concebível uma reforma que não implique resultados para a melhora das condições de vida dos habitantes. Por isso, na reforma do Estado autônomo deve-se escutar a voz dos cidadãos, daqueles que comparecem com frequência aos escritórios públicos, dos habitantes que povoam as Comunidades Autônomas, dos vizinhos relacionados com políticas públicas que convergem intervenções públicas de vários governos ou administrações.

Precisamente nesse âmbito de equilíbrio que é necessário redefinir enquadra-se outro elemento do desenho territorial que requer da posição e da dimensão que a Constituição lhe designa. Referimo-nos, claramente, aos entes locais, que devem dispor efetivamente da autonomia que constitucionalmente lhes está garantida. A liberdade e a justiça não se produzem nas grandes declarações nem nas estruturas jurídicas gerais, mas sim nos entornos pessoais e nos mais próximos da existência, ou não se produzem. Por isso, adequar a posição institucional e de competência dos entes locais às exigências de sua evidente realidade política por seu relevante espaço de representação é, a meu ver, uma tarefa já iniciada e à qual se deve dar prosseguimento com firmeza, se consideramos o princípio de proximidade e vizinhança à população que deve guiar as atuações da administração.

Além disso, para a correta gestão e administração dos assuntos pertinentes ao interesse geral é necessária uma administração integrada e sincronizada na que Estado e os entes territoriais possam atuar harmonicamente a serviço objetivo da população. Não é admissível que o cidadão tenha de suportar a carga de atraso na gestão de certos assuntos por causa da existência de várias administrações públicas com competências convergentes em uma mesma matéria. Sobretudo quando o direito fundamental à boa administração, fixado no artigo 41 da Carta Europeia dos Direitos Fundamentais, tem como componente básico o direito de resolver em prazo razoável. Se o modelo autônomo foi concebido para uma melhor gestão dos interesses públicos, é lógico que o esquema organizacional que lhe serve de suporte seja pensado para a melhor administração da coisa pública em cada território autônomo a serviço dos próprios habitantes.

A melhor gestão e administração do interesse geral está diretamente relacionada a uma administração eficaz, submetida à lei e ao Direito, que sirva com objetividade, mas também o mais próximo possível dos cidadãos. Por isso, as necessidades coletivas dos cidadãos podem ser atendidas melhor por uma administração única, comum, prioritária, ordinária, integrada ou sincronizada no território. Isso, que não quer dizer que deixem de existir as outras administrações que convirjam no território de forma a gerir competências concorrentes ou compartilhadas, eliminará muitas duplicidades administrativas e permitirá um melhor e mais esmerado serviço da própria administração a seus cidadãos. Nesse contexto, diante do cidadão a administração deve ser uma, ainda que atue integradamente, sincronicamente, algumas vezes no âmbito das técnicas de coordenação, outras, a maioria, no contexto das técnicas de cooperação. Obviamente, nas matérias compartilhadas ou concorrentes há um concurso de administrações chamadas a atuar em função da natureza de suas competências. Ora, nesses casos, na realidade administrativa comparada, é mister fazer um esforço de racionalidade para que a administração que tenha uma vinculação mais intensa com a competência a exercer seja a prioritária, a ordinária, a comum, que atuará sincronizando-se ou integradamente com o restante das administrações convergentes nessa matéria.

O EMPREGO PÚBLICO

O Estado de Direito, bem o sabemos, supõe uma nova forma de entender o poder público a partir do princípio de legalidade, superando versões patrimoniais e subjetivas que dominaram sobremaneira o velho regime. Desde então, a arbitrariedade está proibida e o exercício do poder foi objetivando-se a partir de uma série de técnicas que tentaram proscrever o obscurantismo, o segredo e a opacidade como ambientes próprios de exercício do poder que tanto prejudicou os direitos de inúmeros cidadãos no passado. No entanto, dia a dia certifica-se a existência, também no modelo democrático, de não pouca arbitrariedade e subjetividade, seguramente porque o problema do poder, além de ser jurídico, ou precisamente por isso, requer um forte compromisso pessoal com os mais elementares princípios democráticos.

Por esse motivo, deve-se considerar a dimensão jurídica e a perspectiva ética, pois se pode usar o poder público a serviço do interesse geral ou em caráter subjetivo e particular.

A administração, para realizar a importante tarefa do serviço direcionado ao interesse geral, precisa de meios pessoais e de meios materiais. De fato, as pessoas que trabalham profissionalmente a serviço das administrações, seja qual for sua tipologia ou classificação, devem ingressar no serviço público por meio de exigentes critérios de mérito e capacidade.

Todos concordamos em que os poderes públicos não podem contratar pessoal segundo sua conveniência. O pessoal deve ser selecionado de acordo com a Constituição, o que implica que o mérito e a capacidade serão os princípios e o ambiente que deve presidir o acesso e a promoção na função pública. Tal critério aplica-se, em nossa opinião, a todas as administrações públicas, sem prejuízo de estarem submetidas ao Direito Administrativo ou ao Direito Privado. Pela simples razão que a denominada fuga do Direito Administrativo, hoje em franca crise devido à nova função do Estado como garantidor dos direitos dos cidadãos, tocou fundo e, sobretudo, porque em matéria de seleção de pessoal e de contratação os princípios de mérito e capacidade, de publicidade e concorrência, são de aplicação necessária a qualquer Administração Pública, seja qual for seu estatuto jurídico. A razão profunda encontramos precisamente no fato de que os fundos públicos devem ser presididos em seu uso e manejo pela transparência, propriedade fundamental da democracia que requer publicidade, concorrência, mérito e capacidade. Assim, a fuga de fins de século está se transformando em uma volta, nova e renovada, ao Direito Administrativo do século 21.

A Administração Pública no Estado Democrático caracteriza-se por ser uma organização de serviço dirigida para o interesse geral. Assim, em matéria de acesso à função pública a objetividade inerente ao funcionamento de qualquer administração exige que a máquina pública e seus agentes não possam manifestar preferências ou discriminações fundadas em razões subjetivas. A seleção do pessoal deve se basear no mérito e na capacidade, que terão de ser valorizadas pelos órgãos de seleção, por meio dos respectivos processos seletivos. A razão de a administração ser vinculada pelo mérito e pela capacidade como critérios essenciais para a seleção do pessoal, tem como causa o fato de que diante das administrações públicas todos somos iguais e em que a administração, que também é vinculada pela eficácia, deva selecionar pessoas que estejam em melhores condições de cumprir os fins da máquina pública. Em função desses critérios, concebem-se os processos seletivos em que devem resplandecer o mérito e a capacidade.

É sobejamente conhecido o texto da Declaração dos Direitos do Homem e do Cidadão, de 1789, em que se consagra, relativamente ao tema que nos ocupa, o princípio de igualdade, ao estabelecer-se que "todos os cidadãos são igualmente admissíveis a todas as dignidades, postos e funções públicas segundo sua capacidade e sem outra distinção que suas virtudes e talentos". Belas palavras, que se refletem bem no espírito do Iluminismo nesse ponto. Palavras que continuam sendo aplicadas em nossa época, na medida em que supõem a projeção do espírito democrático no âmbito da função pública. Mérito e capacidade, portanto, são características do sistema de acesso à função pública que, desde o princípio do sistema de Direito Administrativo que surge da Revolução Francesa, opuseram-se às expressões de coleguismo, favoritismo, nepotismo, endogamia e sistema de pilhagem que se diferenciavam do *Ancien Régime* nesse aspecto, como consequência da natureza patrimonial do poder.

A seleção do pessoal para a função pública se reflete claramente na temperatura do compromisso democrático e expressa a natureza do humor dos políticos. Normalmente, quando o princípio de igualdade se cumpre nessa matéria, pode-se dizer que, de fato, brilham as qualidades democráticas. Quando o favoritismo ou o coleguismo imperam por toda parte, então, nos encontramos em ambientes autoritários ou de exercício do poder da política de clientelismo.

Em matéria de função pública deve-se considerar que toda pessoa dispõe de um direito fundamental a ascender em condições de igualdade às funções e cargos públicos, com os requisitos que apontem as leis. Ou seja, é inerente à dignidade do ser humano poder ascender em condições de igualdade à função pública, de forma e maneira que, salvo por razões objetivas e razoáveis, nenhum cidadão pode ser discriminado ou ser objeto de trato desigual. A objetividade que distingue a Administração Pública, se traduz, para o caso do acesso à função pública, no mérito e na capacidade, que se convertem nos padrões ou parâmetros de racionalidade que vão fazer possível que esse direito fundamental se realize efetivamente.

Dessa perspectiva, pode-se afirmar a existência de um autêntico direito fundamental à igualdade no acesso à função pública profissional, complementar do direito fundamental ao acesso aos cargos públicos de natureza política. Existe, pois, um direito a não ser discriminado ou sofrer um trato desigual não fundado em razões objetivas e razoáveis no acesso aos cargos e funções públicas.

Insistimos, o mérito e a capacidade aparecem como o limite constitutivo do direito fundamental à igualdade no acesso à função pública profissional. O direito fundamental à igualdade no acesso à função pública não é um direito fundamental absoluto como seria, por exemplo, o direito à vida. De fato, o mérito e a capacidade constituem limites que ajudam a entender o conteúdo constitucional deste direito. Além disso, a legislação ordinária estabeleceu alguns limites como consequência da existência de algumas circunstâncias que o interesse geral deve prever para que, de fato, a Administração Pública em geral e seus agentes em particular possam desempenhar com maior intensidade o serviço voltado para o interesse geral, que justifica sua existência e sua função constitucional.

O pessoal a serviço da Administração Pública, qualquer que seja sua natureza (funcionário, estatutário ou laboral), deve se organizar e reger por critérios que permitam que as atividades e os serviços públicos se realizem em um contexto de serviço dirigido para o interesse geral.

É verdade que a Administração Pública deve assegurar serviços e atividades públicas regulares, contínuas, eficazes e de qualidade. Para isso, dispõe de meios pessoais e materiais. Os meios pessoais, como é óbvio, são as pessoas físicas que prestam seus serviços nas administrações públicas e sua tarefa se justifica na medida em que as estruturas administrativas, cada uma em seu campo, cumprem os objetivos de interesse geral que são fixados pelas normas jurídicas. Ora, tradicionalmente entendeu-se que na medida em que é a Administração Pública quem tem a responsabilidade do serviço dirigido ao interesse público, nessa medida deve dispor dos meios jurídicos necessários para que seja uma realidade. Daí que goze de um regime exorbitante, especial, bem distinto do que acompanha às pessoas físicas ou jurídicas de base privada.

A ATIVIDADE ADMINISTRATIVA
EXPOSIÇÃO GERAL

Dissemos que a razão de ser da existência da administração é servir com objetividade o interesse geral, para o qual dispõe de um ordenamento próprio, o Direito Administrativo que é o ordenamento comum da Administração Pública. Também convém recordar, como se argumentou, que na definição do interesse geral devem intervir todos os poderes do Estado: o Legislativo como representante da vontade popular; o Executivo que, através do poder normativo que lhe é atribuído constitucionalmente, o poder regulatório, tem, insistimos, a obrigação de executar as leis; e o poder Judiciário na missão que lhe é atribuída, de fiscalizar a submissão da administração como integrante do poder Executivo aos fins que justificam a sua existência, a realização do interesse geral.

Como já manifestamos, a participação cidadã, fundamental em um Estado Social e Democrático de Direito, é essencial na definição do interesse geral.

Resta, por último, apontar que a organização administrativa e a burocracia, os funcionários públicos a seu serviço são elementos-chave para a missão da satisfação do interesse geral.

O fenômeno organizacional é básico não somente no Direito Público, senão também no Direito Privado.

A organização ocupa atualmente um espaço de singular importância no Direito Administrativo, porque uma grande parte da crise que atinge atualmente nossa disciplina é uma crise de organização.

A atividade administrativa que abarca novos setores, as novas formas da ação administrativa e a participação dos particulares na realização de interesse público são as causas fundamentais, a nosso ver, que provocaram o desmoronamento das estruturas organizacionais tradicionais da administração.

A ampliação da esfera publicista contém em si mesma o gérmen do desmoronamento da organização estatal tradicionalmente entendida, através do que se pode definir como uma progressiva decadência da personalidade jurídica do Estado (Berti).

A organização é o primeiro momento da atividade, organização que, além disso, introduz naquela um elemento de autônoma racionalidade (Nigro).

A característica do Estado contemporâneo reside em que o aspecto organizacional prevalece sobre o inter-relacional (Guarino).

A Administração Pública é um complexo orgânico integrado no poder Executivo e nas Constituições articula-se em governo e administração.

O governo dirige a administração civil e exerce a função executiva e o poder regulatório de acordo com a Constituição e as leis.

A administração atende aos interesses gerais ajustada a uma série de princípios que podem variar segundo os ordenamentos jurídicos, mas, e dada a última conexão entre interesse geral e dignidade humana, esses princípios são fundamentais para satisfazer o interesse geral e a dignidade humana. Tais princípios podem ser de organização, como os de hierarquia, descentralização, economia, suficiência e adequação estrita dos meios aos fins institucionais, simplicidade, claridade e proximidade aos cidadãos e coordenação; e, como princípios de funcionamento, a eficácia no cumprimento dos objetivos fixados, eficiência na designação e utilização dos recursos públicos, programação e desenvolvimento de objetivos e controle da gestão e dos resultados, racionalização e agilidade nos procedimentos administrativos e das atividades materiais de gestão, serviço efetivo aos cidadãos, objetividade e transparência da atuação administrativa e cooperação e coordenação com as outras administrações públicas.

Examinemos finalmente o poder organizacional e a atividade organizacional.

A nosso ver, o poder organizatório refere-se ao processo de auto-organização da administração.

A *atividade organizacional* é aquela em virtude da qual uma Administração Pública procede a ordenar seus órgãos, a disciplinar sua atividade e a organizar e lhe proporcionar bens e serviços necessários para desenvolver a atividade que lhe é encomendada. A atividade organizacional, do ponto de vista jurídico, tem os seguintes objetivos: os órgãos, sua atividade, o pessoal e os meios.

Essa atividade não é homogênea já que se compõe de atividade normativa e atividade interna.

O poder organizacional configura-se historicamente como um privilégio da Coroa, porque se entendia que mediante ela existia a possibilidade de configurar as dependências administrativas.

É ponto pacífico que, com anterioridade à Monarquia constitucional, o poder de organização se concentra no monarca, não podendo ser projetado, em consequência das questões relativas à titularidade e limites do poder organizacional.

Com a Monarquia constitucional, o problema varia ao aparecer o Parlamento como titular da função legislativa. A organização administrativa apresenta-se como um aspecto mais da distribuição de competências entre o poder Legislativo e o Executivo (Nigro).

Em qualquer caso, a organização administrativa apresenta perfis próprios nas diferentes fases do regime administrativo.

AS SUJEIÇÕES DA ADMINISTRAÇÃO

Como apontamos anteriormente, a administração serve com objetividade aos interesses gerais, para o qual configura uma organização complexa com múltiplos órgãos, diante dos quais existem autoridades e funcionários.

Sabe-se que, hoje em dia, ante a anterior doutrina da vinculação negativa à lei, as Constituições estabelecem a positiva *Bindung* (relação), da vinculação positiva da administração à lei.

Os poderes públicos, e obviamente a administração, atuam em submissão plena à lei e ao Direito. Isso significa que a administração não pode atuar como um poder jurídico e livre.

O princípio de legalidade da administração atua como cobertura, como fundamento legal da atuação administrativa.

O direito objetivo não somente limita a atividade da administração, mas a condiciona à existência de uma norma que permita essa atuação, concreta, à qual em todo caso deve se ajustar.

Porém, temos de apontar que a administração não apenas deve respeitar a lei, senão também o restante do ordenamento jurídico. Como destacamos, naqueles ordenamentos jurídicos onde existem tribunais específicos para controlar a atividade da administração, é princípio fundamental a apontar que esses tribunais controlam a legalidade da atuação administrativa e a submissão desta aos fins que a justificam, ou seja, ao interesse geral.

A boa administração, a administração constitucional, ou seja, aquela que se articula com base nos valores e princípios constitucionais, em sua estrutura organizacional e no funcionalismo público, leva a cabo uma atividade a serviço do interesse geral e a dignidade da pessoa em todos os setores aos que se estende a atividade da administração.

A administração realiza o interesse público e, também, os direitos e interesses dos cidadãos através das diferentes formas da atividade administrativa.

Para o cumprimento de seus fins, o Direito Administrativo goza do que desde Hauriou vem sendo denominado a *puissance publique*. O interesse geral reclama a *puissance*.

O Direito Administrativo é o direito do interesse geral.

A realidade nos mostra a incapacidade, com frequência, de conseguir os resultados através da *puissance*, assim em ordem pública, em proteção dos direitos fundamentais, em gestão do patrimônio, poder de sanção; nessas e outras matérias, a *puissance* obedece a diferentes razões, mas podem ser apontadas como fundamentais em muitas ocasiões a ausência de legislação ou uma defeituosa legislação, incerteza do direito, a falta de vontade política para aplicá-la, a incapacidade dos funcionários públicos que se esquivam de executar os atos, esquecendo-se que as prerrogativas não emanam deles, mas sim que é ela que rege suas atuações. Dessa forma, os interesses públicos se veem seriamente lesados.

Em outras ocasiões, como destacou Thiriez, observa-se na França que muitos juízes do Direito Penal desconhecem as estruturas e o funcionamento das administrações (outro tanto ocorre na Espanha). Diante desse estado de coisas, a administração deve proporcionar a seus funcionários uma sólida formação nessas matérias e não hesitar a utilizar as soluções jurídicas pertinentes para responder às acusações difamatórias ou caluniosas.

O *Conseil d'Etat*, em um *Rapport*, deu lugar, por um lado, a que se aprovasse a lei de 13 de maio de 1996, sobre infrações não intencionais, e por outro a que se aprovasse a lei de 16 de dezembro de 1996, sobre o dever de proteção dos funcionários imputados penalmente.

A falta de operatividade da *puissance* é motivada também pela falta de meios pessoais e materiais da administração para executar seus atos.

A *puissance* não se coaduna bem com um Estado Social e Democrático de Direito e participativo, em que os cidadãos devem participar no processo da tomada de decisões administrativas.

Em qualquer caso, debilitada ou atenuada às circunstâncias que vive a sociedade atual, o poder administrativo não poderá desaparecer, sob pena de deixar sem defesa o interesse geral. O que será necessário, como destacou Picard, é que a teoria da *puissance publique* deverá ser atualizada.

A atividade administrativa que tende à realização do interesse geral deve estar regulada pelo Direito Administrativo, mas o Direito Privado desempenhou um importante papel no processo de autonomia de algumas instituições administrativas como as propriedades administrativas ou os contratos.

Cassese salientou que, ante o que disse Ripert em 1949, *tout devient droit public*, o Direito Privado ataca e conquista a administração *La regulatory fatigue* requer *new regulatory models* fundados sobre incentivos econômicos, que reduzem o campo de ação do Direito Administrativo, delegando ao mercado a execução das políticas públicas por meio do controle de preços; em definitivo, que a administração considera conveniente valer-se dos instrumentos civis. O Direito Administrativo converte-se em um *diritto meticcio* composto de Direito Especial e Direito Civil, no qual o primeiro converte-se às vezes em secundário ou exorbitante.

Deve-se destacar finalmente, que na Itália a Lei de 11 de fevereiro de 2005 sobre novas normas em matéria de procedimento administrativo e de acesso aos documentos administrativos, em seu Capítulo 1 dos *Principi Generali Dell'attivitá Amministrativa*

(Princípios Gerais da Atividade Administrativa) estabeleceu no artigo 1.1 bis que *la pública amministrazione nell'adozioni di natura non autoritativa, agisce secondo l enorme di diritto privato salvo que la legge disponga diversamente*[5]. Como destacou Tarantini, apesar de parecer que o preceito introduz uma importante inovação na matéria, não é assim, porque até o momento de promulgação da lei, nas relações administração-administrados em que não atuava a administração mediante *condição autoritativa*, aplicavam-se as normas de Direito Privado.

A mesma *Corte Constituzionale* (*Sentenza* de 24 de julho de 2004) referindo-se à distribuição de competências entre o juiz administrativo e o juiz ordinário, distinguiu entre o exercício de *poteri autoritativi* e a adoção por parte da administração de técnicas de negociação.

Para Tarantini a disposição legal, ainda que supondo uma perspectiva distinta à tradicional, tem mais natureza enfática do que real, e isso por duas razões. Em primeiro lugar, trata-se de um princípio introduzido por uma lei ordinária, que pode ser derrogada ou modificada por outra fonte normativa de mesmo grau. Em segundo lugar, o princípio tem caráter residual, somente é aplicável quando a administração entabule relações com terceiros não regulados pelo Direito Público.

Se nos aproximarmos do Direito francês, já na Revolução Francesa estava claramente expressa a ideia da total independência do Direito Administrativo em relação ao Direito Privado. O Direito Civil apresentava-se como não apto para que a administração cumprisse suas funções. No Relatório à Assembleia Constituinte sobre o projeto de lei do Conselho de Estado, apregoa-se que *les lois et contrats administratifs appartiennent à un ordre de principes, d'intérêts et idées complètement étranger aux juridictions civiles*[6]. Essa perspectiva, como veremos, sobrevive até nossos dias, ainda que sem a mesma intensidade dogmática, positiva e jurisdicional.

Tanto para Vedel como para Jean Rivero, para citar dois mestres do Direito Administrativo francês, o poder público se caracte-

---

5 N. E.: A administração pública, na adoção de medidas de natureza não autoritárias, age de acordo com a norma do direito privado, a menos que a lei determine o contrário.

6 As leis e contratos administrativos pertencem a uma ordem de princípios, interesses e ideias completamente alheia aos tribunais civis.

riza por um regime não apenas de derrogações "aditivas" ao regime jurídico privado, senão por derrogações negativas.

Vedel manifesta que somente existe Direito Administrativo, no sentido preciso do termo, quando esse sistema de normas é substancialmente distinto do que é aplicado às relações entre particulares. O Direito Administrativo é em boa medida não legislativo, com as normas mais importantes enunciadas pelo juiz; em Direito Administrativo, o desprezo pelo Código Civil e pelo Direito Privado, assim como a imensidade das lacunas legislativas, fez que seja o juiz quem elabore efetivamente o Direito.

Todavia, Vedel destaca que frequentemente apresentou-se o Direito Administrativo como um sistema de normas globalmente autônomo que repudia em conjunto o Direito Privado, o que não é totalmente exato. É certo que, diferentemente do que ocorre com o juiz ordinário, o juiz administrativo é soberano ao decidir se os códigos e as leis de Direito Privado aplicam-se ou não a tal ou qual matéria que é de sua competência. Segundo os casos, ele construirá as normas aplicáveis ou considerará útil aplicar as normas de Direito Privado.

Eisenmann havia questionado anteriormente se todo ato da administração era um ato de *puissance*; assim a responsabilidade extracontratual das pessoas públicas, a gestão do domínio privado ou os contratos privados.

Essa conceituação do Direito Administrativo como o direito comum do poder público implica o dualismo jurisdicional do Direito francês e, ainda que a Constituição não garanta expressamente tal dualismo, pelo jogo dos princípios fundamentais reconhecidos pelas leis pode-se afirmar, além disso, a independência da jurisdição administrativa e o reconhecimento a seu favor de uma reserva de competência.

Nesse sentido, manifestou-se o *Conseil Constitutionnel* em uma decisão de 22 de julho de 1980.

ATIVIDADE DISCRICIONÁRIA E ATIVIDADE VINCULADA DA ADMINISTRAÇÃO

Desde suas origens até os nossos dias, a atividade da administração apresenta duas manifestações fundamentais: atividade vinculada e atividade discricionária.

Atividade vinculada

O exercício dos poderes vinculados supõe que a administração deve se circunscrever à constatação do cenário jurídico que a lei define completamente e à aplicação em vista do pressuposto de fato que a lei determinou.

Atividade discricionária

Sua diferença relativamente ao poder vinculado é básica, porque no exercício de competência discricionária, no ato de aplicação da lei, a administração, e em função da satisfação do interesse geral, goza de uma margem de apreciação. Por isso, como veremos, o *punctus saliens* da discricionariedade é seu controle.

Façamos uma série de considerações sobre o tema.

Na Constituição francesa de 3 de setembro de 1791 (tít. III, cap. IV, Seção. II, artigos 5 e 6) o controle hierárquico pertencia ao Rei, como chefe do Estado.

Esse controle hierárquico, através do recurso hierárquico por vício de incompetência, é a origem do recurso por *excès de pouvoir*. Na evolução do recurso por excesso de poder, precocemente acrescentou-se o vício de forma e até 1840 o desvio de poder (*détournement de pouvoir, arrêt Laundrin*).

A partir de 1906, o recurso por excesso de poder se intensifica, alcançando seu auge, e a noção de atos discricionários ditados pela administração, sem controle possível do juiz, desaparece.

Desde o *arrêt Montaigne du Conseil d'Etat* de 3 de fevereiro de 1999, para a doutrina francesa, basicamente, o poder discricionária implica que uma autoridade administrativa disponha de uma certa liberdade de atuar ou não, de tomar uma ou outra decisão.

A forma de atribuição do poder discricionária deve ser outorgada à administração em virtude de uma norma de categoria legal.

Não deve se esquecer também que todos os poderes que o ordenamento jurídico atribui à administração são para proteger o interesse público, sem prejuízo de amparar os legítimos direitos e interesses dos cidadãos.

Finalmente, questão importante é, como apontou Vedel, o que se intitula a *densité de exigences des normes de référence,* que é básico e influi de forma substancial no momento de propiciar um controle administrativo mais acertado e jurisdicional do ato.

Estimamos que o controle jurisdicional dos atos deve compreender o controle dos elementos vinculados do ato, que são o ato jurídico, a competência, procedimento e forma, conteúdo e fim.

Além disso, o órgão jurisdicional deverá examinar a conformidade do ato com a hierarquia de normas, adequação do ato ao fim, controle dos fatos, desvio de poder, princípios gerais do direito básico de proporcionalidade, ponderação e prova que apoie a decisão e motivação do ato.

A FORMAÇÃO DA VONTADE DA ADMINISTRAÇÃO
PROCEDIMENTO ADMINISTRATIVO E ATO ADMINISTRATIVO

Procedimento administrativo

O procedimento administrativo é o veículo através do qual a Administração Pública serve com objetividade os interesses gerais. O princípio democrático exige o procedimento administrativo no qual estejam presentes os princípios e direitos de boa administração, transparência, segurança jurídica, presunção de inocência, juridicidade, legalidade, confiança legítima, igualdade, eficácia e eficiência, responsabilidade dos funcionários públicos.

Defendemos que a Constituição deve contemplar o procedimento; o direito ao procedimento administrativo é um direito constitucional de tal maneira que a administração deve ditar um ato expresso finalizador do procedimento, para que se satisfaça o interesse público ou os legítimos direitos e interesses dos cidadãos.

A falta de procedimento, *manque de procédure*, conduz à via de fato, à anulabilidade ou nulidade do ato administrativo.

Ato administrativo

A declaração de vontade da administração, se não existirem razões para que o ato seja editado, termina com um ato administrativo no qual a administração deve resolver as pretensões expostas.

É clássica a definição de ato administrativo de Merlin em seu *Répertoire de jurisprudence* (Diretório de jurisprudência), de 1812: "*Acte administratif c'est ou un arrêt, une décision de l'autorité administrative, ou une action, faire de l'administration qui a un rapport à ses fonctions"*[7].

Dissemos que a administração tem a obrigação de resolver, motivadamente, não podendo abster-se de resolver sob pretexto de silêncio, obscuridade ou insuficiência dos preceitos legais aplicáveis ao caso, porque isso faz parte da tutela procedimental efetiva.

Se o procedimento administrativo é um direito constitucionalmente reconhecido aos cidadãos e, se ante a administração o procedimento é o meio através do qual devem ditar-se os atos administrativos motivadamente, o silêncio é inconstitucional.

Tanto o silêncio administrativo positivo quanto o negativo não são cabíveis em um Estado Social e Democrático de Direito. Atentam ambos contra o interesse geral e a dignidade humana.

Contrariamente ao que possa parecer e à realidade que nos encontramos, o silêncio não garante nem tutela o exercício dos direitos dos cidadãos e atenta contra o interesse geral. Assim, deve ser eliminado do ordenamento jurídico.

"A ficção legal, como todo artifício, é enganosa e convém colocar-se em guarda. Com ela o legislador não faz senão equiparar formalmente e para um determinado efeito, sem atingir de modo algum a verdadeira natureza da causa."

A CONTRATAÇÃO ADMINISTRATIVA COMO POLÍTICA PÚBLICA A SERVIÇO DO INTERESSE GERAL.

A Administração Pública, bem o sabemos, atua ordinariamente de forma unilateral ou bilateral. Através de atos e normas, e buscando o concurso e a colaboração de terceiros, da iniciativa social. As políticas públicas são tarefas ou ações a cargo dos poderes públicos que se destinam, de uma e outra forma, através das diferentes técnicas disponíveis, à melhora das condições de vida dos cidadãos. Isso deve-se, entre outras razões, porque na democracia, governo do, para e pelo povo, o complexo governo-administração deve estar e atuar a serviço do interesse geral.

A atividade contratual que realizam as diferentes administrações públicas consiste em oferecer os melhores bens e serviços

---

7 N. E.: "Ato administrativo é um julgamento, uma decisão da autoridade administrativa ou uma ação da administração, os quais têm relação com suas funções."

possíveis aos cidadãos, com a colaboração do setor privado. Primeiro porque tais atividades não podem ser realizadas diretamente pela própria administração e, segundo, porque dessa maneira se associa à sociedade na função de serviço ao interesse geral, que nem é privativa da administração nem somente a ela concerne.

Nesse contexto, convém destacar que quando a administração contrata com empresas a realização de obras ou serviços de natureza pública, goza de uma posição jurídica especial que lhe permite dispor de uma série de poderes que somente se justificam na medida em que estejam previamente explicitados e alinhados ao interesse geral. Assim, através da contratação do setor público é possível e desejável que os agora chamados poderes adjudicadores garantam que essa forma de prestar os serviços ou de construir obras públicas se realize a partir dos postulados do serviço direcionado ao interesse geral.

Com efeito, dessa maneira a administração pode traçar na realidade das especificações dos contratos compromissos sociais tão relevantes como a proteção ao meio ambiente, a proibição do trabalho infantil, os postulados do comércio justo, a luta contra a discriminação, a geração de emprego e uma infinidade de especificações que a cada momento materializam nada menos do que as exigências do Estado Social e Democrático de Direito.

Nesse sentido, encontramos a Diretiva 2004/18/CE, do Parlamento Europeu e do Conselho de 31 de março de 2004, sobre coordenação dos procedimentos de adjudicação dos contratos de obras, fornecimento e serviços. De fato, nessa norma jurídica se "esclarece de que modo podem os poderes adjudicadores contribuir à proteção do meio ambiente e ao fomento do desenvolvimento sustentável", ou seja, a Administração Pública quando contrata, sempre focada no interesse geral, deve fomentar e facilitar não somente o exercício dos direitos fundamentais, senão os valores do próprio Estado Social e Democrático de Direito, os assim chamados na Constituição espanhola de 1978 princípios orientadores da política social e econômica, entre os quais estão a proteção do meio ambiente e o fomento do desenvolvimento sustentável. Também, através da contratação pública, enquanto expressão da ação das administrações públicas, deve ser possibilitada a realização dos direitos fundamentais individuais e dos direitos fundamentais sociais.

Com efeito, tais cláusulas de conteúdo social devem ser integradas em um complexo jurídico que permita que a Administração Pública, em colaboração com o setor privado, seja o social ou o puramente empresarial, possa pôr à disposição dos cidadãos obras, bens e serviços da maior qualidade, com o mais elevado compromisso social. Tal pretensão não é impossível e também não é consequência de exposições retóricas. É possível sempre e quando se parta dos postulados do pensamento aberto, plural, dinâmico e complementar que contém a cláusula do Estado Social e Democrático de Direito. Uma metodologia de aproximação, tanto do Direito Administrativo, como das políticas públicas, que quando se aplica produz resultados em que se aprecia o equilíbrio entre sensibilidade social, liberdade econômica e rigor jurídico.

Nesse contexto, a contratação como política pública contribui, deve contribui, para uma maior humanização da realidade pois é possível pensar as técnicas contratuais de modo a valorizar a dignidade do ser humano como elemento central. Simplesmente, ao estabelecer estímulos fiscais às mais variadas expressões do denominado comércio justo, já trabalharíamos nessa direção.

Em tempos de crise econômica, é lógico que se racionalizem as estruturas administrativas e, se for possível, que se disponham em melhores condições de servir com maior qualidade aos usuários. Nesse sentido, as normas em matéria de contratação pública também fazem um esforço para simplificar o procedimento e melhorar as *ratios* de adjudicação. Além disso, a crise econômica e financeira exige que se façam os devidos controles materiais no mundo da contratação, que garantam adequadamente que o conteúdo das especificações seja real. Para isso, os tribunais administrativos criados em muitos países, na medida em que destacam a autonomia, a idoneidade e a independência de seus membros, poderão prestar um grande serviço à objetividade no desenvolvimento dos contratos públicos.

As reformas em matéria contratual vieram, ao menos na Europa, do Direito Comunitário, do Direito da Integração Europeia. Ao transpor suas diretivas, construímos um Direito da contratação pública em constante evolução que se adapta aos tempos, sem por isso perder de vista a essência, a substância dessa categoria jurídico-administrativa: sua ordenação permanente ao interesse geral. Essa tarefa foi realizada, se realiza, a partir de uma posição reformista, posição de grande profundidade e relevância no conjunto das diferentes políticas públicas.

A ação pública, também em matéria contratual, deve se voltar para a consecução de melhorias reais, sempre reconhecendo a limitação de seu alcance. Uma política pública que pretenda a melhoria global e definitiva das estruturas e realidades humanas somente pode ser produto de projetos visionários, desconectados da realidade.

No caso da contratação do setor público, a necessária e harmônica articulação de administrações públicas, ou as relações entre a administração e o setor privado, devem se basear nesse ponto de vista, para que as políticas públicas contratuais sejam efetivas e sejam prestadas pensando nas pessoas, fundamentalmente. As cláusulas das especificações podem, de tal perspectiva, abrir grandes possibilidades de desenvolvimento humano plenamente compatível com a realização da obra ou serviço de que se trate em cada caso. Disso se trata, e por esse motivo é possível um enfoque a partir da juridicidade, que permita elaborar especificações plenamente respeitosas dos direitos humanos, especialmente do comércio justo e das mais elementares exigências da proteção ambiental.

Devem prevalecer as aspirações do setor, a ideia de serviço dirigido ao interesse geral, que deve caracterizar a atuação das administrações públicas, as opiniões dos usuários dos serviços e obras públicas objetos da contratação, a proteção do meio ambiente ou do patrimônio histórico artístico ou, também, por exemplo, a gestão integrada da costa ou litoral.

As políticas de contratação do setor público, então, devem se articular contemplando todos os setores sociais, sem exclusão de nenhum. A partir desses postulados, deve-se negar que a melhora de um grupo social tenha de se fazer necessariamente à custa de outros grupos e setores. Todos os setores e todas as realidades em jogo deverão estar presentes na mente e na ação de quem toma decisões nessa questão tão multidisciplinar como a contratação pública. Com efeito, através dos contratos públicos devem ser oferecidos bens e serviços integrais em que o setor privado possa alcançar seus objetivos, ao mesmo tempo em que dá especial atenção às considerações sociais, humanas, mais relevantes.

Hoje a experiência histórica e o estudo das ciências sociais nos permitem afirmar que somente um crescimento equilibrado possibilita uma melhora real dos distintos setores e segmentos da população. No caso da contratação pública, essa afirmação é especialmente correta e demonstra até que ponto a imbricação de todos os setores, de todos os interessados e de todos os bens suscetíveis de proteção jurídica é fundamental para o equilíbrio na ação e na ação pública nessa matéria.

De certo modo, o pensamento ecológico e o pensamento holístico nos permitiram descobrir que todo reducionismo, toda visão enviesada ou parcial da realidade reduz a eficácia da ação, a converte em estéril ou inclusive em prejudicial. No campo técnico não acontece necessariamente assim, mas no campo público, sim, porque a política pública contempla a realidade em todas suas dimensões. A política pública não é engenharia. Por isso, precisa dessa articulação harmônica que, no caso da contratação pública, é especialmente relevante, sobretudo no que se refere à projeção do princípio de subsidiariedade e na permanente consideração central dos usuários e destinatários dos bens e serviços que são oferecidos à sociedade através da contratação pública.

A condição não fechada da realidade, sujeita a mudanças constantes, em certo sentido magnificadas pelas mudanças de mentalidade das sociedades, pelas transformações nas maneiras de perceber, e a condição aberta do pensamento determinam que um dos traços das políticas públicas seja a adaptabilidade ou a adaptação, a adequação. A evolução histórica na maneira de compreender o fenômeno da contratação do setor público é um bom expoente da permanente adaptação que se operou nas políticas da contratação pública ao longo do tempo. Atualmente, a contratação do setor público é, por ser uma manifestação relevante da ação das administrações públicas, uma evidente política pública e, consequentemente, expressão de um compromisso permanente de melhoria das condições de vida dos cidadãos.

A definição do Estado como Social e Democrático de Direito ajudou sobremaneira a entender o interesse geral, objetivo primário e último da ação pública, como um conceito integrado. De fato, o interesse geral já não é definido unilateralmente pela Administração Pública. Agora, é mister contar com a população, com a sociedade. Por isso, na contratação pública entre o setor público e o setor privado deve-se produzir uma espécie de aliança estratégica, a partir da qual se possam atender de maneira mais aberta, plural, dinâmica e complementar às diferentes exigências sociais. Desde a proteção ambiental até um esquema de comércio justo profundamente humano e solidário.

Nesse sentido, as políticas públicas em matéria contratual, como é lógico, também estão submetidas a mudanças, a transformações, precisamente para estar em melhores condições de cumprir com sua própria finalidade, para que através delas as pessoas possam exercer em melhores condições sua liberdade solidária.

As novas políticas públicas, entre elas a contratação do setor público, fazem uma interpretação aberta, não dogmática, sobre a configuração social. E, além disso, essa interpretação é histórica, o que significa que se aceita que necessariamente nossa interpretação sobre a evolução cultural, social, política, econômica esteja sujeita aos condicionantes atuais, sem que isso pressuponha uma confissão de historicismo, senão a reafirmação de que a aproximação a estruturas sociais mais equitativas e livres é progressiva, mas não necessariamente linear. Os caminhos ou procedimentos são múltiplos e optativos. No caso da contratação pública, comprovamos diariamente como essa política pública pode, por meio das mais modernas tecnologias, oferecer serviços que na verdade podem melhorar substancialmente as condições de vida das pessoas, tornando real a aspiração de humanização da realidade.

A adaptabilidade se ajusta, então, exatamente ao critério de oportunidade, tomado no sentido de adequação. Seguramente, uma das características mais sobressalentes do agente público, seja qual for sua posição, óbvio também do poder adjudicador em matéria de contratos do setor público, é seu sentido da oportunidade na juridicidade, que tem relação mais profunda com o que podemos denominar gestão do tempo, dos ritmos e das prioridades. As políticas públicas modernas, vinculadas essencialmente à juridicidade, porque próprias do Estado Social e Democrático de Direito, cifram nessa gestão um caudal fundamental de sua contribuição e os agentes públicos da contratação, os poderes adjudicadores, deverão levar em conta, em especial no momento atual, bem crítico em todos os sentidos, iniciativas reais que permitam aos cidadãos comuns descansar de maneira inteligente, profundamente humana.

No cerne das políticas públicas contratuais há evidentemente princípios básicos que devem ser projetados sobre a realidade particular, de forma e maneira que um adequado equilíbrio entre o geral e o particular esteja presente em todas e cada uma das decisões que se adotem nesse setor. Do contrário, a contratação pública pode ser utilizada em benefício de determinados setores, muitas vezes vinculados de modo espúrio aos poderes adjudicadores, ingressando-se lamentavelmente nesse fenômeno tão pernicioso para a vida social, que é a corrupção.

As políticas públicas, entre elas a ação contratual do setor público, na medida em que apresentam em seu discurso perfis que as singularizam, traduzem-se na busca de soluções práticas que serão necessariamente setoriais e de alcance limitado, mas suscetíveis sempre de desenvolvimentos ulteriores, porque se enquadram na busca do bem geral e são de caráter aberto, ou seja, soluções nunca definitivas nem totais. O caso da contratação pública é especialmente revelador porque, se é possível cair no oportunismo, ou na busca do benefício pelo benefício ou do poder pelo poder, como política pública emoldurada nos postulados do pensamento aberto, plural, dinâmico e complementar, a contratação pública oferece soluções abertas ao bem de todos os contextos de permanente humanização da realidade. Conjugar, dentro da juridicidade, eficácia-eficiência com sensibilidade essencial, é um dos horizontes mais relevantes que oferece atualmente a contratação pública, no intuito de pôr à disposição da sociedade de bens e serviços de qualidade para todos e a preços acessíveis.

O tripé necessário para sustentar uma política pública de tais características é determinado pela boa preparação profissional, a capacidade de diálogo e o respeito às normas éticas. Isso significa, em matéria contratual, que as especificações devem estar bem desenhadas, devem ser realistas, presididas de maneira participativa a entender o bem-estar e com elevados padrões de ética pública em seus conteúdos.

Com efeito, sobre esse triplo suporte pode-se abordar uma política que tem entre suas primeiras exigências a eficiência. As políticas públicas são políticas de resultados em um âmbito de serviço direcionado ao interesse geral, em um contexto de busca do bem-estar geral de todos os cidadãos. O objetivo último é, às vezes, escassamente tangível, sobretudo se consideramos que implica um compromisso moral do indivíduo, decidido a aceder a formas de vida mais humanas, das que somente ele pode ser protagonista. Por isso tais políticas se traduzem em bens (saúde pública ou educação, por exemplo), em acesso a bens culturais, em acesso a discussões públicas, ou seja, realizações concretas que facilitam ou possibilitam aqueles bens em que o cidadão deve ser implicado. Dito de outra forma, os objetivos últimos, os ideais que alentam a vida pública não são mensuráveis, mas os passos concretos da política pública de cada dia, a adequação das reformas àqueles objetivos são, sim, avaliáveis.

Nesse sentido, as políticas públicas de contratação pública se apresentam a nós como instrumentos formidáveis através dos quais, com pleno respeito obviamente à juridicidade, é possível contribuir de maneira direta e tangível para maior compromisso social concretizado no comércio justo, no fomento da conciliação laboral, na proteção ambiental ou, entre outros, na promoção do emprego, ou seja, a contratação pública tem características e peculiaridades que, a partir da cláusula do Estado Social e Democrático de Direito, podem ser traduzidas nesses objetivos de tanta relevância social.

Eficiência significa buscar resultados efetivos, a custo mínimo, e também rigor: no discurso e nas contas. Incrementar exageradamente o déficit público não contribuirá jamais para o bem-estar social, mas sim o contrário, pois tal prática se reduz pura e simplesmente a hipotecá-lo. Satisfazer as expectativas sociais mediante atuações inflacionistas é praticar o ilusionismo. Prometer trabalho para todos ainda que o Estado se empenhe até o pescoço, é simplesmente demagogia: ninguém pode querer pão somente para hoje sabendo que terá fome amanhã, a não ser que esteja nas últimas. Hoje, lamentavelmente, em meio a uma dura crise econômica e financeira, a realidade se encarrega de confirmar essa concepção.

Por outro lado, a capacidade de diálogo é o antídoto contra a prepotência que possa propiciar a competência profissional, e o sentido ético a vacina contra um pragmatismo que ponha os resultados acima de qualquer consideração. No caso da contratação pública, a constatação dos bilhões de euros previstos nos orçamentos públicos, mais do que nunca é preciso destacar a relevância da preparação profissional e o compromisso ético para que através dos contratos públicos se possa contribuir efetivamente para o mais alto grau de desenvolvimento da liberdade e da solidariedade das pessoas.

Os apelos à eficiência nas reformas da contratação pública são constantes. Valha, por exemplo, o afirmado pela Comunicação da Comissão ao Conselho, ao Parlamento Europeu, ao Comitê Econômico e Social Europeu e ao Comitê das Regiões, no Plano de Ação para a aplicação do marco jurídico da contratação pública eletrônica, de 13 de dezembro de 2004, ao ressaltar que essa modalidade de contratação destina-se a conquistar uma maior eficiência na contratação mesma e na governança.

As prestações sociais, as atenções sanitárias, as políticas educacionais, as atuações de promoção do emprego, para citar algumas das políticas públicas mais importantes, têm uma relação muito estreita com a contratação pública. Também, através dos contratos do setor público, deveria ser possível aplicar determinadas políticas públicas que no presente são cruciais para o mínimo vital de que toda pessoa precisa para viver com dignidade. Nesse sentido, as políticas de contratação pública são políticas instrumentais a serviço das mais elementares exigências da justiça social, necessárias para assegurar às pessoas o exercício nas melhores condições da liberdade solidária.

Por isso, a contratação do setor público é uma política pública aberta e centrada no bem-estar integral do ser humano. Por isso, por seu caráter estratégico os governos devem incluí-la entre suas prioridades políticas, de maneira que a garantia desses bens se converta em condição para que uma sociedade libere energias que permitam seu desenvolvimento e a conquista de novos espaços de liberdade e de participação cidadã.

Esse conjunto de prestações do Estado, que constitui a estrutura básica do que se denomina Estado de bem-estar, não pode ser tomado como um fim em si mesmo. Tal concepção se traduziria em uma redução do Estado ao papel de prestador de serviços, com o que o âmbito público se converteria em um obstáculo do desenvolvimento social, político, econômico e cultural, quando deve ser seu propulsor. Além disso, uma concepção desse tipo, em que o Estado fosse um mero prestador de serviços, não promoveria o equilíbrio social necessário para a criação de uma atmosfera adequada para os desenvolvimentos livres dos cidadãos e das associações, senão, conduziria antes ao estabelecimento de uma estrutura estática que privaria o corpo social do dinamismo necessário para se liberar da esclerose e conservadorismo que acompanha a mentalidade dos direitos adquiridos.

No caso da contratação pública, essa consideração é especialmente relevante, visto que os poderes adjudicadores deverão trabalhar para fazer possíveis condições e possibilidades, para que através das diferentes modalidades de contratos públicos quem é usuário dos bens e serviços possa, além de dispor de bens e serviços de qualidade, acessíveis e abertos, se realizar no exercício de sua liberdade solidária.

No mesmo sentido, as políticas públicas de contratação pública devem se abrir a desenvolvimentos harmônicos e humanos do meio ambiente, da contemplação das belezas naturais, da proteção do patrimônio histórico artístico ou da proteção do litoral. A sensibilidade social na matéria alude a que as políticas públicas facilitem meios e possibilidades para que os cidadãos possam, através da atividade da contratação pública, em qualquer de suas manifestações, possam viver uma vida mais humana e solidária.

O caso da política social é paradigmático. De fato, sirvamo-nos como exemplo a ação do Estado em relação com os coletivos mais desfavorecidos, nos que – por motivos diferentes – contamos os marginalizados, os desempregados, os pobres, os idosos. As prestações do Estado nunca podem ter a consideração de dádivas mecânicas, antes o Estado deve propiciar com suas prestações o desenvolvimento, a manifestação, o afloramento das energias e capacidades que se veem escondidas nesses amplos setores sociais e que terá a manifestação adequada na aparição da iniciativa individual e associativa. Através dos contratos públicos é possível, e desejável, melhorar a ação pública social, incluindo inteligente e razoavelmente cláusulas que permitam atender melhor às diferentes finalidades da política social.

Um enfoque desse tipo permite afirmar claramente a plena compatibilidade entre a esfera dos interesses da empresa e da justiça social, já que as tarefas de redistribuição da riqueza devem ter um caráter dinamizador dos setores menos favorecidos, não conformador deles, como muitas vezes acontece com as políticas assistenciais do Estado. Além disso, permitirá igualmente conciliar a necessidade de manter os atuais níveis de bem-estar e a necessidade de realizar ajustes na priorização das prestações, que se traduz em uma maior efetividade do esforço redistributivo. Através da contratação pública podem-se oferecer bens e serviços rentáveis para o mundo da empresa que, por sua vez, contêm elevados padrões de sensibilidade social. Os objetivos da denominada economia do bem comum vão nessa direção.

As referências da união Europeia são constantes nessa direção. A Comunicação de 2004, à qual antes fizemos referência sobre contratação eletrônica, enfatiza a relevância dessa prática contratual pública a fim de eliminar os obstáculos para contratar. Igualmente, o Código Europeu de boas práticas, para facilitar às pequenas e médias empresas o acesso aos contratos públicos, aponta que através da contratação pública europeia deve-se melhorar a transparência, a competitividade e aliviar as cargas administrativas para os possíveis adjudicatários.

A preeminência do Direito Privado sobre o Direito Público foi ultrapassada na formação do Estado moderno à luz do pensamento contratualista, de forma que a supremacia do público se baseava na contraposição do interesse coletivo e o interesse individual, e na subordinação do segundo ao primeiro. Aliás, esse processo, que poderia ser denominado de contraposição, possibilitou – por sua própria dependência de ideologias que pretendem explicações globais e rígidas do homem e da realidade social – o início do fracasso do sistema já que, no âmbito desta aproximação fechada, seus princípios caíram pegos por uma realidade que necessariamente tende a se liberar do modelo que a pretende configurar.

As novas políticas públicas sugerem uma chamada à superação do falso dilema público-privado e constituem uma convocatória a novos projetos públicos que propõem um novo estilo para configurar a ação pública em um contexto profundamente democrático. É uma convocatória a conformar novas políticas porque pretende a colaboração do caudal de energias que se manifestam na iniciativa pessoal e associativa – criativas, transformadoras, relacionais, com sentido autenticamente cooperativo. É exclusivamente com uma cooperação majoritária que se pode construir uma sociedade mais livre, mais plural, mais equitativa e solidária.

Nessa ótica, a contratação pública é a adequada, da perspectiva do contratante colaborador do setor público, também para cooperar na obtenção de resultados sociais, de humanização da realidade, de fortalecimento da dignidade do ser humano e de seu entorno.

Através da contratação pública pode-se conseguir uma ação pública que deve promover condições para que as empresas contratantes, através das adequadas cláusulas nos róis, comprometam-se ao comércio justo, à geração de emprego, à conciliação trabalhista, à proteção do meio-ambiente, à proibição do trabalho infantil etc.

A ideia de cooperação, de livre participação, ao meu entender, é fundamental para construir políticas públicas abertas, dinâmicas, profundamente humanas e sociais. A ação pública é uma ação complexa que, entre outras coisas, inclui a mobilização dos recursos sociais, a coordenação dos esforços, a integração das iniciativas e a conjugação das aspirações da sociedade. Na contratação pública se dão, de maneira quase perfeita, essas coordenadas, de forma que a contratação do setor público é uma política que, mais além de que ao contratante seja rentável a realização da obra ou serviço em cada caso, deve contribuir de forma direta e permanente à melhora das condições de vida das pessoas, certamente na dimensão solidária e ambiental.

Nessas poucas linhas que compuseram esse item dedicado à contratação como política pública, esboçou-se uma caracterização geral da política pública de contratação a partir dos postulados do pensamento aberto, plural, dinâmico e complementar no âmbito do Estado Social e Democrático de Direito. Nesse contexto, pela realidade e pela projeção da racionalidade em um contexto no qual o centro da ação pública é ocupado pelo ser humano, a contratação pública, como política pública, oferece uma série de traços que permitem configurá-la como uma forma de canalizar a colaboração entre a coisa pública e a privada em direção ao desenvolvimento social, à busca do equilíbrio entre crescimento econômico e sensibilidade social, a facilitar a cada pessoa sua plena liberdade solidária.

O CONTROLE ADMINISTRATIVO
RECURSO DE ALÇADA

Questão muito discutida, tanto normativa como doutrinariamente é se, uma vez ditada uma resolução, deve ser suscetível de recurso de alçada ou recurso hierárquico, antes de acudir à via jurisdicional.

O tema tem sido objeto de numerosos debates nos diferentes países europeus, como França, Itália e Espanha, sendo o argumento fundamental para sua supressão estar ligado ao fato de que na maioria de casos os recursos são rejeitados pelo silêncio e, quando isso não ocorre, a resolução na maioria das vezes tende a ser a rejeição do recurso.

Por essas razões, o que se produz é um notório prejuízo aos cidadãos, atentando-se contra sua dignidade, pois além de pressupor o recurso a um custo econômico, dilata o acesso à jurisdição, tornando vulnerável o direito fundamental à tutela jurisdicional efetiva, que deve ser a mais imediata.

A nosso ver, sem deixar de reconhecer a validade e a importância desses argumentos, almejamos maior precisão, o que consideramos ser extremamente importante no momento de examinar a responsabilidade patrimonial da administração.

Apontaremos uma ideia para propor uma nova deontologia e perspectivas jurídicas a respeito dos recursos, basicamente aquele que examinamos neste momento.

Entendemos que o recurso de alçada deve ser assumido pelo superior hierárquico plenamente, como um dever irrenunciável, consequência de suas capacidades de controle e direção sobre os órgãos inferiores.

Tal função de controle, como é óbvio, adquire especial relevância nos atos discricionários.

RECURSO DE REPOSIÇÃO

Nos sistemas de regime administrativo há o recurso de reposição que, com caráter voluntário, é interposto perante a autoridade ou funcionário que editou o ato, com o propósito de se tentar que reconsidere sua decisão, a reforme total ou parcialmente, com a finalidade de evitar o litígio em sede jurisdicional.

A doutrina põe em evidência e a prática nos ensina que são poucos os casos nos quais o recurso de reposição é deferido total ou parcialmente.

O CONTROLE JURISDICIONAL DA ADMINISTRAÇÃO
ORIGENS

É na França que esse processo se inicia. A separação de poderes (à francesa) entre autoridades administrativas e judiciais se introduz no Direito Público francês com a Lei 16-24, de agosto de 1790, completada pela Lei 16 de *frutidor*[8] do ano III, conforme a qual, *"Défenses itératives sont faites aux tribunaux administratifs de connaître des actes d'administration de quelque espèce qu'ils soient, aux peines de droit"*[9].

A resolução dos conflitos entre as autoridades administrativas e judiciais ficou a cargo do Tribunal de Conflitos, criado e organizado pela lei de 24 de maio de 1872.

O fato de subtrair à administração o controle e abuso dos juízes é derivado do édito de Saint-Germain (1614), em que o Rei afirmava que o Parlamento de Paris e outras Cortes estavam somente estabelecidos para fazer justiça a seus súditos, proibindo-lhes o conhecimento de todo assunto concernente ao Estado, à administração ou ao governo. Os Parlamentos eram, para os revolucionários de 1729, forças reacionárias que resistiram às reformas contrárias aos privilégios nobiliários.

Existiam, entretanto, razões mais profundas para defender a existência de uma jurisdição própria à administração.

Em primeiro lugar, a administração deve promover o interesse geral, executar os serviços em uma posição de supremacia que expressará o privilégio de *préalable*. A lei de 29 de floreal[10] do ano

---

8 N. E.: Último mês do Calendário Revolucionário Francês em vigor na França de 1792 a 1805. O nome se deve às "frutas que o sol faz dourar e amadurecer de agosto a setembro", de acordo com os termos da Convenção em 3 brumário do ano II (24 de outubro de 1793), apresentada por Fabre d'Églantine, em nome da "comissão encarregada da confecção do calendário".
9 "Defesas iterativas são apresentadas aos tribunais administrativos a fim de se assegurar que os atos de administração de qualquer natureza estejam em consonância com as leis".
10 Oitavo mês do Calendário Revolucionário Francês em vigor na França de 1792 a 1805, correspondendo ao período do "desabrochar das flores de abril a maio", de acordo com os termos do relatório apresentado à Convenção em 3 brumário do ano II (24 de outubro de 1793), por Fabre d'Églantine, em nome da "comissão encarregada da confecção do calendário".

X, artigo 4, apontou que as decisões dos Conselhos de Prefeitura se efetuassem "*sans visa ni mandement des tribunaux*".

Finalmente, no Relatório "a Assembleia Constituinte sobre o projeto de lei do Conselho de Estado, alude-se a que "*les lois et contrats administratifs appartiennent à un ordre de principes, d'intérêts et idées complètement étrangers aux juridictions civiles...*"[11].

O *arrêt* Cadot, de 13 de dezembro de 1889, e a posterior Ordenança de 31 de julho de 1945 confirmaram que "*Le Conseil d'Etat statuant au contentieux est le juge de droit commun en matière administrative*"[12].

A partir desse momento e ao amparo dessa obra de engenharia jurídica que foram os *arrêts du Conseil d'Etat*, os diferentes países europeus e latino-americanos, em uma luta progressiva, árdua, entre diferentes matizes, vão configurando, de acordo com os sistemas constitucionais, o controle jurisdicional da administração, mais concretamente, do poder Executivo. Governo e administração, para dessa forma atender a um dos fundamentos básicos do Estado de Direito, qual seja, a defesa dos cidadãos perante o poder público, ante a suas normas jurídicas (Regimentos) e atos, já que os poderes públicos estão sujeitos à Constituição e ao resto do Ordenamento jurídico.

As Constituições garantem o direito fundamental dos cidadãos, de obter a tutela efetiva dos juízes e tribunais no exercício de seus direitos e interesses legítimos, sem que em nenhum caso se possa permitir o afastamento dessa tutela.

PRINCÍPIOS FUNDAMENTAIS QUE DEVEM COMPOR A JURISDIÇÃO CONTENCIOSO-ADMINISTRATIVA EM UM ESTADO SOCIAL E DEMOCRÁTICO DE DIREITO

Acabamos de dizer que, como é óbvio, cada país configura seu sistema de controle jurisdicional da administração.

Não obstante, pensamos que o controle jurisdicional do poder Executivo, governo e administração deve estar fundamentado sobre alguns princípios básicos. Formularemos dois:

1 - A jurisdição contencioso-administrativa, em virtude do princípio de universalidade de competência, deve conhecer das

---

11 *Ibidem* v. pg. 231.

12 N.T.: O Conselho de Estado que delibera no litígio é o juiz de direito comum em matéria administrativa.

normas jurídicas ditadas pelo poder Executivo, os regimentos. Deve conhecer, também, todos os atos administrativos discricionários e vinculados ditados pelos funcionários e autoridades de todas as administrações públicas.

Historicamente, como é sabido, discutiu-se em sede constitucional e doutrinária a fiscalização dos chamados atos políticos do governo. A nosso ver, os atos políticos do governo devem se circunscrever a isso, a atos do governo em sentido subjetivo, não a qualquer ato de governo.

Em segundo lugar, devem ser objeto de fiscalização os aspectos vinculados dos atos políticos do governo, como a competência e procedimento, assim como cumprirá indenizar os prejuízos que nos bens e direitos dos cidadãos produzam tais atos.

2 - O *punctus saliens* da jurisdição contencioso-administrativa em todos os países de regime administrativo é a execução das sentenças firmes. Sem execução das sentenças não existe tutela jurisdicional efetiva.

O cidadão pode ganhar o litígio. Nesses casos, todos sabemos, e com maior conhecimento de causa nós que nos dedicamos ao debate do tema, o calvário que se deve seguir, desgraçadamente com bastante frequência, para conseguir a execução da sentença.

O que ocorre quando a sentença é favorável à administração? O ato é conforme ao Direito.

Pode-se sustentar, como se defende na jurisprudência contencioso-administrativa de alguns países, que uma sentença desestimatória conforma o ato administrativo impugnado, o deixa tal e como foi ditado pela administração demandada, e o Tribunal de Justiça não pode dizer nem aconselhar àquela como deve executá-los.

A nosso ver, essa é uma perspectiva simplista. A jurisdição contencioso-administrativa, além de defender os direitos e interesse legítimos dos cidadãos, é a jurisdição do interesse geral e quando os órgãos da jurisdição contencioso-administrativa desestimam as pretensões dos recorrentes. Isso supõe que o ato ou norma impugnados são conformes ao Direito e o interesse geral que pode estar implicado nesse processo também deve ser realizado; deve-se efetivar a tutela jurisdicional da administração, do interesse público.

Contrariamente ao que se sustentou, a Sentença que confirmou que o ato é conforme ao direito deverá ser executada.

A RESPONSABILIDADE PATRIMONIAL DA ADMINISTRAÇÃO

A instituição jurídica da responsabilidade patrimonial da administração, ou do direito dos danos no Direito Administrativo, é uma instituição que, como outras que examinamos, assim a jurisdição contencioso-administrativa ou o procedimento administrativo, apresenta perfis normativos segundo os diferentes ordenamentos jurídicos nacionais.

Façamos, não obstante, uma reflexão histórica posta como manifesta das normas de Direito Privado que não eram aplicadas para configurar um Direito dos danos do Poder Público.

Os romanos tinham muito claro que ninguém podia causar dano ao outro, o *neminem laedere*, princípio geral do direito exigido pela dignidade da pessoa, cuja infração pode consistir em uma lesão a bens ou direitos que deverá indenizar, como consequência do dano causado.

No Direito romano, a responsabilidade extracontratual entre sujeitos privados se regula na *lex aquilia*, que tratava do dano injustamente ocasionado às coisas alheias. A *lex aquilia*, que foi um plebiscito publicado no ano 468 da fundação de Roma, teve por objeto derrogar a legislação anterior e estabelecer novas regras para o castigo dos danos causados, lesando os direitos de um terceiro. Entendia-se por dano toda diminuição, destruição ou corrupção dacoisa alheia que não reportasse utilidade ou lucro ao que o causasse.

As normas aplicáveis à responsabilidade entre sujeitos privados não se aplicavam ao Estado, aparecendo a figura do *fiscus*, que era o patrimônio do Estado considerado em seu aspecto de sujeito a relações patrimoniais. Em sua origem, era o patrimônio do imperador, distinto ao tesouro público, o *aerarium*, ao qual com a Monarquia Absoluta acabou por absorver.

Essa figura foi muito discutida pelos romanistas, mas o certo é que desde que o *fiscus* do Príncipe substituiu o *aerarium*, triunfa a concepção em virtude da qual o cidadão e o Estado se consideraram reciprocamente como particulares, em matéria de direitos patrimoniais. Apesar de tudo, o *fiscus* tinha privilégios exorbitantes que o colocavam fora do direito comum, ainda que tal critério não tenha sido compartilhado por todos os juristas (Modestino).

Conhecido foi o princípio *"The King can do not wrong"*, formulado pelos juristas ingleses.

Esse princípio não se debilitou com o nascimento do Estado moderno, tampouco na Constituição Federal dos Estados Unidos, na Declaração dos Direitos do Homem e na Constituição Francesa de 1848; mas a Declaração dos Direitos do Homem, em seu artigo 15, estabelecia que a sociedade tem direito de pedir contas a todo agente público de sua administração.

Olhando para o passado, diremos que no Direito germânico medieval a dicotomia Direito Público-Direito Privado foi desconhecida, mas devemos recordar que novamente aparece o Fisco, e isso porque o poder absoluto do príncipe procurou, mediante a obtenção dos *privilegia de non apelando* e do *privilegia de non evocando*, subtrair-se do controle dos tribunais imperiais.

Pretendeu-se solucionar tal lacuna mediante a chamada Teoria do Fisco. Segundo ela, o patrimônio público não pertencia nem ao Príncipe nem ao Estado soberano, senão a uma pessoa que se sujeitava ao Direito Patrimonial e, portanto, submetia-se o Fisco à Justiça e ao Direito Civil.

Para terminar, diremos que a responsabilidade patrimonial da administração é uma instituição-chave em Estado Social e Democrático de Direito e deve ser abrangida na Constituição.

A responsabilidade patrimonial da administração enquadra-se em um dos grandes temas do direito que é o da imputação dos atos, como já disse Kelsen.

É uma instituição em que entram em jogo três interesses: o público, o privado e o dos funcionários públicos e da organização administrativa. Harmonizá-los não é tarefa fácil e sempre será inacabada.

REFLEXÃO CONCLUSIVA: O DIREITO ADMINISTRATIVO E A DIGNIDADE HUMANA

Nossa época é tempo de mudanças e transformações de ordem social, política, econômica e jurídica. O Direito, que é uma das principais ciências sociais, não está isento de recuperar sua vocação para a justiça e, por isso, para o fortalecimento da dignidade do ser humano. A realidade, no entanto, nos mostra em todo o mundo, de um a outro confim, um quadro bem pessimista: tantos anos de luta pelo Direito e pela Justiça e ao nosso redor seguem existindo lamentáveis relatos que, apesar de estarmos no século 21, nos interpelam gravemente.

Não é necessário voltar nosso olhar para o chamado Terceiro Mundo, no Primeiro Mundo ainda sobrevivem espaços de exploração, novas escravidões, adornados com as mais sofisticadas formas de modernidade. Com o advento da crise, aparecem necessidades humanas que pensávamos superadas, que exigem respostas do Direito Público adequadas e, sobretudo, humanas, à altura da centralidade que tem a dignidade do ser humano.

Uma das causas de o Estado não ter sido capaz de evitar a geração, e por vezes o crescimento das necessidades sociais, está em boa parte ligada a não se ter suficientemente compreendido o alcance do denominado Estado Social e Democrático de Direito, em função do que os direitos sociais fundamentais, não todos os chamados DESC, continuam sendo em muitos ordenamentos metas e aspirações políticas princípios orientadores sem exigibilidade jurídica, que somente podem ser facilitados de acordo com o dogma da reserva do possível, um critério que se interpretou economicamente e pela perspectiva de antepor a estabilidade financeira à dignidade humana. Certamente, uma estabilidade e equilíbrio financeiros que sendo como são, um princípio, quem os poderá questionar; de boa administração abre espaço a essa perversa forma de prestar serviços e bens aos cidadãos, que consiste em um endividamento constante e crescente que impede os avanços sociais porque sempre, enquanto esse jogo continuar existindo, deverá fazer diante de bilhões de dívida enquanto se ressente e se fere, em muitos casos, a dignidade humana.

Nesses casos, como adiantamos neste trabalho, os ministérios sociais devem reservar em seus orçamentos, após estudos empíricos conclusivos, recursos que permitam dar conta dos direitos sociais mínimos, a base e o fundamento, dos direitos sociais fundamentais ordinários. Assim o princípio de promoção dos direitos sociais fundamentais e o de proibição do retrocesso nessa matéria, aquém de bandeiras partidárias, permitirão que o livre e solidário desenvolvimento da personalidade dos cidadãos deixe de ser essa quimera em que se converteu nos últimos anos.

Em segundo lugar, nem o postulado da solidariedade social nem o da participação estão assentados convenientemente no interior do sistema político e institucional. O fato de os recortes sociais terem se manifestado com essa crise demonstra que os direitos sociais fundamentais, apesar de ser exigências de uma vida social digna, continuam sendo uma matéria pendente para milhões e milhões de seres humanos. A escassa participação real que caracteriza a vida pública em nossos países mostra efetivamente que nas políticas públicas, em todas as fases de sua realização, ainda não existe o grau de participação da cidadania que seria mister, depois dos anos em que a democracia e o Estado de Direito, afortunadamente, têm primazia entre nós.

A tese que se usa acerca da liberdade solidária permite compreender melhor a essência do Estado Social e Democrático de Direito como promoção de direitos fundamentais e remoção dos obstáculos que impeçam sua efetividade. Nesse sentido, adquirem sua lógica as concepções abertas que se seguem nestas linhas, assim como as possibilidades de reconhecimento de direitos sociais fundamentais, onde a Constituição não o faça, através das bases essenciais do Estado de Direito, levando em conta a centralidade da dignidade humana e do livre e solidário desenvolvimento da personalidade dos indivíduos em sociedade.

Assim, faz-se necessária uma releitura partindo da dignidade do ser humano, de todo o desenvolvimento e projeção que se realizou desse modelo de Estado, no conjunto do Direito Público. Temo que o problema se deva à tentativa de entender a partir de uma base ultrapassada, e o resultado é o que conhecemos. A tarefa, pois, de projetar o supremo princípio da dignidade humana sobre o sistema inteiro de fontes, categorias e instituições do Direito Público ainda deve ser realizada, o que pede as novas perspectivas que oferece o pensamento aberto, plural, dinâmico e complementar.

É verdade que os direitos sociais fundamentais são direitos subjetivos de singular relevância e, em sua natureza, levam inscritas as prestações do Estado que os fazem possíveis. São direitos subjetivos fundamentais porque a norma fundamental, de forma mais ou menos direta, aponta obrigações jurídicas fundamentais, normalmente aos poderes públicos, para que se realizem no dia a dia.

Na realidade, a compreensão dessa forma de entender o Direito Público no Estado Social e Democrático de Direito parte de considerações éticas, pois em si mesmo esse modelo de Estado não é alheio à supremacia da dignidade humana e à necessidade de que os poderes públicos promovam direitos fundamentais da pessoa e removam os obstáculos que os impeçam. Ambas, certamente, as referências éticas que não podem ser ignoradas, pois do contrário passaríamos ao domínio do funcionalismo e da técnica e, afinal, os direitos humanos acabam sendo, como já o são, moedas de troca que são intercambiadas pelos fortes e poderosos em função de interesses ordinariamente inconfessáveis.

A dimensão ética do Direito Público é um traço inseparável e indissoluvelmente unido a sua raiz e a suas principais expressões. Não poderia ser de outra forma, porque ele atende de maneira especial a serviço objetivo aos interesses gerais que, no Estado Social e Democrático de Direito, estão inseparavelmente vinculados aos direitos fundamentais, individuais e sociais das pessoas. A forma em que os princípios éticos e suas principais manifestações sejam assumidos pelo Direito representa o compromisso real dos Poderes do Estado em relação com a dignidade do ser humano e o livre e solidário exercício de todos os seus direitos fundamentais.

Provavelmente, nunca ao longo de toda a história tanto se foi falado, discutido e escrito sobre ética. No interesse atual pela ética, há razões circunstanciais, como podem ser os escândalos que nos chegam com maior ou menor intensidade e frequência pela imprensa diária em todo o mundo. Há razões políticas nesse uso tão particular, porque a ética se converteu em um valor de primeira ordem, ou quando menos do que um valor para o mercado político. Além disso, há também situações de desconcerto, diante das novas possibilidades que oferece a técnica, que exigem uma resposta esclarecedora, mas há uma razão de fundo que penso justificar plenamente o interesse pelas questões éticas.

Com efeito, são incontestáveis os sintomas de que estão sendo produzidas profundas e vertiginosas mudanças nos modos de vida do planeta, fato que é posto particularmente em evidência nas sociedades avançadas do Ocidente, ou em outras de díspares âmbitos geográficos que, com maior ou menor êxito, se adaptaram às denominadas exigências ocidentais de vida, hoje certamente em crise profunda. Tais mudanças nos modos de convivência são tão extensas e se manifestam com tal intensidade nas diversas áreas de todo o existir, que bem podemos estar assistindo, como muitos pensadores apontaram, a uma mudança de civilização. Efetivamente, uma mudança de civilização que funde a nova ordem social, política, jurídica e econômica sobre a dignidade do ser humano e seus direitos fundamentais, individuais e sociais.

Todo o elenco interminável de mudanças na estrutura técnica de nossa sociedade se traduz em transformações profundas, entre outras coisas, de nossos modos de vida. Com eles se produz um desmoronar dos valores tradicionais ou, mais exatamente, caberia dizer, dos valores da sociedade tradicional, entendendo-se aqui tradicional no sentido de uma sociedade fechada e rigidamente estruturada.

Muito já se falou da contraposição entre sociedades tradicionais e sociedades abertas e, sem pretender entrar agora no pormenor da questão, é possível discernir na sociedade que estamos configurando uma série de traços que a caracterizam, em oposição ao modelo social que vai ficando para trás. A democracia, com tudo o que tem de aperfeiçoável nos modos em que a articulamos, parece felizmente se afirmar universalmente, ao menos formalmente, como forma de organização da vida política; ao menos essa tendência é clara.

Mesmo sendo reduzida a participação de todos os membros da sociedade na vida pública, ela se enriquece progressivamente, sobretudo nas sociedades avançadas, sendo possibilitada, em alguns países mais do que em outros, a integração dos indivíduos na vida social, por meio de um tecido associativo cada vez mais rico. O pluralismo alcança todas as esferas da vida, estendendo-se à cultura, caracterizando sociedades multiculturais.

A remodelação e desformalização dos papéis sociais mais característicos da sociedade tradicional contribui, em certo sentido, a criar estruturas mais equitativas e mais respeitosas para com a condição pessoal de todos os membros da sociedade. O aumento da expectativa de vida, devido às melhores condições de nossa existência e aos avanços médicos e sociais, está provocando um incremento temporal de dois segmentos da vida humana (velhice e juventude), com um inaceitável deslocamento e marginalização de seus integrantes.

Em suma, é de tal dimensão a avalanche de mudanças e, em alguns aspectos, é tal a obsolescência dos critérios e modos de organização social pretéritos que poderíamos afirmar que os valores tradicionais se romperam totalmente. No que se refere ao nosso tema, o fracasso diz respeito à forma tradicional de entender e abordar o Estado Social e Democrático de Direito. O modelo antigo já não pode ser aplicado, como estruturas e mentalidades antigas que justificam sem receio que os direitos sociais fundamentais não sejam mais do que uma possibilidade de atuação, mandatos de otimização que somente obrigam os poderes públicos se os orçamentos assim o permitirem, ou seja, a dignidade do ser humano a serviço do orçamento, a negação do próprio Estado como tal.

Os valores da sociedade tradicional quebraram-se romperam, mas não os valores humanos, os valores sobre os quais se fundam a civilização e a cultura que de alguma maneira são valores permanentes, na medida em que estão inscritos na mesma condição humana e em seus direitos invioláveis. Por isso, a construção de uma civilização ou de uma nova cultura não poderá ser feita sem se voltar a eles. No entanto, não se trata de fazer uma repetição mimética, sem mais, não se trata de fotocopiar ou de clonar. Trata-se, relativamente aos valores humanos, aos valores do Estado Social e Democrático de Direito, de repensá-los, de renová-los e dotá-los de uma nova virtualidade, que permita a efetiva realização do Estado Social e Democrático de Direito. Para isso é imprescindível pôr as técnicas e os procedimentos a serviço da dignidade humana e seus direitos fundamentais e não o contrário, como se vem fazendo já há algum tempo.

Assim, ao desafio produtivo, ao desafio técnico e ao desafio tecnológico devemos somar o autêntico desafio de fundo, que é o desafio ético, todos presentes no Direito enquanto ciência social consistente na realização da justiça. Trata-se de um desafio que interpela todas as ciências sociais e tenta responder à grande pergunta acerca do homem, da mulher e de seu caráter medular na realidade jurídica, econômica e social.

Ou as ciências sociais proporcionam melhor qualidade de vida às pessoas ou não são dignas de tal nome, ao menos em um Estado que se qualifica como Social e Democrático de Direito. Isso quer dizer, nem mais nem menos, que por meio do Direito, da Economia e da Sociologia, devem ser desenhados técnicas e processos orientados e dirigidos à promoção dos direitos fundamentais da pessoa e, quando for o caso, a remover os obstáculos que impeçam sua realização efetiva. Em outras palavras, ou se consegue maior qualidade de vida, melhores condições de vida para os habitantes do planeta, especialmente para os mais necessitados, ou as ciências sociais se converterão em fins e não em meios a serviço da melhoria da vida dos cidadãos.

Os valores pelos quais essa mudança deve ser abordada, ou alguns aspectos do sentido que devemos propor a essa mudança, partem de alguns dos seguintes postulados, presentes ao longo destas linhas e que agora resumimos em forma de conclusões.

A dignidade do ser humano, da pessoa, é o centro e a raiz do Estado. O ser humano e seus direitos fundamentais se fazem reais em cada pessoa e são a chave do marco do Estado Social e Democrático de Direito. O respeito que se deve à dignidade humana e às exigências de desenvolvimento que ela implica constitui a pedra angular de toda construção civil e política, e o referente seguro e ineludível de todo empenho de progresso humano e social como aquele que parte desse modelo de Estado.

Outro ponto de apoio essencial para abordar essa tarefa civilizadora encontra-se no abrir-se para a realidade, certamente uma condição de trabalho elementar para o Direito Público sem a qual é impossível o desdobramento de sua eficácia. A realidade é teimosa, a realidade é como é, e um autêntico explorador não deve desenhar édens imaginários em seu caderno, senão cartografar do modo mais fiel a orografia dos novos territórios.

Abrir-se para a realidade significa também abrir-se para a experiência. Abertura para a experiência quer dizer aprender com a própria experiência e a alheia. Talvez tenha sido essa uma das lições mais importantes que resultou da experiência da Modernidade: descobrir a loucura de acreditar nos sonhos da Razão, Razão que, quando se ergue soberana e absoluta, gera monstros devastadores. Não há mais lugar para os dogmas da racionalidade, incluída aí a racionalidade crítica.

A aceitação da complexidade do real, e muito particularmente do ser humano, e a aceitação de nossa limitação, nos levarão a afirmar a validade e relatividade de todo o humano salvo, precisamente, o próprio ser pessoal do Homem, e a sustentar, portanto, junto a nossa limitação, a necessidade permanente do esforço e do progresso. Em tal contexto, pois, emoldura-se a necessidade das mudanças e transformações que expusemos. Mudanças e transformações que implicam novos instrumentos, novos meios para que a luz do Estado Social e Democrático de Direito brilhe com luz própria, de maneira que os direitos fundamentais, os individuais e os sociais disponham dessa vinculação direta e preferencial que condiciona todo o processo de criação e geração de normas jurídicas.

Ora, para superar os limites que sufocam a virtualidade e a potência do Estado Social e Democrático de Direito, devemos nos acostumar a trabalhar com a metodologia do pensamento compatível, ou seja, devemos desenvolver formas de pensamento e de estruturação jurídica que nos permitam delimitar as dificuldades originadas por um pensamento submetido às disjunções permanentes a que nos conduziu o racionalismo técnico e também, para o tema que nos ocupamos, o domínio dos meios sobre os fins, o domínio dos procedimentos sobre os fins do Estado Social e Democrático de Direito.

O pensamento compatível nos permite superar essas diferenças e apreciar que na realidade se pode dar conjuntamente, e de fato se dá, o que uma mentalidade racional "matemática" nos exigia ver como opostos. É um imperativo ético fazer esse esforço de compreensão. Possivelmente ele nos permita descobrir que realmente o público não é oposto e contraditório ao privado, senão compatível e reciprocamente complementar, e ambos inclusive exigem um ao outro; que o desenvolvimento individual, pessoal, não é possível se não for acompanhado de uma ação eficaz a favor dos demais; que a atividade econômica não será autenticamente rentável – em todo caso será apenas aparentemente – se a tempo, e simultaneamente, não representar uma ação efetiva de melhora social; que o curto prazo carece de significado autêntico se não interpretado no longo prazo; etc. etc. Que a norma não se opõe à liberdade, senão que a potencializa, se for autêntica e justa. Em suma, que se a sociedade é capaz, por dispor de vitalidade e meios para isso, de assegurar as condições para a realização dos direitos sociais fundamentais e, então, a subsidiariedade facilita sua efetiva realização.

Outro traço que devemos potencializar em nossa abordagem do tema dos direitos sociais fundamentais e em geral do que podemos denominar Direito Administrativo Social, é o pensamento dinâmico. Uma modalidade de pensamento que nos leva a compreender que a realidade – e mais do que nenhuma outra a social, a humana – é dinâmica, mutável, aberta; ela não é somente evolutiva, também cheia de liberdade. Por isso devemos superar a tendência a definir o real estaticamente, ou com um equilíbrio puramente mecânico, real, que não resistiria a tal sufocamento sem sofrer uma grave deturpação. A isso nos referimos, justamente. Sobre a afirmação de seu ser radical, de sua dignidade radical, o ser humano deve desenvolver as virtualidades que ali se encerram, tanto ao que se refere a seu autodesenvolvimento pessoal como ao relativo à realização de seu ser social. Se ele não pode fazer isso por si mesmo, em um contexto de autonomia, ou não lhe são dadas as condições sociais, então o Estado deve garantir ao menos um direito ao mínimo vital, que torne possível uma vida digna de tal nome.

A participação, apontamos reiteradamente, é outra condição de ação de futuro, congruente como todo o exposto. O ser humano, dizia Kant, não deve ser tomado nunca como meio, mas sim como fim. Se o que buscamos é um crescimento em liberdade, em humanidade, em definitivo, somente poderá se tornar realidade esse objetivo, se cada um se fizer protagonista de suas ações e de seu desenvolvimento e possibilitar com sua atuação que os demais também o sejam.

Os direitos fundamentais da pessoa são direitos que concedem a seus titulares um conjunto variado de posições jurídicas dotadas de tutela reforçada e impõem ao poder público uma vontade diversificada de obrigações correlatas às diferentes funções derivadas de cada uma das citadas posições jurídicas (Hachem). Por essa perspectiva, devemos afirmar que a aplicabilidade imediata é a mesma, tanto no caso dos direitos fundamentais individuais como dos sociais, por mais que as técnicas empregadas possam ser variadas. Tais variações, diz Hachem, derivam da diversidade de funções instituídas em cada direito. Não é que em um caso existam direitos de defesa e em outro de direitos de prestações, o problema, como bem aponta esse autor, é que os direitos fundamentais são uma categoria única, que admite uma expressão multifuncional. Em outras palavras, é necessário compreender todos os direitos fundamentais pela perspectiva do todo, de modo que cada direito fundamental apresente um conjunto de posições jurídicas fundamentais de onde derivam funções de respeito.

O fato de a aplicabilidade imediata dos direitos sociais fundamentais, reconhecidos *ad hoc* ou por conexão, por argumentação racional do supremo intérprete da Constituição, ou por recepção dos Tratados Internacionais de Direitos Humanos, caso do Pacto Internacional sobre os Direitos Econômicos, Sociais e Culturais, custar mais dinheiro não quer dizer que não sejam fundamentais. É somente uma questão acidental, que não afeta a substância. Como o acidental ou formal, deve vir depois do substancial ou material, o que é lógico é orientar as estruturas de facilitação desses direitos colocando o orçamento público a seu serviço e não o contrário.

O problema da aplicabilidade imediata dos direitos sociais fundamentais, de seus custos de aplicação, não se encontra no interior desses direitos fundamentais da pessoa, senão na existência de obstáculos e impedimentos incontáveis às funções de proteção e de prestação inerentes a todo direito fundamental, seja de qual natureza for (Hachem). As dificuldades, que devem além disso ser removidas, de acordo com a cláusula do Estado Social de Direito, fazem referência às posições jurídicas fundamentais, às funções diferentes, que requerem soluções distintas. Sobretudo, os obstáculos procedem da função de prestação e referem-se a questões de organização, procedimento e meios materiais e pessoais, ou seja, o mais apropriado é analisar o regime jurídico de cada uma das funções próprias dos direitos fundamentais da pessoa e não distinguir duas versões dos mesmos com dois regimes diferentes, um para os direitos de liberdade e os direitos individuais e outro para os direitos sociais (Hachem).

Os direitos fundamentais são uma mesma categoria com um mesmo regime, que deriva da mesma dignidade humana e essa tem as mesmas condições de exigibilidade, seja qual for o direito em questão. As estruturas e os procedimentos são pensados e atuam a serviço das pessoas e, não, o contrário. O orçamento público deve dar conta de muitas necessidades e conceitos, mas na verdade a quantidade que deve ser orçada para essas finalidades o deve ser em função da situação dos direitos sociais fundamentais no país e dos meios disponíveis, porque outra coisa seria impossível, mas, ao que acontece na atualidade, em que em muitos sistemas tais direitos não são fundamentais e sua exigibilidade está sendo questionada, há uma grande distância. A questão é afirmar o caráter jusfundamental desses direitos e começar a caminhar nesse terreno. A partir de então, os progressos seriam notáveis. Não se trata de negar a realidade, em que as disponibilidades orçamentárias são as que são e compõem o âmbito para se averiguar a racionalidade das demandas judiciais na matéria (Hachem). Trata-se, pura e simplesmente, de afirmar que esses direitos sociais fundamentais pertencem à categoria única dos direitos fundamentais da pessoa. Outra questão de que tratamos neste trabalho refere-se ao alcance e funcionalidade do direito ao mínimo vital, um direito fundamental de patamares mínimos que permite que não se quebre a condição humana. Chamamos a atenção para o fato de existirem alguns direitos sociais fundamentais mínimos que o Estado ou a sociedade, dependendo do caso e das possibilidades, devem assegurar e garantir, para evitar a desumanização da pessoa. Nesse ponto, no entanto, deve ficar claro que, de fato, a aplicabilidade imediata dos direitos sociais fundamentais não se reduz ao reconhecimento do mínimo vital ou existencial. Todos os direitos sociais fundamentais, todos, por serem direitos fundamentais da pessoa, possuem eficácia direta simplesmente porque desfrutam da mesma categoria e regime jurídico dos direitos fundamentais.

O marco do que é imprescindível para uma existência humana responde ao direito ao mínimo vital, mas mais além dessa garantia de mínimos existem outros direitos sociais fundamentais, ordinários, como o direito à moradia digna, o direito à proteção social digna, ou seja, uma coisa é o mínimo imprescindível para uma existência ou para uma vida digna de uma pessoa humana, e outra distinta é a garantia de um marco de racionalidade e progressividade no exercício de tais direitos que vá além do imprescindível, do mínimo.

Se entendemos o mínimo existencial como o teto mínimo, o piso mínimo dos direitos sociais fundamentais, compreenderemos que a partir desse limiar podem ser levantados ou edificados direitos sociais fundamentais. A partir dessa esfera de existência minimamente digna, aplicando-se o princípio de progressividade, podemos chegar a afirmar a existência de direitos sociais fundamentais que consistem em garantias e prestações, junto a proteções e defesas, de posições jurídicas dignas, de uma dignidade superior à mínima. Da mesma forma devem-se interpretar as apelações que as Constituições de nossa cultura jurídica fazem, de melhor qualidade de vida para as pessoas ou uma existência ou vida digna. Se tal dignidade se referisse unicamente à dignidade mínima, o Estado Social e Democrático de Direito careceria de virtualidade jurídica, algo que deve ser descartado por absurdidade.

Os direitos fundamentais da pessoa dispõem, já dissemos, de diferentes posições jurídicas que correspondem às funções de defesa, de proteção e de prestação. É verdade que é mais complicado, como aponta Hachem, dotar de aplicabilidade imediata as prestações positivas necessárias para a satisfação dos direitos fundamentais, sejam elas de liberdade ou sociais. Por outro lado, no âmbito da função de defesa não existem tantos problemas. Nos casos de promoção e proteção, especialmente quando não há norma constitucional ou legislativa que concretize o conteúdo desses direitos. A separação dos poderes do Estado impede que o poder Judiciário assuma funções governamentais ou de exercício de comando político, pois as eleições políticas são próprias do poder Legislativo, o que não quer dizer que inclusive em tais casos tenha-se que negar a possibilidade de controle judicial. A questão é clara: há alguns limites que o Judiciário não pode ultrapassar. Por isso, estamos de acordo com Hachem quando conclui que na função de defesa (proibição de intervenção estatal) dos direitos fundamentais sociais a aplicabilidade imediata é máxima.

Ora, no âmbito dos deveres de proteção contra a atuação de outros particulares e de promoção de prestações fáticas positivas, deve-se afirmar que o conteúdo de prestações que integram o mínimo existencial são sempre e em todo caso exigíveis perante qualquer juiz ou tribunal, através de qualquer instrumento processual com independência da existência de disponibilidades orçamentais ou de estrutura organizativa pública, pois afetam o conteúdo da mínima dignidade possível, aquela que diferencia o ser humano dos animais irracionais ou dos simples objetos ou coisas.

Sendo o mínimo vital o piso mínimo e não o teto máximo dos direitos fundamentais, parece razoável admitir a reivindicação de pretensões jurídicas derivadas de direitos fundamentais sociais não incluídas no mínimo existencial (Hachem). Assim, as prestações estatais fáticas e positivas em matéria de direitos sociais fundamentais ordinários, aqueles que vão mais além do mínimo existencial, podem ser invocadas perante juízes e tribunais, pois esses direitos fundamentais gozam da proteção de seu conteúdo essencial, seja por reconhecimento expresso na Constituição, por norma legal ou por conta da argumentação racional realizada por um Tribunal Constitucional a partir dos elementos cruciais da própria Constituição.

No caso de os direitos sociais fundamentais previstos expressamente na Constituição terem sido desenvolvidos pelo Legislativo, como tais normas legais contêm memórias financeiras e orçamentais para serem aplicadas, as prestações que integram tais direitos são plenamente exigíveis judicialmente, sem que se possa opor como regra a exceção de reserva do possível ou o próprio princípio de separação dos poderes (Hachem).

Se não houver previsão normativa nem existirem na Constituição parâmetros mínimos que permitam deduzir o alcance concreto das prestações de direitos sociais fundamentais, então, segundo Hachem, a aplicabilidade imediata dos mesmos pode ser realizada por meio de requerimento judicial ao poder Executivo, para que esse atenda ao conteúdo do direito social fundamental em questão.

Os direitos sociais fundamentais podem estar previstos na Constituição como tais, não é o mais frequente, ou podem derivar de uma argumentação racional a partir das mesmas bases da Constituição em relação com os postulados do Estado Social e Democrático de Direito e da centralidade da dignidade do ser humano. Por exemplo, a Constituição espanhola, como apontamos, abriga em seu seio normas contraditórias porque, se são reconhecidos esses valores constitucionais, não é coerente reconhecer direitos sociais fundamentais pela perspectiva de princípios orientadores da vida econômica e social unicamente exigíveis em virtude de norma que o preveja.

É verdade que a legislação infraconstitucional em matéria de direito à saúde ou direito à educação reconhece direitos subjetivos aos cidadãos nas matérias que poderão ser objeto de reclamação nos tribunais, mas sem a especial proteção que a Constituição dispensa aos direitos fundamentais. No caso de inexistência inclusive de normas legislativas, se não executássemos a doutrina de aplicação ou eficácia direta dos direitos sociais fundamentais estaríamos tornando possível do interior da Constituição sua impossibilidade de instauração em um aspecto básico, como é o desdobramento da função promocional e removedora dos poderes públicos, ou seja, a Constituição conteria em seu seio normas materialmente inconstitucionais.

No caso de não haver normas legislativas que regulem os direitos fundamentais, negar sua efetividade seria gravemente incongruente com as bases do Estado de Direito, pelo que, ao menos perante o Tribunal Constitucional, tal situação poderia ser analisada. Além disso, segundo a Constituição espanhola, as normas que regulam esses direitos devem respeitar seu conteúdo essencial, de forma e maneira que se reconheça que há um núcleo básico de indisponibilidade que é precisamente o âmbito próprio em que se encontra a dignidade humana. O que abrange também os direitos sociais fundamentais porque são direitos dessa natureza e, por isso, gozam também de um espaço especial de conteúdo essencial que responde à essência mesma da dignidade humana e deve poder ser estendido pelo titular do direito social fundamental de que se trate, com independência de se há ou não regulação legislativa. Ou a pessoa, o cidadão, deve esperar para exercer seus direitos fundamentais a regulamentação normativa?

A efetividade dos direitos sociais fundamentais é atualmente, sem qualquer dúvida, um dos principais desafios do Direito Público de nossa época. Uma época na qual na região ibero-americana, por exemplo, observa-se maior consciência coletiva cidadã nesse âmbito. No entanto, de acordo com a Declaração de Quito de 1998, ainda são constatados graves atentados à mesma dignidade por diferentes frentes e manifestações. Por exemplo, a falta de reconhecimento dos direitos sociais fundamentais, também entre nós, na velha e doente Europa, nos orçamentos e na formulação das políticas públicas econômicas é um grave problema.

A falta de avaliação do cumprimento dos direitos sociais fundamentais também agrava a situação. Não poucas vezes constatamos também a realidade de situações de concentração de riquezas com graves dificuldades de acesso, por parte de maiorias relevantes de pessoas, aos serviços mais elementares para uma vida digna. A falta de transparência na formulação de políticas em matéria de direitos sociais fundamentais é tantas vezes uma dolorosa realidade quanto a ausência de difusão e de informação à cidadania sobre o papel de protagonista que tem essa matéria. Também afeta negativamente a corrupção dos funcionários públicos na aplicação de orçamentos e planos e programas sociais, assim como a falta de sensibilidade da agenda dos tratados internacionais de integração, do pagamento da dívida externa e dos programas de reajuste, a própria efetividade dos direitos fundamentais.

O direito fundamental da pessoa a um nível de vida adequado (artigo 25.1 da Declaração Universal dos Direitos Humanos), a uma qualidade de vida digna, como reza o preâmbulo da Constituição espanhola de 1978, é, seguindo a Declaração Americana dos Direitos e Deveres do Homem, artigo XI, a que permitam os recursos públicos e os da comunidade, ou, como estabelece o artigo 26 da Convenção Americana de Direitos Humanos, na medida dos recursos disponíveis, por via legislativa ou outros meios apropriados. Tais previsões situam no centro da ordem social, política e econômica à dignidade do ser humano, o que implica, pura e simplesmente, que as disponibilidades orçamentais do Estado e da sociedade, da comunidade devam ser orientadas e administradas para que, de fato, se garanta a todos os homens e mulheres uma digna qualidade de vida.

O artigo 130.1 da Constituição espanhola reclama aos poderes públicos que equiparem o nível de vida dos espanhóis a partir de uma política econômica adequada a esse fim. Tal nível de vida, como defende Pérez Hualde, é o que implica e exige, para que seja dessa maneira, a satisfação de determinadas necessidades de natureza econômica que, por sua vez, garantam o acesso a outros direitos também humanos e fundamentais, também de grande importância. Esse professor argentino parece situar o epicentro dos direitos sociais fundamentais nas necessidades coletivas dos cidadãos, necessidades como água potável, saneamento básico, eletricidade, fornecimento de gás, de transporte público, de corredores viários, do correio, atividades todas que ordinariamente se garantem, ao menos muitas delas, através da técnica da intervenção pública.

Tanta intervenção quanto seja necessário e tanta liberdade solidária quanto seja possível é uma famosa máxima que se fez célebre entre os professores da Escola de Friburgo em meados do século passado. Na realidade, como advertimos neste trabalho, o fim do Estado reside no livre e solidário desenvolvimento das pessoas. Para isso o Estado deverá assumir esse compromisso quando as instituições e iniciativas sociais não forem capazes de ajudar os indivíduos em sua livre e solidária realização.

O problema da técnica do serviço público para tais misteres reside, como já destacou Devolvé, no fato de que as atividades objeto do serviço público são de titularidade pública, algo que não se pode recomendar, por exemplo, da educação ou da saúde, que são direitos fundamentais da pessoa e não devem, portanto, ser qualificadas como de âmbitos de titularidade pública. Por outro lado, sob a técnica da *ordenatio*, das autorizações, licença ou permissões, as coisas caminham diferentemente, posto que nesses casos trata-se de regular atividades privadas, dos cidadãos, que são de interesse geral.

Com efeito, em virtude da subsidiariedade que o Estado tem, por sua própria estrutura e essência, a superior tarefa de garantir o pleno, livre e solidário exercício dos direitos, obrigação suprema da instância estatal que, como indicou Vidart Campos, não se esgota com a existência de uma ordem normativa construída para tornar possível o cumprimento dessa obrigação, senão que comporta a necessidade de uma conduta governamental que assegure a existência real de eficaz garantia do livre e pleno exercício, me permito acrescentar solidário, dos direitos humanos.

No entanto, como aponta Perez Hualde, pela concepção do serviço universal, que não é uma característica específica do serviço público em sentido estrito, senão das atividades privadas de interesse geral, é possível atenuar de alguma maneira a causa da intervenção pública – serviço de interesse geral – dirigida a esse fim, a situação de injustiça objetiva, por desigualdade material em que se encontram as pessoas necessitadas desses bens econômicos imprescindíveis para um nível de vida adequado, de acordo com a comunidade em que se desenvolve.

Pouco a pouco, nesta época de convulsões e de transformações, esperemos que a efetividade e exigibilidade dos direitos sociais fundamentais ocupe um lugar por direito próprio na mente e na agenda das principais decisões que tomem as autoridades políticas, econômicas, sociais e culturais. Apostamos muito nisso e em que a dignidade do ser humano e seus direitos inalienáveis fundarão, de novo, agora com mais força, uma atualizada ordem jurídica, econômica e social que já não podem esperar por mais tempo.

Se a dignidade do ser humano e o livre e solidário desenvolvimento de sua personalidade são o cânone fundamental para medir a temperatura e a intensidade do Estado Social e Democrático de Direito, então é chegado o tempo em que, de uma vez por todas, as técnicas do Direito Administrativo sejam pensadas de outra maneira. De uma forma que permita que os valores e parâmetros constitucionais sejam uma realidade no cotidiano. Se o Direito Administrativo é o Direito Constitucional concretizado, não há outro caminho.

BIBLIOGRAFIA

ABENDROTH, W., Zum Begriff des demokratischen und sozialen Rechtsstaates im Grundgesetze der Bundesrepublik Deutschland (1954) *in* E. FORSTHOFF, Rechtsstaatlichkeit und Sozialstaatlichkeit, Darmstadt, 1968.

ABENDROTH, W., El Estado de Derecho democrático e social como proyecto político, en el Estado Social, Madri, 1987.

AHUMADA, G., Tratado de Finanzas Públicas, 1969.

ALESSI, R., *Principi di Diritto Amministrativo*. t. I, I soggeti attivi e l'esplicazione della funzione amministrativa, Milão, 1978.

ALEXI, R., Prólogo do livro de R. ARANGO, El concepto de los derechos sociales fundamentales, Bogotá, 2005.

_____, Teoría de los derechos fundamentales, Madri, 1997.

_____, Theorie der Juristischen Argumentation, Frankfurt, 1996.

_____, Recht, Vernunft, Diskurs, Frankfurt, 1995.

ALEXY, A., Teoría de los derechos fundamentales, Madri, 1997.

ALVES FROTA, H., O princípio da supremacia do interesse público sobre o privado no direito positivo comparado: expressão do interesse geral da sociedade e da soberania popular. *Revista de Direito Administrativo*, nº 239, Rio de Janeiro, jan./mar. 2005.

AMENÁBAR, M. P., Responsabilidad extracontractual de la Administración Pública, Santa Fé, 2008.

ARA PINILLA I., Las transformaciones de los derechos humanos, Madri, 1990.

ARANGO, R., El concepto de los derechos sociales fundamentales, Bogotá, 2005.

ARLUCEA, E., El derecho a desfrutar de un medio ambiente adecuado, *in* J. TAJADURA (Org.), Los principios rectores de la política social e económica, Madri, 2004.

ÁVILA, H. Teoria dos princípios: da definição à aplicação dos princípios jurídicos, São Paulo, 2006.

_____, Repensando o "princípio da supremacia do interesse público sobre o particular". *In:* Daniel Sarmento (Org.). *Interesses públicos* versus *interesses privados:* desconstruindo o princípio de supremacia do interesse público, Rio de Janeiro, 2010.

BACELLAR FILHO, R. F., A jurisdição administrativa no direito comparado: confrontações entre o sistema francês e o brasileiro. *In: Reflexões sobre Direito Administrativo.* Belo Horizonte, 2009.

_____, A noção jurídica de interesse público no Direito Administrativo brasileiro. *In:* Daniel Wunder Hachem (Org.). *Direito Administrativo e Interesse Público :* Estudos em homenagem ao professor Celso Antônio Bandeira de Mello. Belo Horizonte, 2010.

_____, Dignidade da pessoa humana, garantia dos direitos fundamentais, direito civil, direitos humanos e tratados internacionais. *In:* Fabrício Motta. (Org.). *Direito Público Atual:* estudos em homenagem ao Professor Nélson Figueiredo, Belo Horizonte, 2008.

_____, Ética pública e Estado Democrático de Direito. *Revista Iberoamericana de Derecho Público e Administrativo*, nº 3, 2003, San José: Asociación e Instituto Iberoamericano de Derecho Administrativo "Prof. Jesús González Pérez".

BADURA, P., Das Prinzip der sozialen Grundrechte und seine Verwirklichung im Recht der Bundesrepublik Deutschland, Der Staat 14 (1975), pp. 25 e 27.

BAENA DEL ALCAZAR, M., Manual de Ciencia de la Administración, Madri, 2005.

BALDASSARRE, A., Voz Diritti social, Enciclopedia Giuridica Treccani, vol. XI, Roma 1989.

BARBERO, M., Manuale di Diritto Pubblico, Bolonha, 1984.

BARKER, E., Political Thought in England: 1848-1912, Londres, 1942.

BARROSO, L.R., Prefácio: O Estado contemporâneo, os direitos fundamentais e a redefinição da supremacia do interesse público. *In:* Daniel Sarmento (Org.). *Interesses públicos* versus *interesses privados:* desconstruindo o princípio de supremacia do interesse público, Rio de Janeiro: Lumen Juris, 2010.

BASSI, F., Brevi note sulla nozione di interesse pubblico. *In:* Università di Venezia. *Studi in onore di Feliciano Benvenuti.* vol. I. Modena, 1996.

BASTIDA FREIJEDO, F., ¿Son los derechos sociales derechos fundamentales. Por una concepción normativa de la fundamentalidad de los derechos, derechos sociales e ponderación, Madri, 2009.

BAYONA DE PEROGORDO, J. J., Notas para la construcción de un derecho del gasto público, Presupuesto e gasto público, 1979.

BAZÁN, V. (Org.). Defensa de la Constitución: Garantismo e controles. Livro em reconhecimento ao Dr. Germán J. Bidart Campos. Buenos Aires, 2003.

BENDA, E., El Estado Social de Derecho, *in* E. BENDA/W. MAYHOFER/H. VOGEL/K: HESSE/W. HEYDE, Manual de Derecho Constitucional, Madri, 1996.

BIDART CAMPOS, G. J., La responsabilidad en los Tratados de jerarquía constitucional, *in* BUERES, J.A. & KEMELMAJER DE CARLUCCI, A. (Dirs), Homenagem ao professor Dr. Atilio Anibal ALTERINI, Buenos Aires.

BINENBOJM, G., Da supremacia do interesse público ao dever de proporcionalidade: um novo paradigma para o Direito Administrativo. *In:* Daniel Sarmento (Org.). *Interesses públicos* versus *interesses privados:* desconstruindo o princípio de supremacia do interesse público, Rio de Janeiro: Lumen Juris, 2010.

BISCARETTI DI RUFFIA, P., Diritti social, Novissimo Digesto Italiano, vol. IV, Turim, 1960.

BOBBIO, N., "El futuro de la democracia". Barcelona 1985 *in totum*.

BÖCKENDÖRFE, E. W., Die sozialen Grundrechte im Verfassungsgefüge, *in* E,W.

_____, Staat, Verfassung, Demokratie, Frankfurt, 1992.

_____, Escritos sobre derechos fundamentales, Baden-Baden, 1993.

_____, Staat, Gesellschaft, Freiheit, Frankfurt, 1976.

_____, Die Bedeutung der Unterscheidung von Staat und Gesellschaft im Demokratischen Sozialstaat der Gegenwart, ein Fetschriff für W. Hefermehl, Berlim, 1972.

BODENHEIMER, E., Prolegômenos de uma teoria do interesse público. *In:* Carl J. Friedrich (Org.). *O interesse público.* Trad. Edilson Alkmin Cunha. Rio de Janeiro, 1967.

BOLGÁR, V., L'intérêt général dans la théorie et dans la pratique. *Revue internationale de droit comparé*, vol. 17, nº 2, Paris: LGDJ, 1965.

BONAVIDES, P., Do Estado Liberal ao Estado Social. São Paulo, 2007.

BOULANGER, J., Principes généraux du droit positif et droit positif. *In: Le Droit privé Français au milieu du XXe siècle (Études offertes à Georges Ripert).* Paris, LGDJ, 1950.

BRAIBANT, G., *Le Droit administratif français.* Paris: Presses de la Fondation nationale des sciences politiques, 1984.

BREUS, T. Lima, *Políticas públicas no Estado Constitucional:* problemática da concretização dos Direitos Fundamentais pela Administração Pública brasileira contemporânea, Belo Horizonte, 2007.

BRITO, M. R., Principio de legalidad e interés público en el derecho positivo uruguayo. *In: Derecho Administrativo:* su permanencia – contemporaneidad – prospectiva, Montevidéu, 2004.

BURDEAU, G., Les libertés publiques, Paris, 1972.

BURGORGUE-LARSEN, L., Los derechos económicos e sociales en la jurisprudencia de la CIDH, *in* A. EMBID IRUJO (Org.), Los derechos sociales, Madri, 2009.

CARMONA CUENCA, E., El Estado Social de Derecho en la Constitución, Madri, 2000.

CASCAJO CASTRO J. L., Derechos Sociales, *in* Derechos Sociales e principios rectores, Atas do IX Congresso da Associação de Constitucionalistas de Espanha, València, 2012.

_____, La tutela constitucional de los derechos sociales, Madri, 1988.

CASSAGNE J.C., La intervención administrativa, Buenos Aires, 1992.

_____, El bicentenario de la Constitución de Cádiz e su proyección en Iberoamérica, AFDUC, nº 16, 2012.

CASSESE, S., Las bases del Derecho Administrativo. Madri, 1994.

_____, "Le droit puissant et unique de la société. Paradossi del diritto amministrativo", Rivista trimestrale di Diritto pubblico, nº 4, 2000.

CASSINELLI, C. W, O interesse público na ética política. *In:* Carl J. Friedrich (Org.). *O interesse público.* Trad. Edilson Alkmin Cunha. Rio de Janeiro, 1967.

CASTELLA ANDREU, "Transformaciones de la estructura del Poder del Estado", *in* Constitución e globalización, Zaragoza 2013, *in totum.*

CHAPUS, R., Le service public et la puissance publique. *Revue du droit public et de la science politique en France et à l'étranger*, vol. 84, 1968, nº 1-3, Paris, LGDJ.

CHEVALLIER, J., L'intérêt général dans l'Administration française. *Revue internationale des sciences administratives*, vol. 41, nº 4, Bruxelas, 1975.

CHEVALLIER, J., Le concept d'intérêt en science administrative. *In:* Philippe Gérard; François Ost; Michel van de Kerchove (Org..). *Droit et intérêt.* vol. 1. Bruxelas, 1975.

CHEVALLIER, J., Réflexions sur l'idéologie de l'intérêt général. *In:* Centre Universitaire de recherches administratives et politiques de Picardie. *Variations autour de l'idéologie de l'intérêt général.* vol. 1, Paris, 1978.

CICALA G., Diritti sociale e crisi del diritto soggetivo nel sistema costituzionale italiano, Napoli, 1965.

CLAMOUR, G., *Intérêt général et concurrence:* essai sur la pérennité du droit public en économie de marché. Paris, 2006.

CLÈVE, C. Merlin, A eficácia dos direitos fundamentais sociais. *Crítica Jurídica: Revista Latinoamericana de Política, Filosofia e Derecho*, vol. 22, jul.-dez., Curitiba, 2003.

COMADIRA, J. P., IVANEGA, M. M. (Org.). *Derecho Administrativo*: Livro em homenagem ao Professor Dr. Julio Rodolfo Comadira. Buenos Aires, 2009.

CONSEJO DE ESTADO DE FRANCIA. Rapport de 1999 sobre El Interés general.

CONTRERAS PELAEZ, J.F., Derechos sociales: teoría e ideología, Madri, 1994.

CAL CORES, J. M., El concepto de interés público e su incidencia en la contratación administrativa. *Revista de Derecho*, nº 11 Montevidéu: Universidade de Montevidéu – Faculdade de Direito, pp. 131-140, jan./jun. 2007.

CORREA FONTECILLA, J., Algunas consideraciones sobre el interés público en la Política e el Derecho. *Revista Española de Control Externo*, nº 24, Madri: Tribunal de Cuentas, jan./abr. 2006.

CORTI, H., La naturaleza de la ley de presupuestos: hacia un nuevo paradigma jurídico-financiero, Estudos em homenagem a Andrea AMATUCCI, Vol. III, Bogotá-Nápoles, 2012.

CORTI, H., Derecho Constitucional Presupuestario, Buenos Aires, 2008.

_____, Ley de presupuesto e Derechos Fundamentales: los paradigmas jurídico-financieros, Revista Jurídica de Buenos Aires, 2011.

COSSÍO DÍAZ, J .R., Estado Social e derechos de prestación, Madri, 1989.

COSTALDELLO, A. Cassia, A supremacia do interesse público e a cidade: a aproximação essencial para a efetividade dos direitos fundamentais. *In*: Romeu Felipe Bacellar Filho; Daniel Wunder Hachem (Org.). *Direito Administrativo e Interesse Público* : Estudos em homenagem ao professor Celso Antônio Bandeira de Mello. Belo Horizonte, 2010.

D'ARGENIO, I., La ideología estatal del interés general en el Derecho Administrativo. *Derecho Administrativo: Revista de Doctrina, Jurisprudencia, Legislación e Práctica*, nº 59, Buenos Aires, LexisNexis, jan./mar. 2007.

DAHRENDORF, R., La cuadratura del círculo, Madri, 1995.

_____, Sociedad e libertad, Madri, 1971.

DE ASIS, R., Las paradojas de los derechos fundamentales como límites al poder, Madri, 1992.

DE CASTRO B., Los derechos económicos, sociales e culturales, León, 1993.

DE LA MORENA, L., Derecho Administrativo e interés público: correlaciones básicas. *Revista de Administración Pública*, nº 100-102, jan./dez.1983.

DELPIAZZO, C. E. (Org.), *Estudios Jurídicos en Homenaje ao Prof. Mariano R. Brito.* Montevidéu, 2008.

DESWARTE, M. P., Intérêt général, bien commun. *Revue du droit public et de la science politique en France et à l'étranger*, nº 5, Paris: LGDJ, set./out. 1988.

DI PIETRO, M. S. Zanella, O princípio da supremacia do interesse público. *Interesse Público*, nº 56, Belo Horizonte, jul./ago. 2009.

_____; RIBEIRO, C.V. Alves (Org.), *Supremacia do interesse público e outros temas relevantes do Direito Administrativo.* São Paulo, 2010.

DIEZ MORENO, F., *El Estado Social,* Madri, 2004.

DOEHRING, K., Die Pflicht des Staates zur Gewährung diplomatischen Schutzes, 1959.

_____, Socialzstaat Rechtsstaat und Freinheitlich-Demokratische Grundordnung. *In:* El Estado Social, Madri, 1987.

DONNELLY, J., Universal human rights in theory and practice, Cornell, 1989.

DUGUIT, L., *Les transformations du droit public,* Paris, 1913.

_____ "Les transformations générales du droit privé depuis le Code Napoléon" Paris Livraria Felix Alcace, 1912, fonte Gallica--Inf. Bibliothèque nationale de France.

DUPUIS, G., GUEDON M.J CHRÉTIEN, P., *Droit administratif,* Paris, 2007.

DURAN MARTÍNEZ, A. Derechos prestacionales e interés público. *In:* Romeu Felipe Bacellar Filho; Guilherme Amintas Pazinato da Silva (Org.). *Direito Administrativo e Integração Regional:* Anais do V Congresso de Direito Público do Mercosul e do X Congresso Paranaense de Direito Administrativo. Belo Horizonte, 2010.

ERHARD, L., Bienestar para todos, Madri, 2010.

ESCOBAR ROCA, G., Algunos problemas del derecho a la salud, a la luz de la teoría general de los derechos fundamentales, *in* Derechos

Sociales e Principios Rectores, Atas do IX Congresso da Associação de Constitucionalistas de Espanha, Valência, 2012.

GONZALEZ DEL SOLAR, N., El derecho a la salud, *in* A. EMBID IRUJO (Org.) Los derechos económicos e sociales, Madri, 2009.

EISENMANN, CH., "Cours de droit administratif", T. I, Paris 1962.

ESCOLA, H., *El interés público como fundamento del derecho administrativo.* Buenos Aires, 1989.

ESPINOSA DE LOS MONTEROS, C., Repensando el Estado de Bienestar, "El País", 28 de dezembro de 1996.

ESSER, J., *Grundsatz und Norm in der richterlichen Fortbildung des Privatrechts,* Tübingen, 1956.

ESTORNINHO, M. J., *A fuga para o Direito Privado:* contributo para o estudo da actividade de direito privado da Administração Pública, Coimbra, 2009.

FERNÁN PÉREZ DE OLIVA, "Diálogo sobre la dignidad del hombre", Alicante: Biblioteca Virtual Miguel de Cervantes, 1999. Publicação original Córdoba, Gabriel Ramos Bejarano, 1586.

FERNÁNDEZ FARRERES, G., Los códigos de buen gobierno en las administraciones públicas, Administración e ciudadanía vol. 2, nº 2, 2010.

FERNANDEZ-MIRANDA CAMPOAMOR, A., El Estado Social, Revista Española de Derecho Constitucional, nº 69, 2003.

FERNÁNDEZ RUIZ, J. (Org.), Derecho Administrativo: Memorias del Congreso Internacional de Culturas e Sistemas Jurídicos Comparados. México, 2005.

FERRAJOLI, L., Prólogodo livro de V. ABRAMOVICH/C. COURTIS, Los derechos sociales como derechos exigibles, Madri, 2002.

_____, Derechos fundamentales, *in* Los fundamentos de los derechos fundamentales, Madri, 2001.

FERRARI, R.M. Macedo Nery, A constitucionalização do Direito Administrativo e as políticas públicas. *A&C – Revista de Direito Administrativo & Constitucional,* nº 40 (Edição especial de 10 anos), Belo Horizonte, abr./jun. 2010.

_____, Reserva do possível, direitos fundamentais sociais e a supremacia do interesse público. *In:* Romeu Felipe Bacellar Filho; Daniel Wunder Hachem (Org.). *Direito Administrativo e Interesse Público :* Estudos em homenagem ao Professor Celso Antônio Bandeira de Mello. Belo Horizonte, 2010.

FINGER, A. C., O princípio da boa-fé e a supremacia do interesse público – Fundamentos da estabilidade do ato administrativo. *In:*

Romeu Felipe Bacellar Filho; Daniel Wunder Hachem (Org.). *Direito Administrativo e Interesse Público:* Estudos em homenagem ao professor Celso Antônio Bandeira de Mello. Belo Horizonte, 2010.

FIORAVANTI, M., Los derechos fundamentales: apuntes de historia de las constituciones, Madri, 2007.

FORSTHOFF, E., Concepto e esencia del Estado Social de Derecho, *in* W. ABENDROTH, E. FOSTHOFF, K. DOEHRING, El Estado Social, Madri, 1987.

_____, Der introvertierte Rechtsstaat und seine Verordnung, *in* Der Staat, Bd. 2, 1963.

_____, Problemas constitucionales del Estado Social, *in* W. ABENDROTH, E. FORSTHOFF e K. DOEHRING, El Estado Social, Madri, 1987.

_____, El Estado de la sociedad industrial, Madri, 1975.

_____, Stato di diritto in transformaciones, Milão, 1974.

FRANCH I SAGUER, M., El interés público: la ética pública del Derecho Administrativo. *In:* Jorge Fernández Ruiz (Org.). *Derecho Administrativo:* Memorias del Congreso Internacional de Culturas e Sistemas Jurídicos Comparados. México, 2005.

FREIRE, A. L., A crise financeira e o papel do Estado: uma análise jurídica a partir do princípio da supremacia do interesse público sobre o privado e do serviço público. *A&C – Revista de Direito Administrativo & Constitucional*, nº 39, Belo Horizonte, jun./mar. 2010.

FREITAS DO AMARAL, D., Curso de Direito Administrativo, vol. II. Coimbra, 2001.

FREITAS, J., A interpretação sistemática do Direito, São Paulo, 2010.

FRIEDRICH, C. J., (Org.). O interesse público, Rio de Janeiro, 1967.

GABARDO, E., WUNDER HACHEM, D., O suposto caráter autoritário da supremacia do interesse público e das origens do Direito Administrativo – uma crítica da crítica. *In:* Romeu Felipe Bacellar Filho; Daniel Wunder Hachem (Org.). *Direito Administrativo e Interesse Público :* Estudos em homenagem ao professor Celso Antônio Bandeira de Mello. Belo Horizonte, 2010.

_____, Interesse público e subsidiariedade: o Estado e a sociedade civil para além do bem e do mal. Belo Horizonte: Fórum, 2009.

GALEANO, J. J., El principio de juridicidad. Noción, fundamento e caracteres. Su recepción en la jurisprudencia administrativa e judicial. *In:* Julio Pablo Comadira; Miriam M. Ivanega (Org.).

Derecho Administrativo: Livro em homenagem ao professor Dr. Julio Rodolfo Comadira, Buenos Aires, 2009.

GARCÍA DE ENTERRÍA E., La significación de las libertades para el Derecho Administrativo, Anuário de Direitos Humanos, Madri, 1981.

_____ & FERNANDEZ, T.R., Curso de Direito Administrativo, Madri, 2011.

_____ Democracia, jueces e control de la Administración, Madri, 2005.

_____, La lucha contra las inmunidades del poder en el derecho administrativo, Madri, 1983.

_____, "Reflexiones sobre la ley e los Principios generales del Derecho", Madri, Civitas, 1984.

_____, Una nota sobre el interés general como concepto jurídico indeterminado. *Revista Española de Derecho Administrativo*, nº 89, jan./mar. 1996.

GARCÍA MACHO, R., Las aporías de los derechos sociales, Coleção de estudos dirigida por L. COSCULLUELA MONTANER, Madri.

GARCIA PELAYO, M., Las transformaciones del Estado contemporáneo, Madri, 1985.

GARCIA TORRES, J., JIMENEZ BLANCO; A., Derechos fundamentales e relaciones entre particulares, Madri, Civitas, 1986.

GARRIDO FALLA, F., Tratado de Derecho Administrativo, Madri, 2005

_____, Sobre el Derecho Administrativo e sus ideas cardinales. *Revista de Administración Pública*, nº 7, jan./abr. 1952.

GARRORENA MORALES, A., El Estado español como Estado Social e democrático de Derecho, Madri, 1984.

GAUTIER, P., Quelques considérations sur l'intérêt privé et l'intérêt public dans un ordre juridique sans maître. *In:* Philippe Gérard; François Ost; Michel van de Kerchove (Org.). *Droit et intérêt*. vol. 3. Bruxelas, 1990.

GECK, W. K., Diplomatischer Schutz, Wörterbuch des Völkerrechts, Bd., I, 1960.

GÉRARD, P., OST, F.; VAN DE KERCHOVE, M., (Org.). *Droit et intérêt*. vol. 1. Bruxelas, 1990.

GIANNINI, M. S., Derecho Administrativo. vol. 1, Madri, 1991.

_____, Diritto Amministrativo, t. I, Milão, 1970,

GIDDENS, A., Más allá de la política de izquierda e de derecha. El futuro de los partidos radicales, Madri, 1996.

GIOVANNI PICO DELLA MIRANDOLA, "Discurso sobre la dignidad del hombre". Esta obra originalmente fue publicada por la Universidad Nacional Autónoma de México, en la colección pequeños grandes ensayos. Traducción de Adolfo Ruíz Díaz.

GIRVETZ, H. K., Estado del Bienestar, *in* Enciclopedia Internacional de las Ciencias Sociales, Tomo I, Madri 1974-1979.

GOANE, R. M., Estado, bien común e interés público. *In: El Derecho Administrativo Argentino, hoy.* Buenos Aires, 1996.

GOMES CANOTILHO, J., Direito Constitucional, Coimbra, 1993.

GONZALEZ BORGES, A., Interesse público: um conceito a determinar. *Revista de Direito Administrativo*, nº 205, Rio de Janeiro, jul./set. 1996.

_____, Supremacia do interesse público: desconstrução ou reconstrução? *Interesse Público,* nº 37, Porto Alegre, mai./jun. 2006.

GONZALEZ MORENO, B., El Estado Social: naturaleza jurídica e estructura de los derechos sociales, Madri, 2002.

GONZÁLEZ NAVARRO, F., Derecho Administrativo Español, Pamplona, 1992.

GONZALEZ ORTEGA S., La seguridad e higiene en el trabajo en la Constitución, Revista de Política Social, nº 121.

GONZÁLEZ PÉREZ, J., La dignidad de la persona, Madri, 1986,

_____, El derecho a la tutela jurisdiccional, Madri, 2001.

_____, La suspensión de ejecución del acto objeto de recurso contencioso-administrativo. *Revista Española de Derecho Administrativo*, nº 5, abr./jun. 1975.

GORDILLO, A., Tratado de Derecho Administrativo. t. 1: Parte General, Belo Horizonte, 2003.

GUIDDENS, A., Un mundo desbocado. México, 2000.

GUTIERREZ COLANTUONO, P., El Derecho Administrativo argentino e su desafío frente al régimen americano de derechos humanos. *In:* Universidad Católica Andrés Bello. *Derecho Administrativo Iberoamericano: 100 autores en homenaje al postgrado de Derecho Administrativo de la Universidad Católica Andrés Bello.* t. I. Caracas, 2007.

_____, Administración pública, juridicidad e derechos fundamentales, Buenos Aires.

HABERLE, P., El concepto de derechos fundamentales, palestra na Universidade Carlos III de 2 de junho de 1993.

_____, Grundrechte im Leisstungsstaat, VVDStRL 30, Berlim, 1972.

HABERMAS, J., Faktizität und Geltung, Frankfurt, 1994.

HACHEM, D. Wunder, *A dupla noção jurídica de interesse público em Direito Administrativo. Revista de Direito Administrativo & Constitucional*, nº 11, Belo Horizonte, abr./jun. 2011.

_____, A necessidade de defesa técnica no processo administrativo disciplinar e a inconstitucionalidade da Súmula Vinculante nº 5 do STF. *A&C – Revista de Direito Administrativo & Constitucional*, nº 39, Belo Horizonte, jan./mar. 2010.

_____, Tutela administrativa efetiva dos direitos fundamentais sociais: por una aplicação espontânea, integral e igualitária, Tese de doutorado, Universidade Federal do Paraná, Curitiba, 2014.

HAURIOU, M., *Notes d'arrêts sur décisions du Conseil d'État et du Tribunal des conflits.* t. I. Paris, 1929.

HELLER H., Las ideas socialistas, *in* H. HELLER, Escritos Políticos, Madri, 1985.

_____, Estado de Derecho o dictadura, H., *in* H. HELLER, Escritos políticos, Madri, 1985.

HERRERA FLORES, J., Hacia una visión compleja de los derechos humanos. *In:* (Org.). *El vuelo de Anteo:* derechos humanos e crítica da la razón liberal. Bilbao, 2000.

HESSE, K., Bestand und Bedeutung der Grundrechte in der Bundesrepublik, AEUGRZ, 1978.

_____, Grünzüge des Verfassungsrechts der Bundesrepublik Deutschland, Heidelberg-Karlsruhe, 1978.

HIRSCHMAN, A., Retórica de la intransigencia, México, 1991.

INFORME BEVERIDGE, Londres, 1942.

IVANEGA, M. M., Derecho administrativo e régimen exorbitante de derecho privado. *In:* Julio Pablo Comadira; (Org.) *Derecho Administrativo*: Livro em homenagem ao Professor Dr. Julio Rodolfo Comadira. Buenos Aires, 2009.

JÈZE, G., *Principios generales del Derecho Administrativo*. Libro II: La noción de servicio público. Los agentes de la Administración Pública. Buenos Aires, 1949.

JIMENEZ CAMPO, J., Comentario al artigo 53 CE, *in* O. ALZAGA VILLAMIL, Comentarios a la Constitución española de 1978, Madri, 1996,

JIMENEZ CAMPO, J., Derechos fundamentales, derechos e garantías, Madri, 1999.

JUSTEN FILHO, M., Conceito de interesse público e a "personalização" do Direito Administrativo. *Revista Trimestral de Direito Público*, nº 26, São Paulo, 1999.

KEYNES, J.M., Teoría general de la ocupación, el interés e el dinero, México, 1937.

KRIELE, M., Liberación e ilustración, Defensa de los Derechos Humanos, Barcelona, 1982.

LAPORTA F., Los derechos sociales e su protección jurídica: introducción al problema, *in* J. BETEGON-F. LAPORTA-J.R. DE PARAMO-L. PRIETO SANCHÍS (Org.), Constitución e derechos fundamentales, Revista del Centro de Estudios Constitucionales, 22, 1995.

LARENZ, K., Methodenlehre der Rechtswissenschaft. Berlim/Heidelberg, 1960.

LASAGA SANZ, R., La protección del patrimonio histórico, *in* J. TAJADURA (Org.), Los principios rectores de la política social e económica, Madri, 2004.

LAUBADÈRE, A., Traité élémentaire de droit administratif, . I. Paris, 1963.

LEGUINA VILLA, J., Principios generales del Derecho e Constitución. *Revista de Administración Pública*, nº 114, Madri, set./dez. 1987.

LEIBHOLZ, G., Die Gleichkeit vor dem Gesetz, 1959.

LIENBERGER, D., Socio-economic Rights, *in* M. CHASKALSON et al. (ed.), Constitucional Law of South Africa, Cidade do Cabo, 1998.

LIMA, G. de Araújo, Teoria da supremacia do interesse público: crise, contradições e incompatibilidade de seus fundamentos com a Constituição Federal. *A&C – Revista de Direito Administrativo & Constitucional*, nº 36, Belo Horizonte, abr./jun. 2009.

LINOTTE, D., Recherches sur la notion d'intérêt général en Droit Administratif Français. Bordeaux, 1975.

LLANO, A., Familia e convivencia social, IX Congresso Nacional de Orientação Familiar, Madri, 11-13 de novembro de 1994.

LONG, M.; WEIL, P.; BRAIBANT, G.; DEVOLVÉ, P.; GENEVOIS, B., Les grands arrêts de la jurisprudence administrative, Paris, 2007.

LUCAS VERDÚ, P., Estimativa e política constitucionales, Madri, 1984.

_____, La lucha por el Estado de Derecho, Bolonha, 1975.

LUHMANN N., Teoría Política en el Estado de Bienestar, Madri, 1996.

_____, Teoría Política en el Estado de Bienestar, Madri, 2002.

MAIA, C. S. Barroso, A impertinência do princípio da supremacia do interesse público sobre o particular no contexto do Estado Democrático de Direito. *Fórum Administrativo – Direito Público,* nº 103, Belo Horizonte, set. 2009.

MARINONI, L. G., A antecipação da tutela, São Paulo, 2004.

MARTÍNEZ GARCÍA, C., La intervención administrativa en las telecomunicaciones, Madri, 2002.

MARTÍN-RETORTILLO BAQUER, S. (Org.), *Estudios sobre la Constitución española:* Homenaje al profesor Eduardo García de Enterría. vol. 3. Madri, 1991.

MARTINS-COSTA, J. (Org.). *A reconstrução do direito privado:* reflexos dos princípios, diretrizes e direitos fundamentais constitucionais no direito privado. São Paulo, 2002.

MATHIEU, B. et al., Débats. *In:* Michel Verpeaux (Org.). *Intérêt général, norme constitutionnelle.* Paris, 2007.

MATHIEU, B., Propos introductifs. *In:* Michel Verpeaux (Org.). *Intérêt général, norme constitutionnelle.* Paris, 2007.

————, VERPEAUX, M., (Org.). Intérêt général, norme constitutionnelle. Paris, 2007.

MAZIOTTI, M., Diritti social, Enciclopedia del Diritto, Vol. XII, Milão, 1964.

MEDAUAR, O., Direito Administrativo Moderno, São Paulo, 2007.

MEILÁN GIL, J. L., Lectura de clásicos de Derecho Administrativo, Santiago de Compostela, 2012.

————, El proceso de la definición del Derecho Administrativo. Madri, 1967.

————, Intereses generales e interés público desde la perspectiva del derecho público español. *A&C – Revista de Direito Administrativo & Constitucional,* nº 40, Belo Horizonte, abr./jun. 2010.

————, O interesse público e o Direito Administrativo global. *In:* Romeu Felipe Bacellar Filho; Guilherme Amintas Pazinato da Silva (Org.). *Direito Administrativo e Integração Regional:* Anais do V Congresso de Direito Público do Mercosul e do X Congresso Paranaense de Direito Administrativo. Belo Horizonte, 2010.

MELLO, C. A. Bandeira de. A supremacia do interesse público. *In: XI Congresso Paranaense de Direito Administrativo.* Conferência de encerramento proferida em 27-8-2010. Curitiba, 2010.

————, Proteção jurisdicional dos interesses legítimos no direito brasileiro. *Revista de Direito Administrativo,* nº 176, Rio de Janeiro, abr./jun. 1989.

_____, A noção jurídica de interesse público. *In: Grandes Temas de Direito Administrativo.* São Paulo, 2009.

_____, Curso de Direito Administrativo. 27ª ed. São Paulo, 2010.

MEMBIELA, L., La buena administración en la Administración general del Estado, Actualidad administrativa, nº 4, 2007.

MERLAND, G., L'intérêt général dans la jurisprudence du Conseil Constitutionnel, Paris, 2004.

_____, L'intérêt général dans la jurisprudence du Conseil constitutionnel. *In:* Bertrand Mathieu; Michel Verpeaux (Org.). *Intérêt général, norme constitutionnelle.* Paris, 2007.

MESSNER, J. Ética General e Aplicada, Madri, 1969.

_____, Ética Social, política e económica a la luz del derecho Natural, Madri, 1967.

MICHELMAN, F. J., *In:* Pursuit of Constitutional Welfare Wrigths: One View of Rawls Theory of Justice, Universidade da Pensivânia, Law Review, 121, 1973.

_____, Justification and the Justifiability of Law in a Contradictory World, Nomos, vol. XVIII.

MIR PUIG-PELAT, O., La responsabilidad patrimonial de la Administración pública, Madri, 2002.

MORAES, M. C. Bodin de, O conceito de dignidade humana: substrato axiológico e conteúdo normativo. *In:* Ingo Wolfgang Sarlet. (Org.). *Constituição, Direitos Fundamentais e Direito Privado,* Porto Alegre, 2003.

MORENO MOLINA, J. A., MAGÁN, J.M., La responsabilidad patrimonial de las Administraciones públicas, Madri, 2005.

MORIN E., En la ruta de las reformas fundamentales, México, 2010.

MORTATI, C., Problemi di Politica Costituzionale, *in* Raccola di Scritti, IV, Milão, 1972.

MORTE GÓMEZ C.-SALINAS ALCEGA, S., Los derechos económicos e sociales en la jurisprudencia del TEDH., *in* A. EMBID IRUJO (Org.), Los derechos sociales, Madri, 2009.

MOTTA, F., O paradigma da legalidade e o Direito Administrativo. *In:* Maria Sylvia Zanella Di Pietro; Carlos Vinícius Alves Ribeiro (Org.). *Supremacia do interesse público e outros temas relevantes do Direito Administrativo.* São Paulo, 2010.

MRONZ, D., Körperschaften und Zwagsmitgliedschaft, Berlim, 1933.

MUÑOZ, G. A., El interés público es como el amor. *In:* Romeu Felipe Bacellar Filho; Daniel Wunder Hachem (Org.). *Direito Adminis-*

trativo e Interesse Público: Estudos em homenagem ao professor Celso Antônio Bandeira de Mello. Belo Horizonte, 2010.

NEUMAN, V., Menschenrechte und Existenzminimum, Neue Verwaltungszeitschrift, 5, 1995.

NIETO, A., Estudios Históricos sobre Administración e Derecho Administrativo, Madri, 1986.

————, Corrupción en la España contemporánea, Barcelona, 1997.

————, La Administración sirve con objetividad los intereses generales. *In:* Sebastián Martín-Retortillo Baquer (Org.). *Estudios sobre la Constitución española:* Homenaje al profesor Eduardo García de Enterría. vol. 3. Madri, 1991.

————, La vocación del Derecho Administrativo de nuestro tiempo. *Revista de Administración Pública,* nº 76, Madri, jan./abr. 1975.

NINO, C.S., *Ética e derechos humanos,* Buenos Aires, 2007

————, The Ethics of Human Rights, Oxford, 1991.

NORIEGA CANTÚ, A., Los derechos sociales, creación de la Revolución de 1910 e de la Constitución de 1917, México.

NOVAIS, J. Reis, As restrições aos direitos fundamentais não expressamente autorizadas pela Constituição, Coimbra, 2003.

————, Contributo para uma teoria do Estado de Direito: do Estado de Direito liberal ao Estado Social e democrático de Direito. Coimbra, 1987.

OSÓRIO, F. Medina, Existe uma supremacia do interesse público sobre o privado no Direito Administrativo brasileiro? *Revista de Direito Administrativo,* nº 220, Rio de Janeiro, abr./jun. 2000.

OST, F., Entre droit et non-droit: l'intérêt. Essai sur les fonctions qu'exerce la notion d'intérêt en droit privé. *In:* Philippe Gérard; François Ost; Michel van de Kerchove (Org.). *Droit et intérêt.* vol. 2. Bruxelas, 1990.

OTERO, P., Legalidade e Administração Pública: o sentido da vinculação administrativa à juridicidade. Coimbra, 2003.

PAHUAMBA ROSAS, B., El derecho a la protección de la salud, México, 2014.

PAILLET, M., La faute du service public en droit administratif français. Paris: LGDJ, 1980.

PARADA, R., Derecho Administrativo, Marcial Pons, Madri, 2007.

PARDO M. J., De la Administración pública a la gobernanza, Colegio de México, México, 2004.

PAREJO ALFONSO, L., El concepto de Derecho Administrativo, Bogotá, 2009.

_____, El Concepto de Derecho Administrativo, Caracas, 1984.

_____, Derecho Administrativo. Instituciones generales: bases, fuentes, organización e sujetos, actividad e control. Barcelona, 2003.

_____, Estado Social e Administración pública, Madri, 1983.

PASCUAL GARCÍA, L., Régimen jurídico del gasto público, Madri, 2002.

PEDRON, F. Quinaud, O dogma da supremacia do interesse público e seu abrandamento pela jurisprudência do Supremo Tribunal Federal através da técnica da ponderação de princípios. *A&C – Revista de Direito Administrativo & Constitucional*, nº 33, Belo Horizonte, jul./set. 2008.

PEREZ AYALA, A., La seguridad social en la Constitución, *in* J. TAJADURA (Org.), Los principios rectores de la Política social e económica, Madri, 2004.

PEREZ HUALDE, A., El sistema de derechos humanos e el servicio universal como técnica para una respuesta global, *in* A. EMBID IRUJO (Org.), Derechos Económicos e sociales, Madri, 2009, pp. 93-94.

PÉREZ LUÑO A., Los derechos fundamentales, Madri, 1986, p. 19.

_____, Derechos Humanos, Estado de Derecho, e Constitución, Madri, 2005.

PIZZORUSSO, A. Lecciones de Derecho Constitucional, vol. I, Madri, 1985.

PONCE, J. (Org). Derecho Administrativo Global, Organización, procedimiento, control judicial, Madri, 2010.

POPPER, K., El Estado de bienestar e las masas, El Mundo, 6 de março de 1994.

_____, La sociedad abierta e sus enemigos, Barcelona,1982.

QUEL LÓPEZ, F.J., Hacia la eficacia de los derechos económicos, sociales e culturales, *in* A. EMBID IRUJO (Org.), Los derechos sociales, Madri, 2009.

RAMOS, D. M. de Oliveira, Princípios da Administração Pública: a supremacia do interesse público sobre o interesse particular. *Gênesis: Revista de Direito Administrativo Aplicado*, nº 10, Curitiba, jul./set. 1996.

RANGEON, F., L'idéologie de l'intérêt général. Paris, 1986.

RAPP, L., Public service & universal service. *In:* Telecommunications Policy, vol. 24, 1996.

RAWLS, J., Political Liberalism, Nova York, 1993.

REGOURD, S., Le service public, revue de droit public de science politique, Paris, 1987.

REY, A., El interés general. Argumento para limitar derechos individuales. *Revista de Derecho*, nº 13, Montevidéu: Universidade de Montevidéu, jan./jun. 2008.

RIBEIRO, C.V. Alves. Interesse público: um conceito jurídico determinável. *In:* Maria Sylvia Zanella Di Pietro; (Org.). *Supremacia do interesse público e outros temas relevantes do Direito Administrativo*, São Paulo, 2010.

RIDDER, E., Die soziale Ordnung des Grundgesetzes, Opladen, 1975.

RIVERO, J., Existe-t-il un critère du droit administratif? *Revue du droit public et de la science politique en France et à l'étranger*, vol. 69, nº 2, abr./jun. 1953.

RIVERO YSERN, E. & FERNANDO PABLO, M. M., Equidad, Derecho Administrativo e Administración pública en España, Andavira, Santiago de Compostela, 2011.

ROCHA, C. L. Antunes, O princípio da dignidade da pessoa humana e a exclusão social. *Interesse Público,* nº 4, Porto Alegre, out./dez. 1999.

RODRÍGUEZ DE SANTIAGO, J. M., La administración del Estado Social. Madri, 2007.

_____, De la noción de interés general como faro e guía de la Administración, e como proemio a la Sección "Cuestiones de la acción pública en Extremadura" desta revista. *Revista de Derecho de Extremadura: nº 6,* Cáceres, set./dez. 2009.

RODRIGUEZ OLVERA, O., Teoría de los derechos sociales en la Constitución abierta, Granada, 1998.

RODRÍGUEZ-ARANA MUÑOZ, J., Administrativo Español. t. I: Introducción al Derecho Administrativo Constitucional, La Coruña, 2008.

_____, El concepto del Derecho Administrativo e el proyecto de Constitución Europea, *A&C – Revista de Direito Administrativo e Constitucional,* nº 23, Belo Horizonte: Fórum, jan./mar. 2006.

_____, "El interés general como categoría central de la actuación de las Administraciones Públicas", *in* Romeu Felipe BACELLAR FILHO; Guilherme AMINTAS PAZINATO DA SILVA, (Org.). *Direito Administrativo e Integração Regional:* Anais do V Congresso de

Direito Público do Mercosul e do X Congresso Paranaense de Direito Administrativo. Belo Horizonte, 2010.

_____, "El marco constitucional del Derecho Administrativo español (el Derecho Administrativo Constitucional)", *A&C – Revista de Direito Administrativo e Constitucional*, nº 29, Belo Horizonte, jul./set.2007.

_____, La dimensión ética. Madri, 2001.

_____, La suspensión del acto administrativo (em vias de recurso), Madri, 1986.

_____, "La vuelta al Derecho Administrativo (a vueltas con lo privado e lo público)". *A&C – Revista de Direito Administrativo e Constitucional,* nº 20, Belo Horizonte, abr./jun. 2005.

_____, "Las medidas cautelares en la jurisdicción contenciosa--administrativa en España", *in* David CIENFUEGOS SALGADO; Miguel Alejandro LÓPEZ OLVERA (Org.), *Estudios en homenaje a Don Jorge FERNÁNDEZ RUÍZ* México, 2005.

_____, Reforma administrativa e nuevas políticas públicas, Caracas, 2005.

_____, Principios de Ética Pública, Madri, 1993.

_____, El poder público e el ciudadano: la buena Administración pública como principio e como derecho, Madri, 2012.

_____, Nuevas claves del Estado de Bienestar, Granada, 2000.

ROSETTI, A., "Algunos mitos, realidades e problemas en torno a los derechos sociales", *in* S. RIBOTTA-A. ROSSETTI (Editores), Los derechos sociales en el siglo XXI. Un desafío clave para el Derecho e la Justicia, Madri, 2010.

RUBIO LLORENTE F., "La Constitución como fuente del derecho", *in La forma del Poder*, Madri, 1993.

SAINT-BONNET, F., "L'intérêt général dans l'ancien droit constitutionnel", *in* Bertrand MATHIEU; Michel VERPEAUX (Org.). Intérêt général, norme constitutionnelle, Paris, 2007.

SÁINZ MORENO, F., Conceptos jurídicos, interpretación e discrecionalidad administrativa. Madri, 1976.

_____, "Reducción de la discrecionalidad: el interés público como concepto jurídico", *Revista Española de Derecho Administrativo*, nº 8, Madri, 1976, jan./mar. 1976.

_____, "Sobre el interés público e la legalidad administrativa". *Revista de Administración Pública*, nº 82, Madri, 1976, jan./abr. 1977.

SALOMONI, J.L., "Impacto de los Tratados de Derechos Humanos sobre el Derecho Administrativo Argentino". *in* Jorge Luis SALOMONI; Romeu Felipe BACELLAR FILHO; Domingo Juan SESÍN (Org.), *Ordenamientos internacionales e ordenamientos administrativos nacionales:* jerarquía, impacto e derechos humanos, Buenos Aires, 2006.

_____, "Interés público e emergencia", *Actualidad en el Derecho Público*, nº 1 Buenos Aires, jan./dez. 2002.

SANTIAGO, A. & THURY CORNEJO V., *Derecho a la vivienda e tutela judicial, Buenos Aires*, 2014.

_____, Bien común e derecho constitucional: el personalismo solidario como techo ideológico del sistema político, Buenos Aires, 2002.

SANTOS ARAGÃO, A., "A Supremacia do Interesse Público" no Advento do Estado de Direito e na Hermenêutica do Direito Público Contemporâneo. *In:* Daniel SARMENTO (Org.), *Interesses públicos* versus *interesses privados:* desconstruindo o princípio de supremacia do interesse público, Rio de Janeiro, 2005.

SARLET, I. Wolfgang, A eficácia dos direitos fundamentais, Porto Alegre, 2008.

_____, Dignidade da pessoa humana e direitos fundamentais na Constituição Federal de 1988, Porto Alegre, 2006.

SARMENTO, D. (Org.), Interesses públicos versus interesses privados: desconstruindo o princípio de supremacia do interesse público. Rio de Janeiro, 2005.

_____, Direitos fundamentais e relações privadas, Rio de Janeiro, 2004.

_____, "Interesses públicos *vs.* interesses privados na perspectiva da teoria e da filosofia constitucional", *in Interesses públicos* versus *interesses privados:* desconstruindo o princípio de supremacia do interesse público, Rio de Janeiro, 2010.

SCHEUNER, U., "Die Funktion der Grundrechte im Sozialstaat", Die Öffentliche Verwaltung, 1971.

SCHIER, A, da COSTA RICARDO, "O princípio da supremacia do interesse público sobre o privado e o direito de greve de servidores públicos", *in* Romeu Felipe BACELLAR FILHO; Daniel WUNDER HACHEM (Org.), *Direito Administrativo e Interesse Público :* Estudos em homenagem ao professor Celso Antônio BANDEIRA DE MELLO, Belo Horizonte, 2010.

SCHIER, P. R., Ensaio sobre a supremacia do interesse público sobre o privado e o regime jurídico dos direitos fundamentais, *in* Daniel SARMENTO, (Org.). *Interesses públicos* versus *interesses privados:* desconstruindo o princípio de supremacia do interesse público. 3. tir. Rio de Janeiro, 2010.

SCHMITT, C., Teoría de la Constitución, Madri, 1982.

SCHOETTL, Jean-Éric *et al.*, Intérêt général, norme constitutionnelle, Débats, *in* Bertrand MATHIEU; Michel VERPEAUX, (Org.). Paris, 2007.

SEN, A., Justice: Means versus Freedoms, Philosophy & Public Affairs, 19, 1990.

SERRANO, M. C., "La defensa de la Constitución e las exigencias del bien común", *in* Victor BAZAN (Org.). *Defensa de la Constitución:* Garantismo e controles. Livro em reconhecimento ao Dr. Doctor Germán J. BIDART CAMPOS. Buenos Aires, 2003.

SESÍN, D., Administración Pública. Actividad reglada, discrecional e técnica: Nuevos mecanismos de control judicial, Buenos Aires, 2004.

SILVA, J. A. da, Curso de Direito Constitucional Positivo, São Paulo, 2009.

SILVA, V. A. da, Direitos fundamentais: conteúdo essencial, restrições e eficácia, São Paulo, 2009.

SIMON, D., "L'intérêt général vu par les droits européens", *in* Bertrand MATHIEU; Michel VERPEAUX (Org.). *Intérêt général, norme constitutionnelle.* Paris, 2007.

SOARES, R. EHRADT, Interesse público, legalidade e mérito, Coimbra, 1955.

SOUSA, A. F. de. Conceitos indeterminados no Direito Administrativo. Coimbra, 1994.

SOUZA NETO, C. P. de; SARMENTO, D. (Org.). Direitos sociais: fundamentos, judicialização e direitos sociais em espécie, Rio de Janeiro, 2008.

STERN, K., "El sistema de los derechos fundamentales en la República Federal de Alemania", *Revista del Centro de Estudios Constitucionales*, Madri, 1988.

STÜBER, R., "Die Stadt als soziale und politische Gemeinschaft im entwickelten gesellschaftlichen System des Sozialismus", *in Statt und Recht*, Frankfurt, 1968.

SUDRE, F., "La perméabilité de la Convention Européenne des Droits de l´Homme aux droits sociaux", *Etudes offerts à Jacques MOURGEON*, Bruxelas, 1998.

SUDRE, F., "La protection des droits sociaux par la Cour Européenne des Droits de l´Homme: un exercice de jurisprudence fiction", *Revue Trimestrielle des Droits de l´Homme*, nº 55, 1º de julho de 2003.

SUNDFELD, C. Ari, "Interesse público em sentido mínimo e em sentido forte: o problema da vigilância epidemiológica frente aos direitos constitucionais", *Interesse Público*, nº 28, Porto Alegre, nov./dez. 2004.

TAJADURA TEJADA, J., "El derecho a la cultura como principio rector: multiculturalismo e integración en el Estado constitucional", *in Derechos Sociales e Principios Rectores*, Atas do IX Congresso de Constitucionalistas, València, 2012.

TENORIO P., "El Tribunal Constitucional, la cláusula del Estado Social, los derechos sociales e el derecho a un mínimo vital digno", *in Derechos Sociales e Principios Rectores*, Atas do IX Congresso de Constitucionalistas de Espanha, València, 2012.

THIRIEZ, F., "L'irruption du juge pénal dans le paysage administratif" *in ASDA*.

THIRY, B., "The general interest: architecture and dinamics", Annals of Public and Cooperative. 1997.

TOMÁS MALLÉN, T., El derecho fundamental a la buena administración, Madri, 2004.

TORRES DEL MORAL, A., "Comentario al artigo 44 de la Constitución", *in O. ALZAGA (Org.), Comentarios a las leyes políticas*, Madri, 1984.

TRIBE, L., American Constitutional Law, Nova York, 1988.

TROYA JARAMILLO, J. V., El Derecho del gasto público, Bogotá, 2015.

TRUCHET, D., Les fonctions de la notion d'intérêt général dans la jurisprudence du Conseil d'État, Paris, 1977.

TUGENDHAT, E., Liberalism, Liberty and the Issue of Economic Human Rights, in Philosophische Aufsätze, Frankfurt, 1992.

TUGENDHAT, E., Vorlesungen über Ethik, Frankfurt, 1995.

URIARTE TORREALDAY, J., "La redistribución de la renta e el empleo", *in J. TAJADURA (Org.), Los principios rectores de la política social e económica*, Madri, 2004,

VEDEL, G., Droit Administratif, Paris, 1973.

VELARDE FUERTES, J., Lecturas de Economía española, Madri, 1961.

VIEIRA DE ANDRADE, J. C., Os Direitos Fundamentais na Constituição Portuguesa de 1976, Coimbra, 2004.

VIEIRA, J. R., "República e democracia: óbvios ululantes e não ululantes"., *Revista da Faculdade de Direito da Universidade Federal de Porto Alegre*, vol. 36, Porto Alegre, 2001.

VILLEGAS, H., Manual de Finanzas Públicas, Buenos Aires, 2000.

VON STEIN L., Movimientos sociales e Monarquía, Madri, 1981.

WIDHABER L., "Soziale Grundrechte", *in* P. SALADIN/L. WILDHABER (Ed.), *Der Staat als Aufgabe, Gedächtnisschrift für Max Imboden,* 1972.

WIGGINS, D., Needs, Values, Truth. Massachusetts, 1991.

WILLKE, H., Stand und Kritik der neuen Grundrechtstheorie. Berlim, 1975.

WOLIN, S., Democracy and the Welfare State: "The political and theoretical connections between Staatsräson and Wohlfahtsstaatsräson", Political Theory, 15, 4, 1987.

ZACHER, H. F., Freiheitliche Demokratie, 1969.

ZANCANER. W., Prefácio – Homenagem ao Pensamento Jurídico de Celso Antônio. *In:* Romeu Felipe Bacellar Filho; Daniel Wunder Hachem (Org.)."*Direito Administrativo e Interesse Público*", *in* Estudos em homenagem ao professor Celso Antônio Bandeira de Mello. Belo Horizonte, 2010.

Biblioteca da Imprensa Oficial do Estado S/A – IMESP

Rivero Ysern, Enrique
O direito administrativo da dignidade humana e do interesse
geral: fundamentos e princípios / Enrique Rivero Ysern [e] Jaime
Rodriguez-Arana; tradução Marly N. Peres – São Paulo :
Imprensa Oficial do Estado S/A – IMESP, 2018.
296p.

ISBN 978-85-401-0160-9
Título original: El derecho administrativo de la dignidad humana y
del interés general: fundamentos y principios.

1. Direito administrativo – Aspectos constitucionais 2. Dignidade
humana I. Rodriguez-Arana, Jaime II. Título.

Índice para catálogo sistemático:
1. Direito administrativo 342

Grafia atualizada segundo o Acordo Ortográfico da Língua
Portuguesa de 1990, em vigor no Brasil desde 2009.

Foi feito o depósito legal na Biblioteca Nacional
(Lei nº 10.994, de 14-12-2004).

Direitos reservados e protegidos
pela Lei nº 9.610/1998.

Proibida a reprodução total ou parcial sem a prévia
autorização dos editores.

Impresso no Brasil 2018

IMPRENSA OFICIAL DO ESTADO S/A – IMESP
Rua da Mooca 1921 Mooca
03103 902 São Paulo SP Brasil
Sac 0800 0123 401
www.imprensaoficial.com.br

IMPRENSA OFICIAL DO ESTADO S/A – IMESP

PROJETO GRÁFICO E CAPA
Edson Lemos

REVISÃO
Heleusa Angélica Teixeira

EDITORAÇÃO ELETRÔNICA
Marli Santos de Jesus

TRADUÇÃO
Marly N. Peres | Lexis Idiomas

IMPRESSÃO E ACABAMENTO
Imprensa Oficial do Estado S/A – IMESP

IMAGEM CAPA
Detalhe de afresco da Cúpula da Ermita de San Antonio de la Florida – Madri
Autor Francisco de Goya
Erich Lessing / Album / Album / Fotoarena

GOVERNO DO ESTADO DE SÃO PAULO

GOVERNADOR
Márcio França

SECRETÁRIO DA CASA CIVIL
Aldo Rebelo

IMPRENSA OFICIAL DO ESTADO S/A – IMESP

DIRETOR-PRESIDENTE
Jorge Perez

Formato 15 x 24cm **Tipologia** Gill Sans | Brenta **Papel miolo** Pólen 80g/m²
Papel capa Cartão tríplex 250g/m² **Número de páginas** 296 **Tiragem** 1.000

editoração, impressão e acabamento

imprensaoficial
GOVERNO DO ESTADO DE SÃO PAULO